IMAGES
of America

IL NORTH END DI BOSTON

VERSIONE ITALIANA

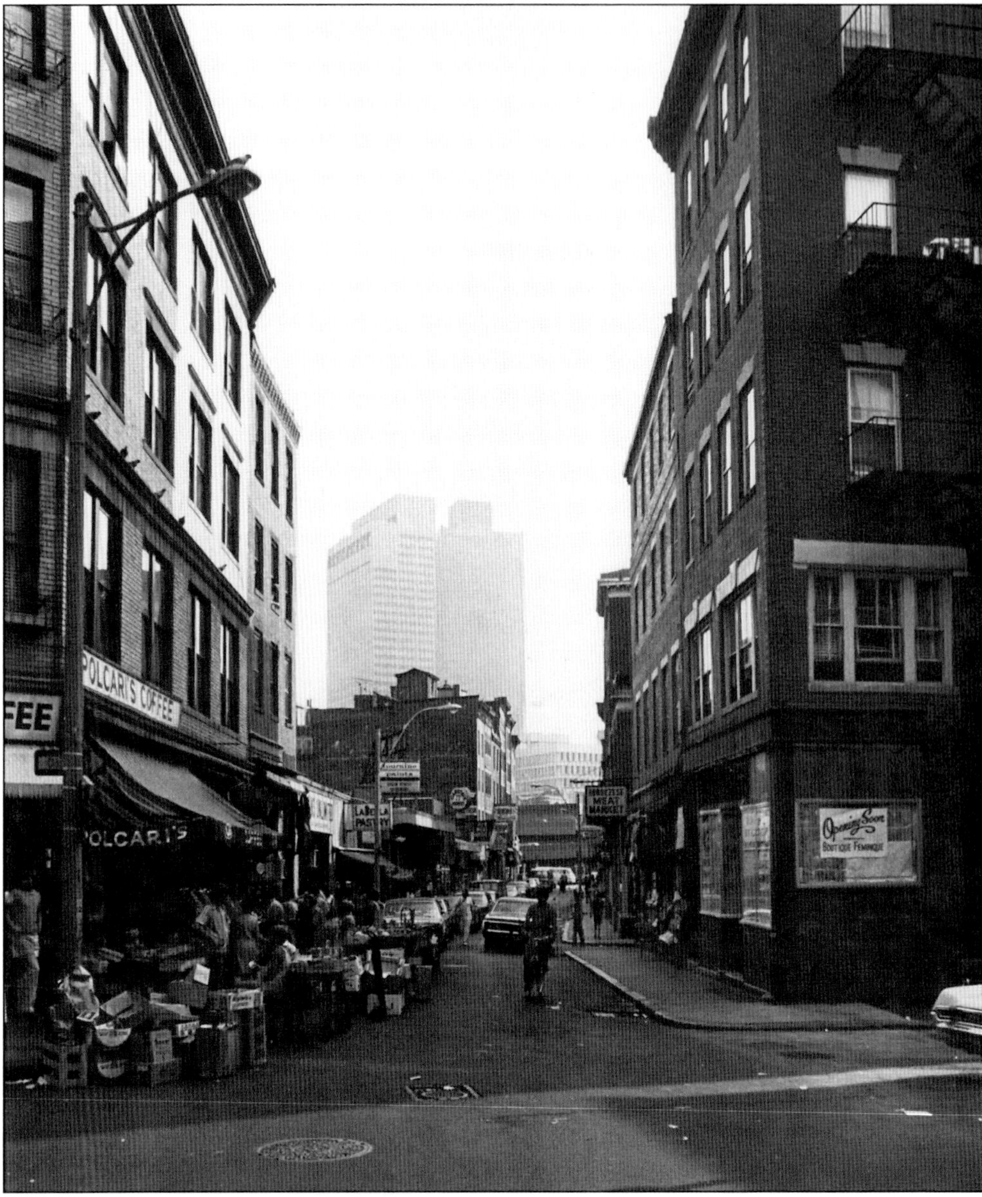

Questa veduta dei grattacieli di Boston da Salem Street offre un aspetto della quintessenza del North End. Il fascino di questo quartiere vivace e densamente popolato, con i mercanti che espongono la loro merce all'aperto lungo il marciapiede e con le botteghe con l'abitazione al piano superiore, rimane immutato col passare del tempo. (Per cortese concessione della North End Branch of the Boston Public Library, d'ora in avanti abbreviato BPL)

IMAGES
of America

IL NORTH END DI BOSTON
VERSIONE ITALIANA

Anthony Mitchell Sammarco

ARCADIA
PUBLISHING

ISBN 978-0-7385-0478-0

Published by Arcadia Publishing
Charleston, South Carolina

Printed in the United States of America

Library of Congress Catalog Card Number: applied for.

For all general information contact Arcadia Publishing at:
Telephone 843-853-2070
Fax 843-853-0044
E-Mail sales@arcadiapublishing.com
For customer service and orders:
Toll-Free 1-888-313-2665

Visit us on the Internet at www.arcadiapublishing.com

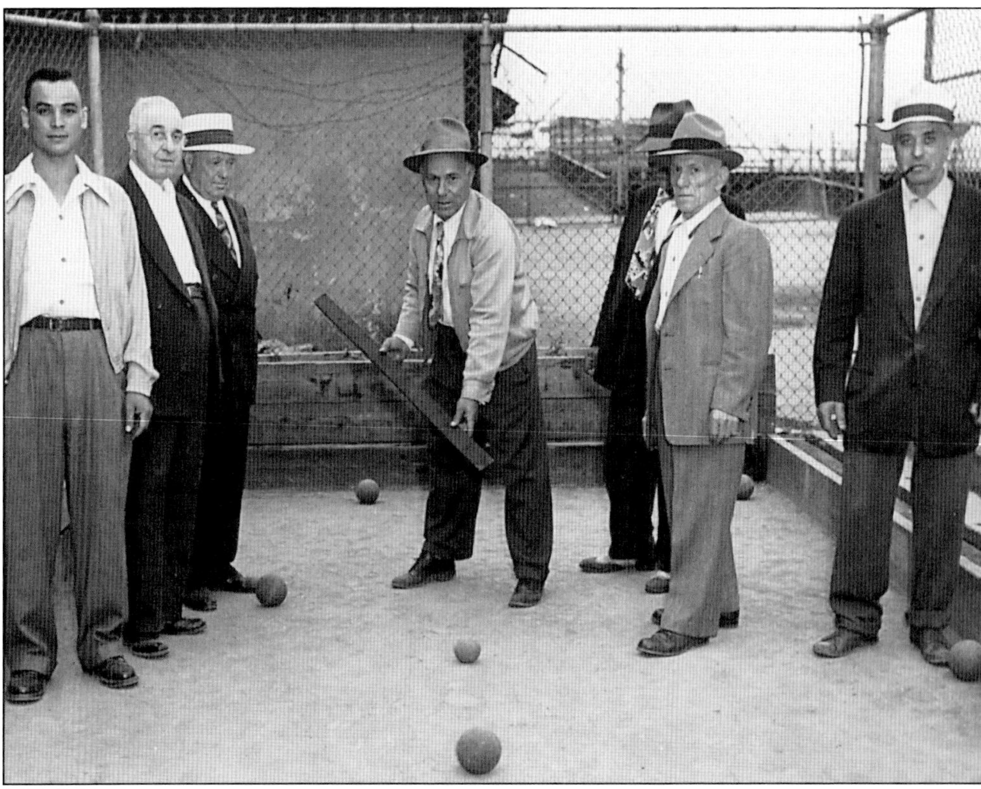

Un gruppo di amici gioca a bocce al North End Park negli anni Quaranta. Il gioco delle bocce e' un passatempo che ha secoli di storia in Italia e all'estero. (Per cortese concessione della Pizzeria Regina North End)

Indice

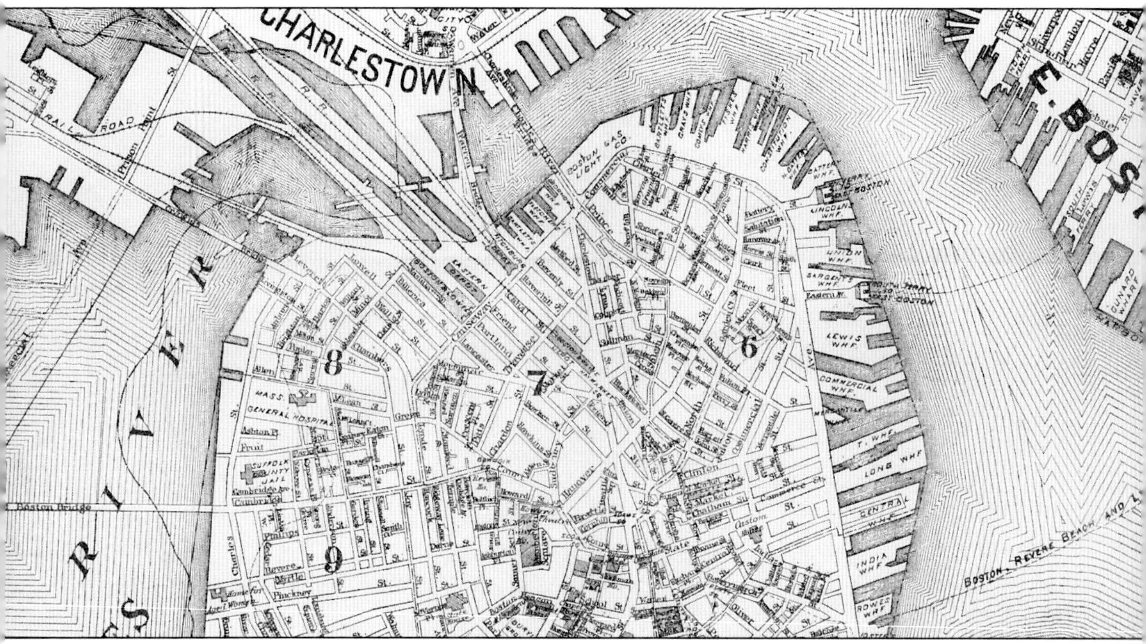
CHARLESTOWN
BOSTON GAS LIGHT CO.
MASS. GENERAL HOSPITAL
SUFFOLK COUNTY JAIL
Boston Bridge
UNION WHF.
LEWIS WHF.
COMMERCIAL WHF.
LONG WHF
CENTRAL WHF.
INDIA WHF.
ROWES WHF.
8
7
6
9

Introduzione

Il North End di Boston, situato a nord della città, non è soltanto il più vecchio quartiere di Boston ma è anche un crogiuolo florido di diverse culture che offre uno sguardo a ciò che un quartiere multi-etnico rappresenti al giorno d'oggi. Con strade, vicoli e vialetti che sono fra i più vecchi di Boston, questo quartiere densamente popolato conserva una storia coloniale accanto a quella delle varie culture degli immigrati del diciannovesimo e dell'inizio del ventesimo secolo. Il North End diventò "casa" per quasi ogni gruppo di immigrati che passava per la città di Boston e si stabiliva nella nuova patria, a cominciare dagli irlandesi e via via con immigrati tedeschi, russi, ebrei polacchi, azzorreani ed italiani. Ancor oggi, il North End mantiene la sua atmosfera distintamente italiana, in particolare durante le feste dei santi ognuna delle quali culmina con una processione religiosa per le strade.

Inoltre, il North End diventò una zona di commercio con il successo dei mercanti e degli artigiani del diciottesimo secolo che stabilirono un'economia prospera che comprendeva la construzione di navi (la USS *Constitution* fu costruita a Constitution Wharf), l'oreficeria, la lavorazione dell'argento, la fabbricazione di rame, e la fusione di campane. Il diciannovesimo secolo portò ad una espansione degli affari che incluse massicci progetti di interramento lungo la zona portuale e a Dock Square, dove, fra il 1824 ed il 1826, venne costruito Quincy Market. Col procedere del secolo, il Porto di Boston divenne meta di centinaia di navi che portavano con sé marinai. Questi divennero assidui frequentatori delle balere e delle locande del North End. Per tenere questo "cattivi esempi" sotto controllo il Porto di Boston istituì la Mariner's House, (la Casa dei Marinai), nella North Square mentre Padre Taylor faceva tuonare i suoi sermoni dall'altare della chiesa Seaman's Bethel.

A metà del diciannovesimo secolo, il North End aveva ormai attirato vasti gruppi di immigrati che abitavano case popolari in rapida costruzione e nei palazzi, un tempo eleganti residenze dei mercanti del North End. Nel 1860, metà dei residenti di Boston erano d'origine estera eppure chiamarano il North End "casa". Poiché gli immigrati avevano bisogno di assistenza, nel 1884 venne fondata la scuola North Bennet Street School per offrire loro istruzione professionale. The Relief Station (La Stazione di Soccorso) a Haymarket Square offriva assistenza sanitaria, mentre la North End Mission (La Missione del North End) offriva assistenza sociale, e la North End Branch of the Boston Public Library (la sezione North End della Biblioteca Pubblica di Boston) offriva programmi di americanizzazione col compito di facilitare l'integrazione degli immigrati nella cultura americana.

Oggigiorno, il North End conserva un'atmosfera distintamente italiana e le strade brulicano di attività soprattutto durante i fine settimana, da Haymarket, un mercato all'aperto, ai numerosi forni, pasticcerie e ristoranti che offrono sia una cucina deliziosa che le particolari specialità tipiche. Il North End non è soltanto una zona in cui i turisti possono visitare l'abitazione storica di Paul Revere, ma è sopratutto un quartiere di residenti che si dedicano a creare un'atmosfera accogliente ed attraente in questa parte di Boston.

NORTH-END FOREVER.

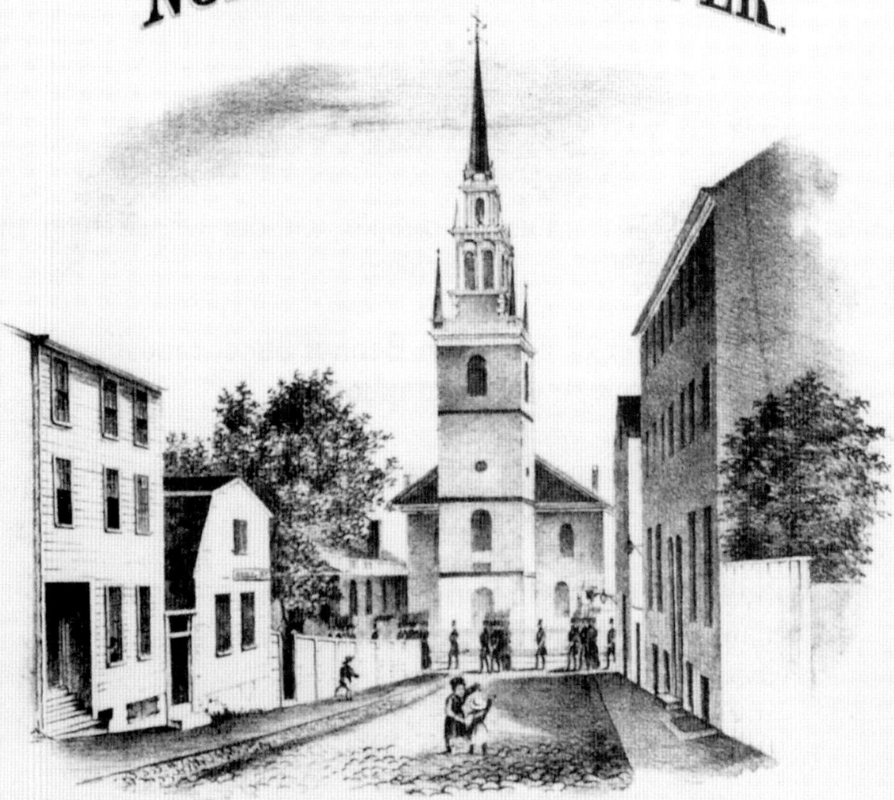

HULL STREET GUARDS

QUICK STEP,

Composed & respectfully dedicated to the

OFFICERS & MEMBERS OF THE H. S. GUARDS.

BY

JOHN HOLLOWAY,

Performed for the first time by the Boston Brass Band at their parade, June 15th 1838.

Boston: Pubd. by H. PRENTISS, No. 2 Pemberton Hill

Uno

Il North End Coloniale

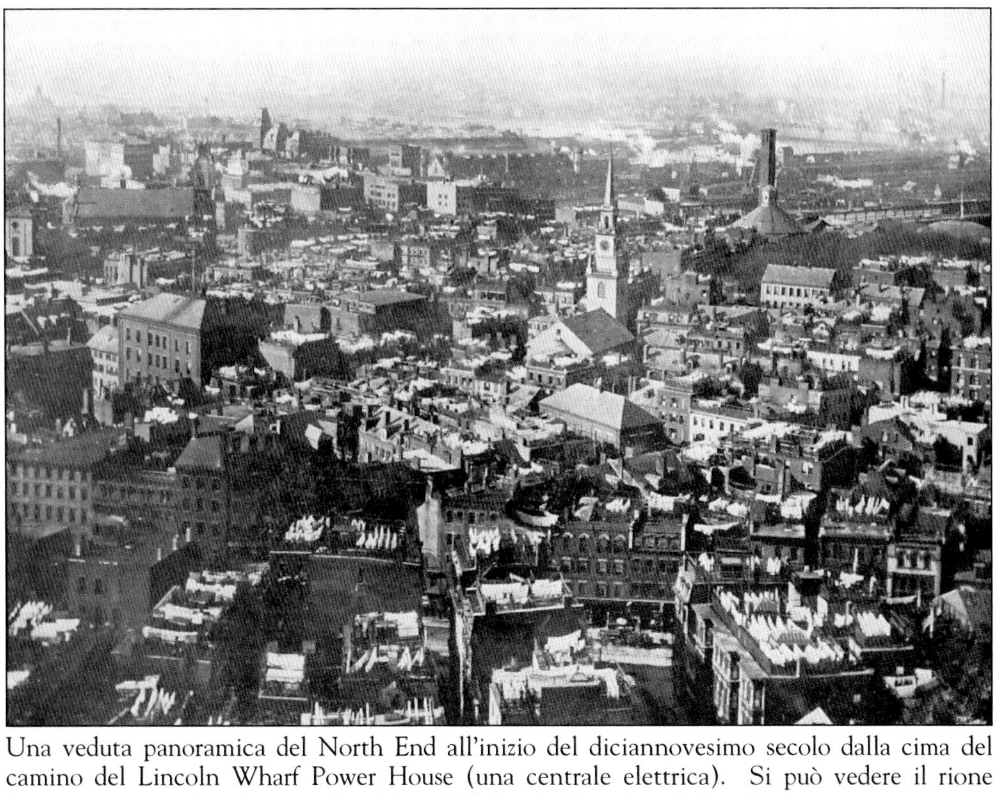

Una veduta panoramica del North End all'inizio del diciannovesimo secolo dalla cima del camino del Lincoln Wharf Power House (una centrale elettrica). Si può vedere il rione densamente popolato intorno alla chiesa Old North Church su Salem Street.

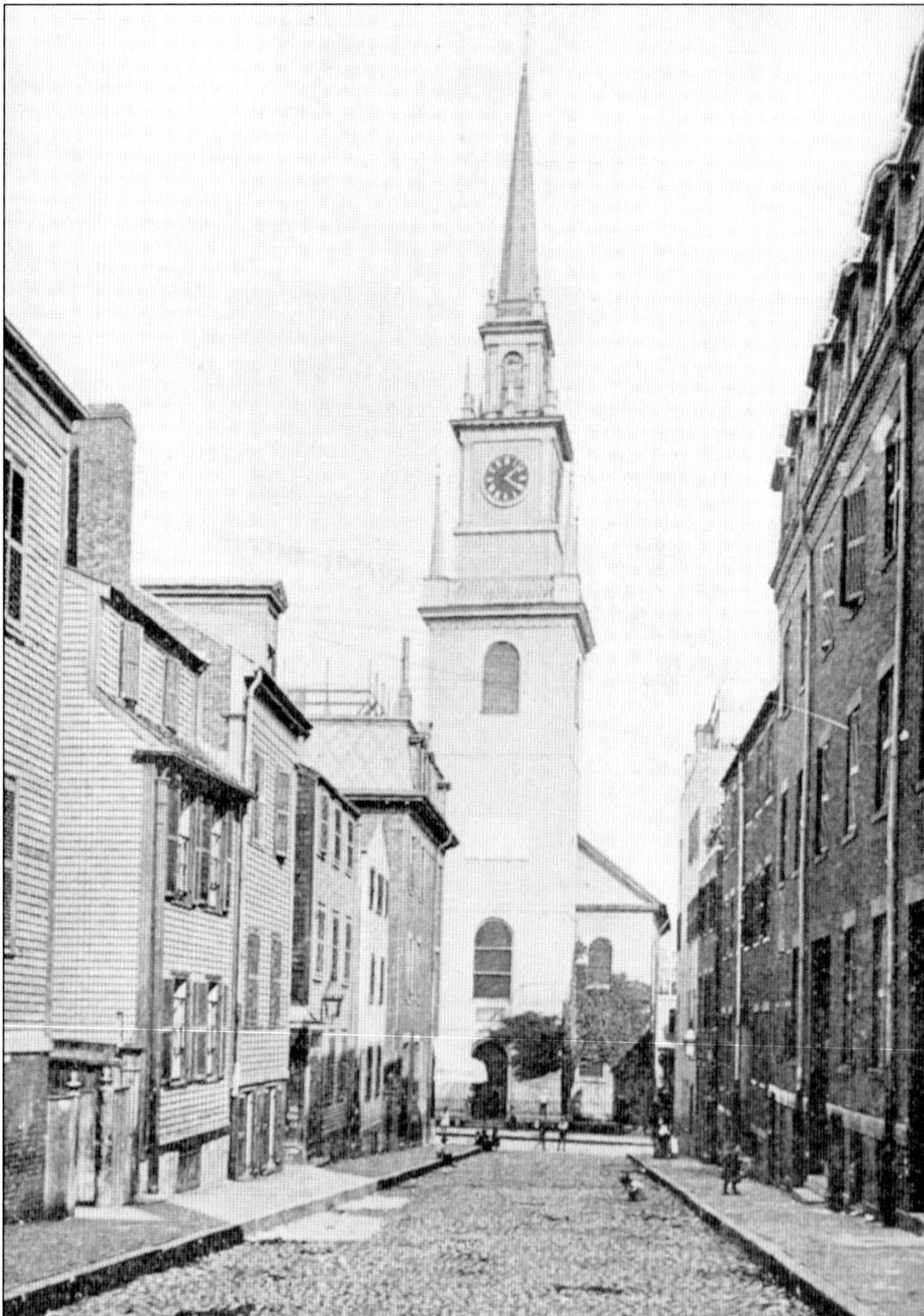

The Old North Church fu costruita nel 1723 ed è oggi il più antico edificio parrocchiale di Boston. Christ Church, il suo nome originale, fu costruita in Salem Street di fronte a Hull Street dai parrocchiani di King's Chapel. La chiesa in mattoni è lunga 22.5 metri, larga 15 metri ed ha una guglia alta 52.5 metri.

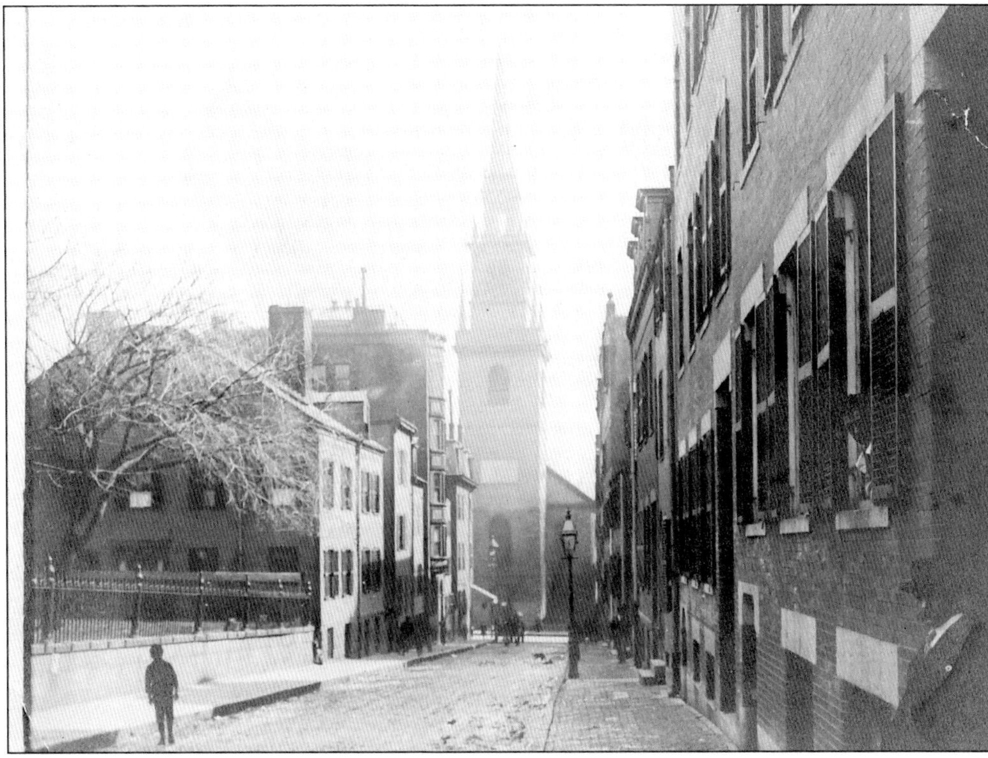

The Old North Church alla fine del ventesimo secolo, era circondata su ogni lato da case popolari ed appartamenti. Da Hull Street è possibile vedere il muro di granito del cimitero Copp's Hill Burying Ground sulla sinistra. La guglia originale venne abbattuta dall'Uragano Carol nel 1954 e fu sostituita dalla guglia attuale.

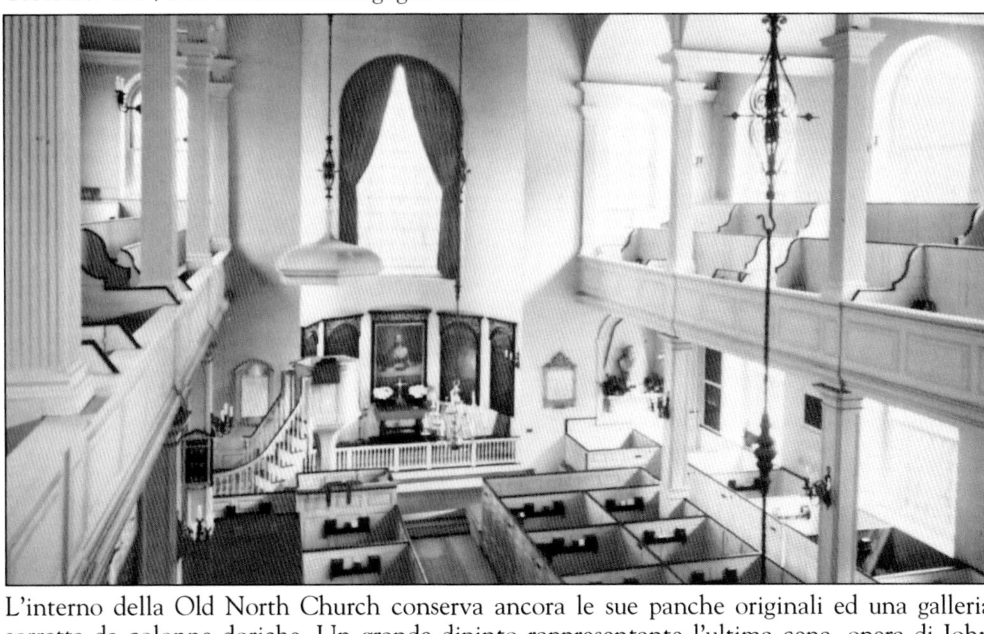

L'interno della Old North Church conserva ancora le sue panche originali ed una galleria sorretta da colonne doriche. Un grande dipinto rappresentante l'ultima cena, opera di John Ritto Penniman, è appeso dietro l'altare.

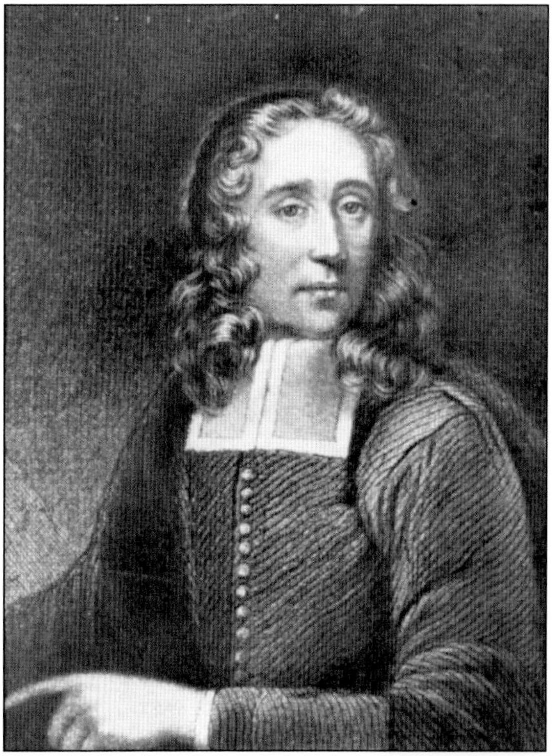

Increase Mather (1639-1723) era il figlio del Reverendo Richard Mather di Dorchester. Un clericale di grande fama e reputazione, fu pastore della Second Church in North Square, e divenne in seguito presidente di Harvard College. Il suo sermone, *The Wicked Man's Portion*, (La Parte Cattiva dell'Uomo), fu il primo libro stampato a Boston.

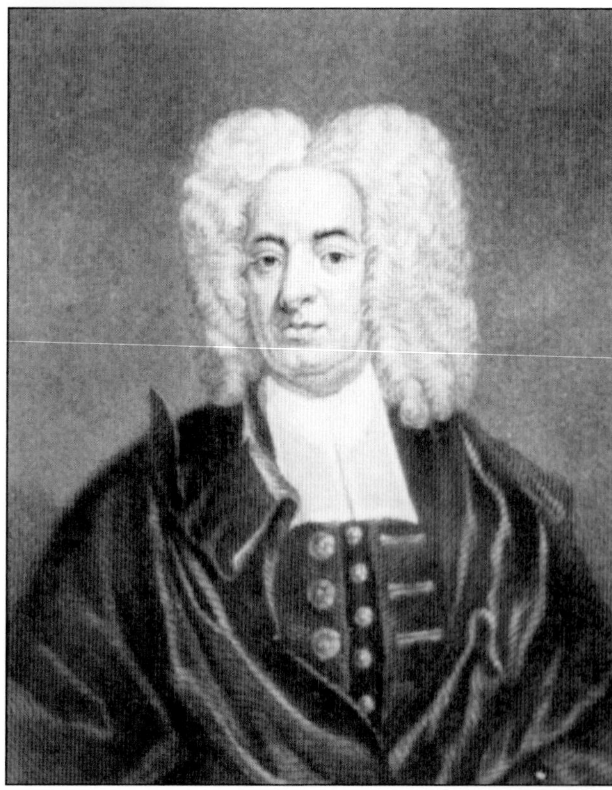

Cotton Mather (1663-1728) era il figlio di Increase Mather e omonimo di suo nonno materno, il Reverendo John Cotton. Questi era stato rettore della chiesa di Saint Botolph's a Boston, in Inghilterra, prima del suo arrivo a Boston, in Massachusetts, nel 1633. Cotton Mather, un noto clericale, succedette a suo padre nella Second Church, divenne membro della Royal Society, oltre ad essere uno degli scrittori più prolifici della storia americana. *Magnalia Christi Americana* è considerata la sua opera principale.

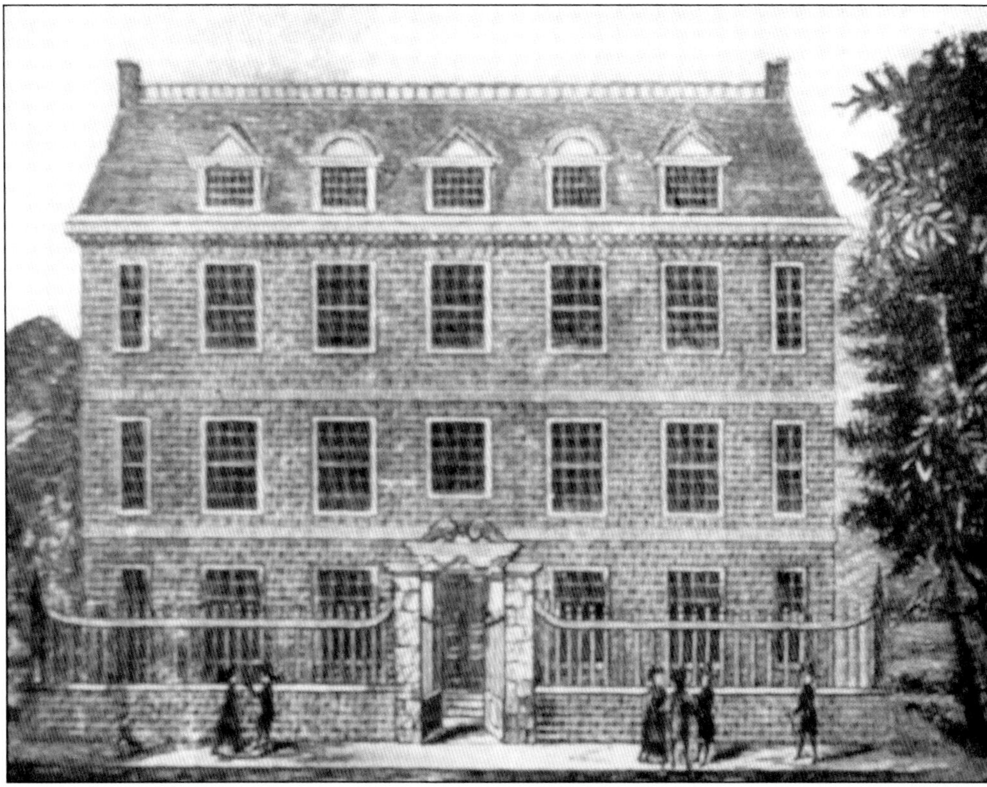

La Clark-Frankland House era un palazzo a tre piani situata all'angolo fra Garden Court e Bell Alley (North Street). Nell'opera *Agnes Surriage* di Bynner, la casa viene descritta come "spoglia e rigorosa al limite della severità ... ma questo era semplicemente una maschera architettonica, un travestimento da Puritano che celava la spavalderia di un Realista e cortigiano." Sir Harry Frankland era un esattore della dogana e sposò la sua domestica, Agnes Surriage dopo che lei lo aveva rimesso in salute.

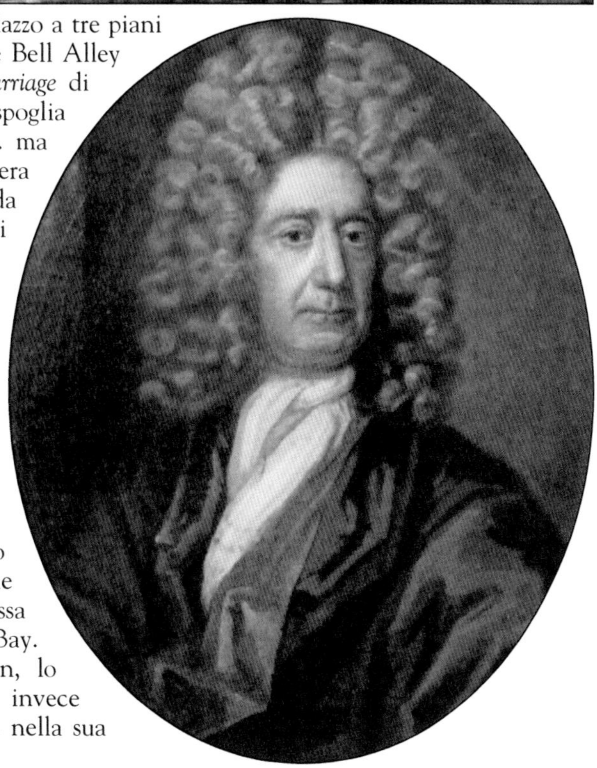

John Cony (1655-1722) era un noto argentiere che incise la lastra di rame usata per la prima banconota emessa dalla Colonia di Massachusetts Bay. La prima moneta coniata a Boston, lo scellino "Pine Tree," (il Pino), era invece stata coniata da John Hull nel 1652 nella sua casa su Sheafe Street.

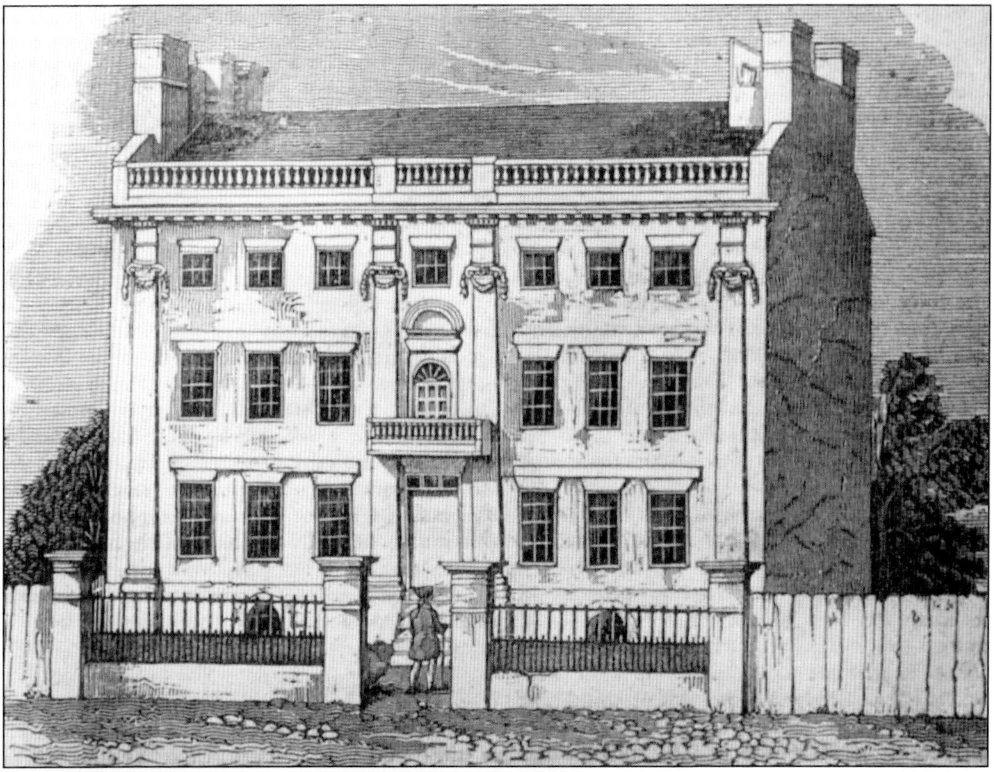

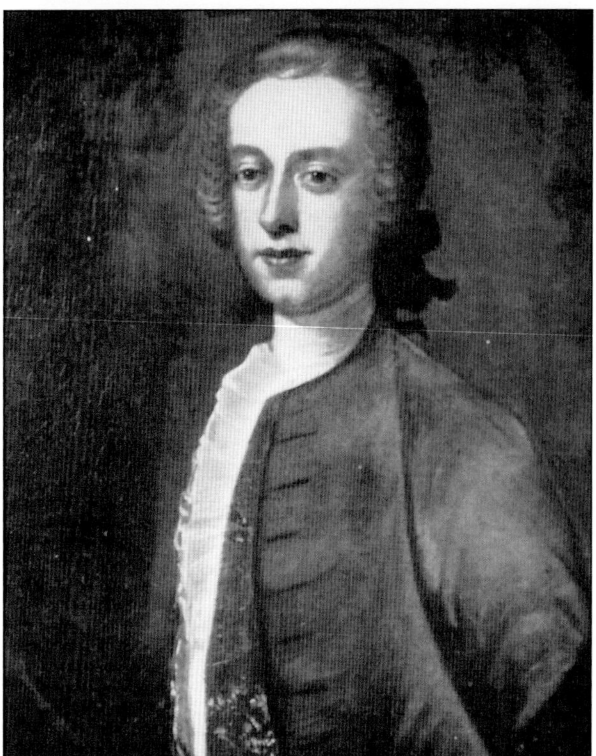

La Hutchinson House è situata accanto alla Clark-Frankland House all'angolo fra Garden Court e Fleet Street. Costruita nel 1711, fu la prima casa di Boston ad usare decorazioni architettoniche classicheggianti. Il palazzo era l'abitazione di Thomas Hutchinson, l'ultimo Governatore Reale del Massachusetts, e fu saccheggiata da una folla nel 1765 come rappresaglia per lo "Stamp Act."

Thomas Hutcinson (1711-1780) ebbe una brillante carriera: fu deputato alla Corte Generale della Provincia del Massachusetts, giudice e notaio, vicegovernatore oltre ad essere l'ultimo Governatore Reale del Massachusetts. Fu anche uno storico di prestigio, autore della *History of Massachusetts Bay*.

Il noto patriota Paul Revere visse in questa casa, costruita nel 1680 eritenuta la più antica casa di tutta la città di Boston. Un gruppo di uomini sono in posa per la fotografia davanti alla casa del patriota nel 1895.

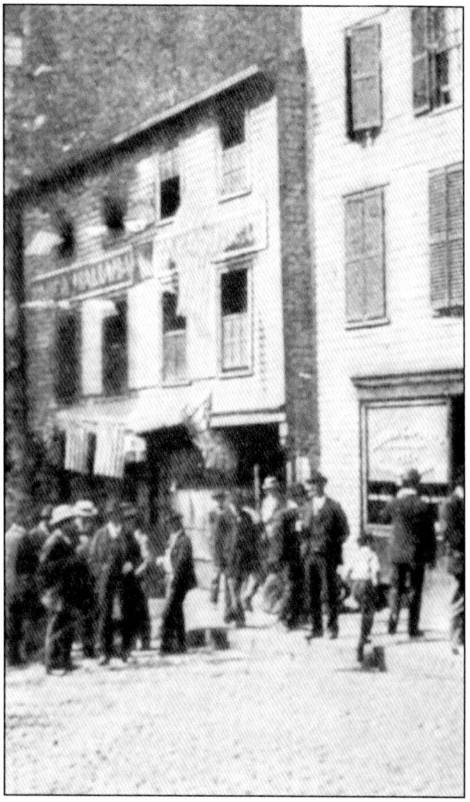

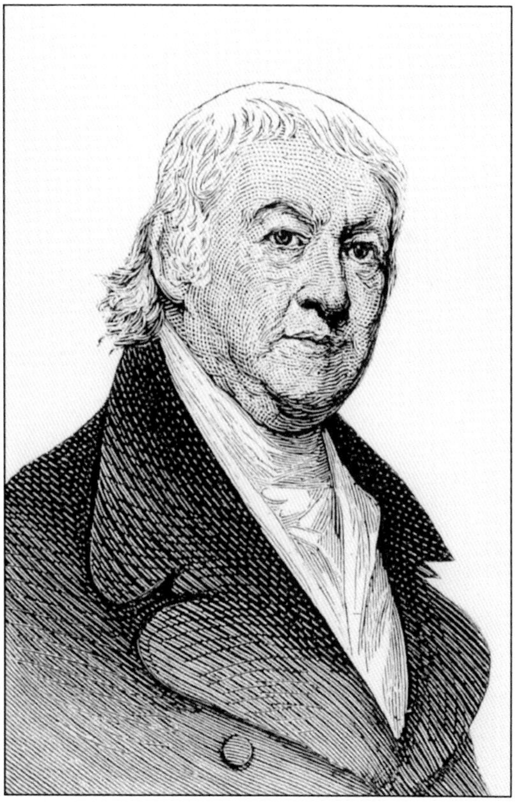

Paul Revere (1735-1818) seguì le orme del padre nella professione di argentiere divenendo però anche un noto orafo ed incisore, oltre ad essere proprietario di una fonderia di cannoni e campane e di una fabbrica di rame. La sua storica cavalcata da Charlestown a Lexington, dove fu fermato dagli inglesi, venne immortalata da una poesia di Longfellow e nel grido "The British are coming!" ("I britannici stanno arrivando!") che viene recitata ogni anno per la festa del patriota, Patriot's Day.

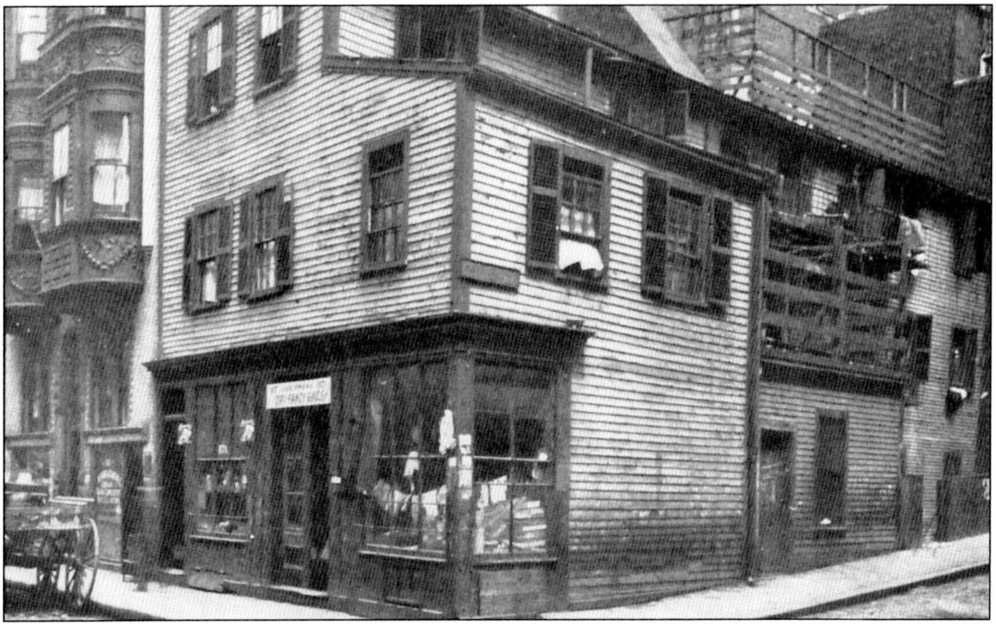

La casa di Master John Tileston (1735-1826) si trova ancora all'angolo tra via Margaret e via Prince. Tileston, conosciuto come "il padre del bello scrivere," era un rinomato maestro alla scuola elementare North Grammar School del North End. Mantenne il suo posto per ben ottant'anni ed il comune continuò a pagargli un vitalizio fino al giorno della sua morte.

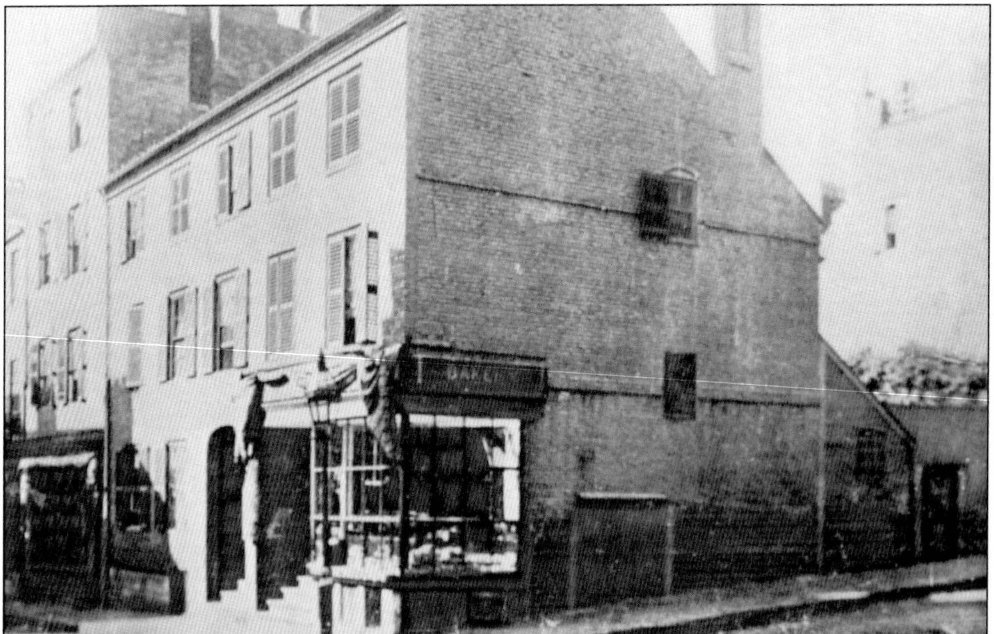

La casa di fratelli Robert Newman (il sagrestano di Christ Church durante la Rivoluzione) e John Newman (l'organista di Christ Church) si trovava, fino al 1889, all'angolo fra Salem Street e Sheafe Street. Per la maggior parte del diciannovesimo secolo al piano terra si trovava una panetteria. Quando la casa venne demolita nel 1889, venne rinvenuta nelle fondamenta una pietra tombale della famiglia Greenough risalente al 1674. (Per cortese concessione della BPL)

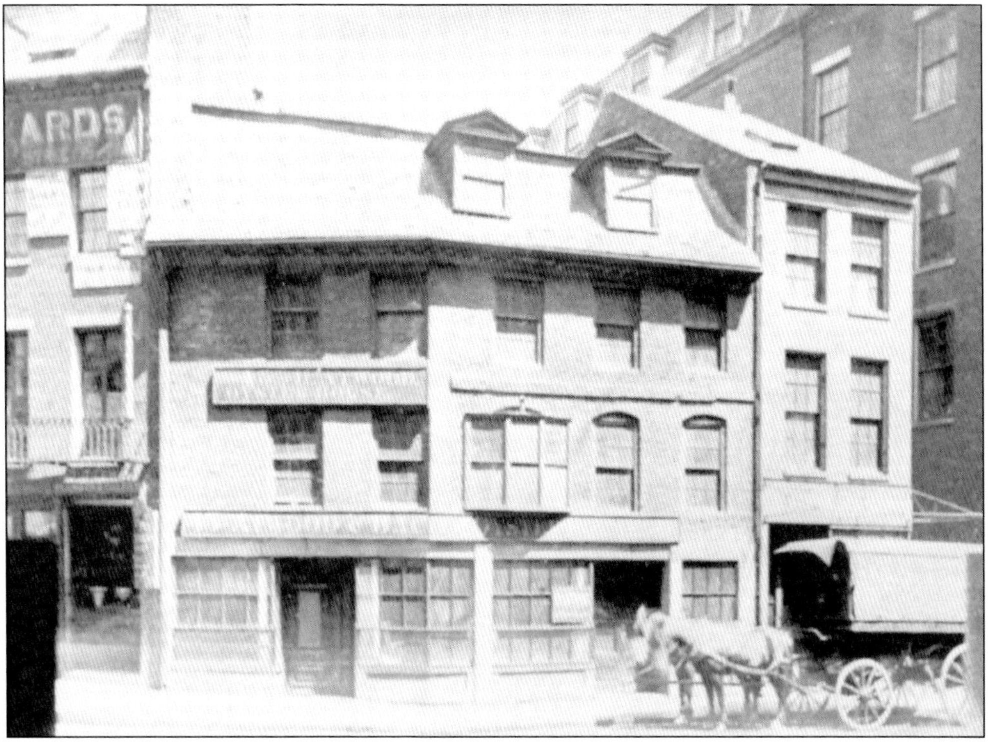

L'edificio in mattoni all'angolo fra Union Street e Marshall Street era un locale dove, fin dal 1826, si potevano gustare ostriche fresche. Una carrozza a cavalli è ferma davanti all'Atwood and Bacon's Oyster House, il locale precedente alla Union Oyster House. (Per cortese concessione della BPL)

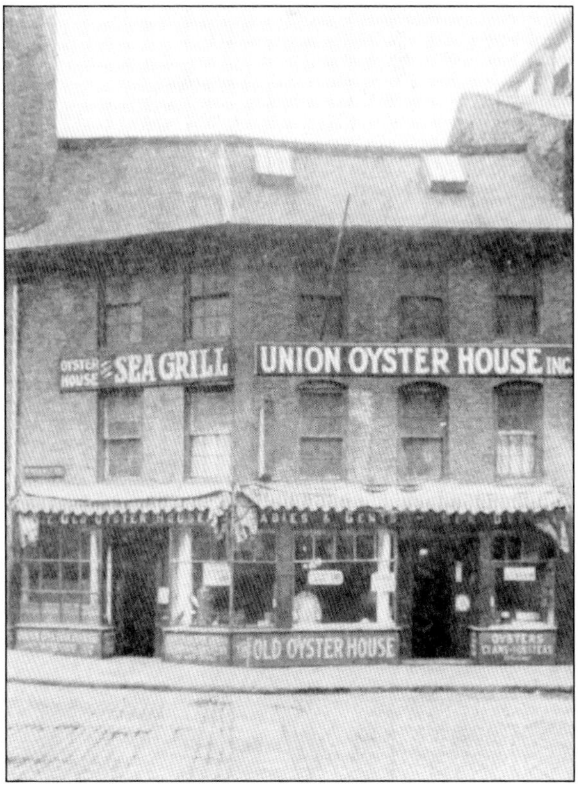

La Union Oyster House, con le bancherelle ed il bancone nelle loro posizioni originali, è diventata un punto di riferimento a Boston. Costruita da Hopestill Capen, l'edificio era originariamente sede del negozio "At the Sign of the Cornfield" dove si vendevano articoli di seta, abiti e costumi da ballo in maschera. Intorno al 1770 il giornale sovversivo *The Massachusetts Spy* veniva stampato nelle stanze del piano superiore da Isaiah Thomas, prima della sua rimozione a Worcester. Louis Phillipe, il futuro "re cittadino" di Francia (1830-1848), abitò qui durante il suo esilio dopo la Rivoluzione Francese.

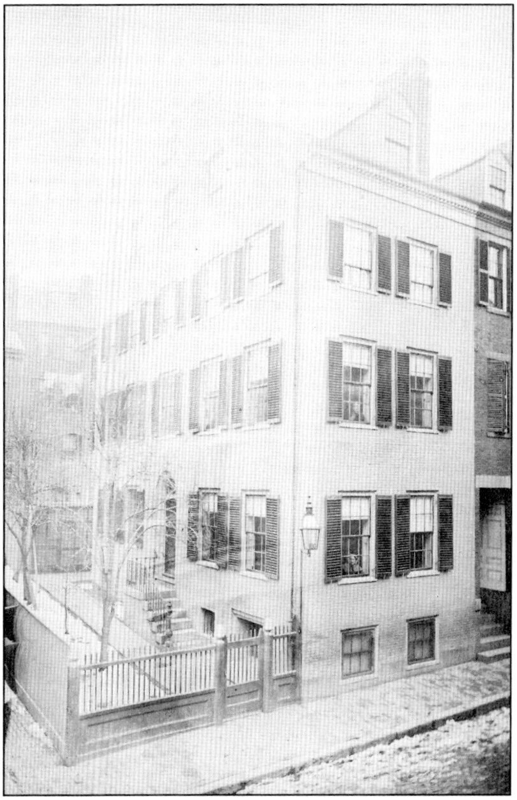

La Dodd House, costruitaintorno al 1804 al numero 190 di Salem Street, era l'abitazione di Timothy Dodd, un commerciante in pellicce a Milk Street a Boston. La famiglia Dodd si trasferì nel North End da Boylston Street e vi abitò fino alla morte dell'ultimo membro della famiglia nel 1917. (Per cortese concessione di Robert Bayard Severy)

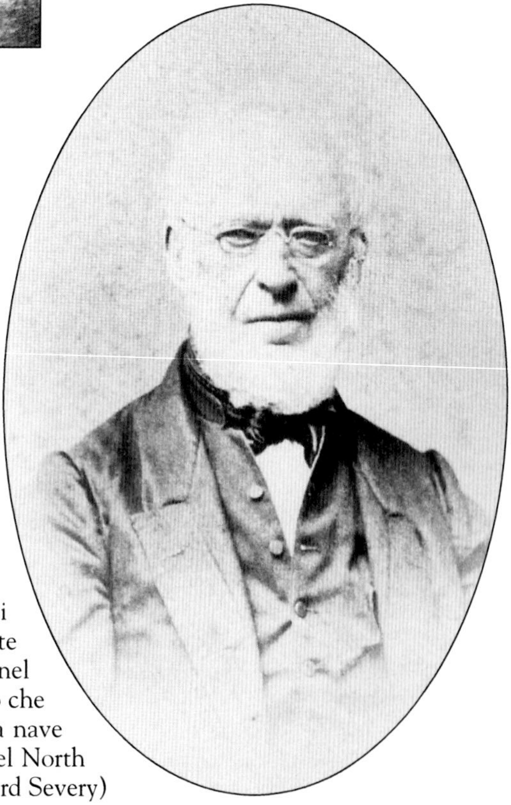

Timothy Dodd (1780-1876) era considerato, all'epoca della sua scomparsa, il più vecchio commerciante in servizio attivo negli Stati Uniti. Era stato un apprendista presso il nipote del Governatore Hancock a Long Wharf nel 1797, e fu l'uomo più longevo fra tutti coloro che erano a bordo la USS *Constitution* quando la nave fu varata nel 1797 da Constitution Wharf nel North End. (Per cortese concessione di Robert Bayard Severy)

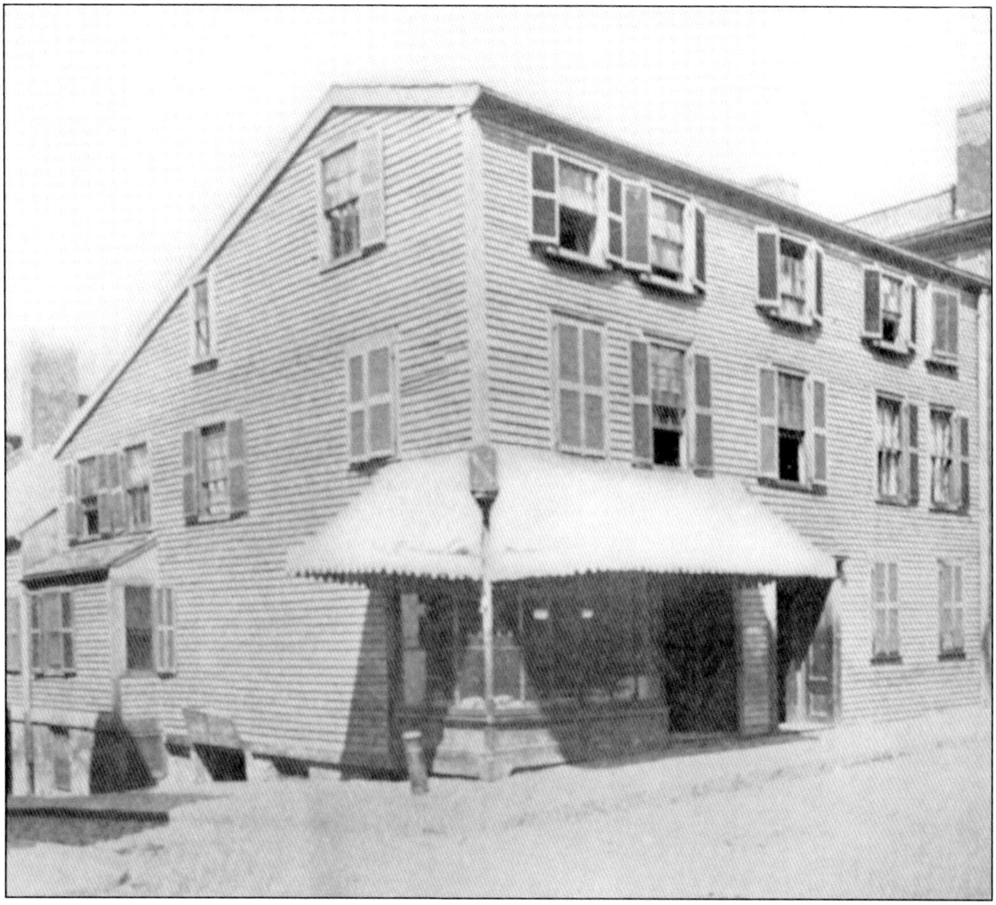

La Gray House, all'angolo tra Prince Street e Lafayette Avenue, fu costruita nel 1770 e venne usata come ospedale britannico nel 1775 per i feriti nella battaglia di Bunker Hill.

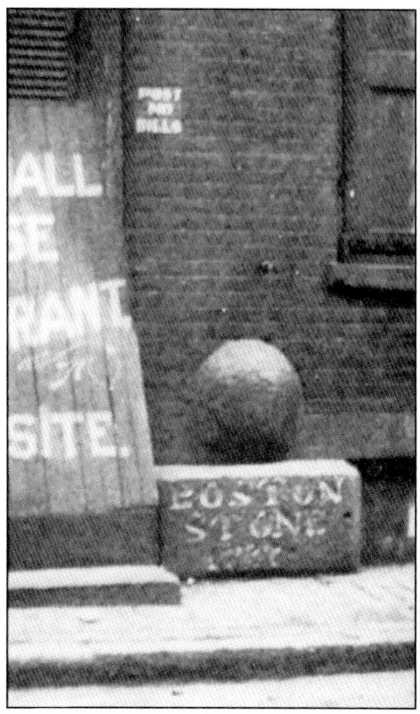

La Pietra di Boston, "The Boston Stone," è incastonata in un muro in Marshall Street. È da questa pietra che tutte le distanze a Boston vengono misurate. Portata dall'Inghilterra intorno al 1700, la palla marrone di arenaria veniva originariamente usata come macinatoio di vernice era utilizzata per macinare le tinte dentro il "muller," una sorta di pestello piatto. La pietra, composta di palla e "muller," fu incassata nel muro da Joseph Howe nel 1737 ad imitazione della Pietra di Londra, "The London Stone," davanti a Saint Swithin's Church a Londra.

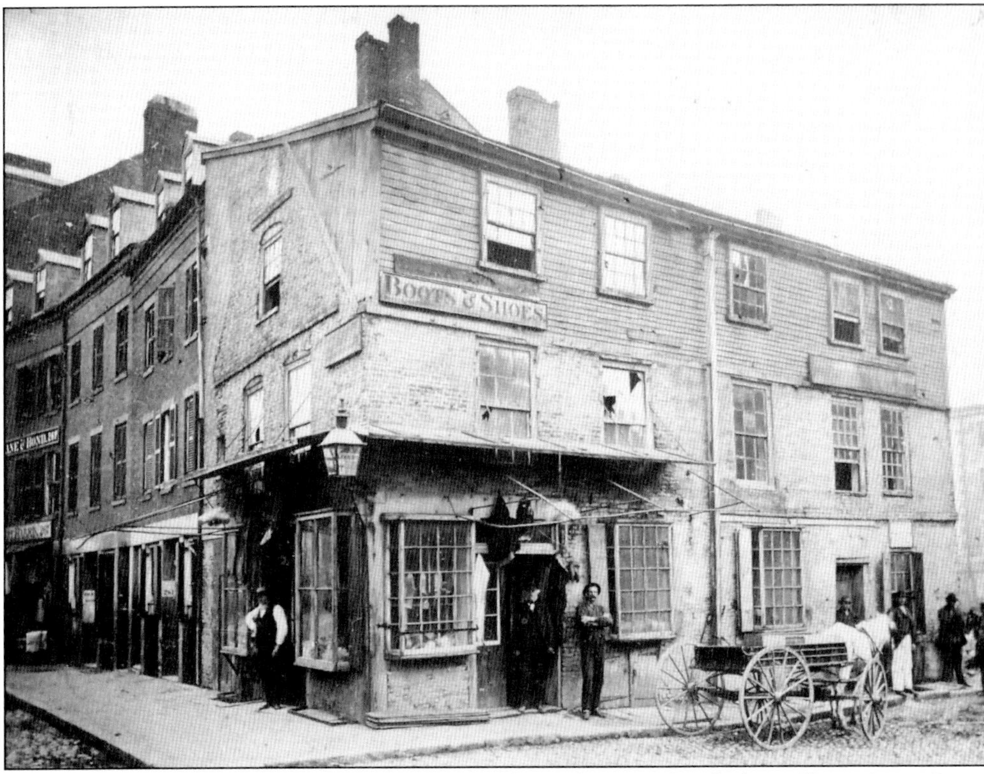

Alcuni uomini posano davanti alle due entrate di una bottega di calzolaio all'angolo tra Lewis Street e North Street nel 1860. (Per cortese concessione della BPL)

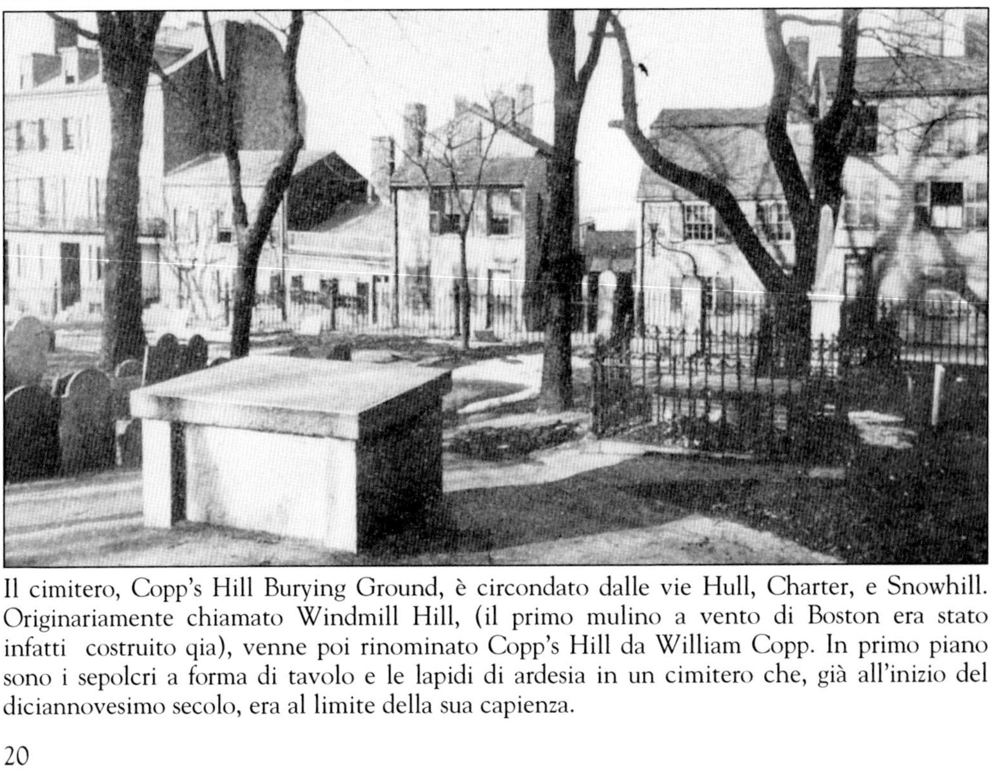

Il cimitero, Copp's Hill Burying Ground, è circondato dalle vie Hull, Charter, e Snowhill. Originariamente chiamato Windmill Hill, (il primo mulino a vento di Boston era stato infatti costruito qia), venne poi rinominato Copp's Hill da William Copp. In primo piano sono i sepolcri a forma di tavolo e le lapidi di ardesia in un cimitero che, già all'inizio del diciannovesimo secolo, era al limite della sua capienza.

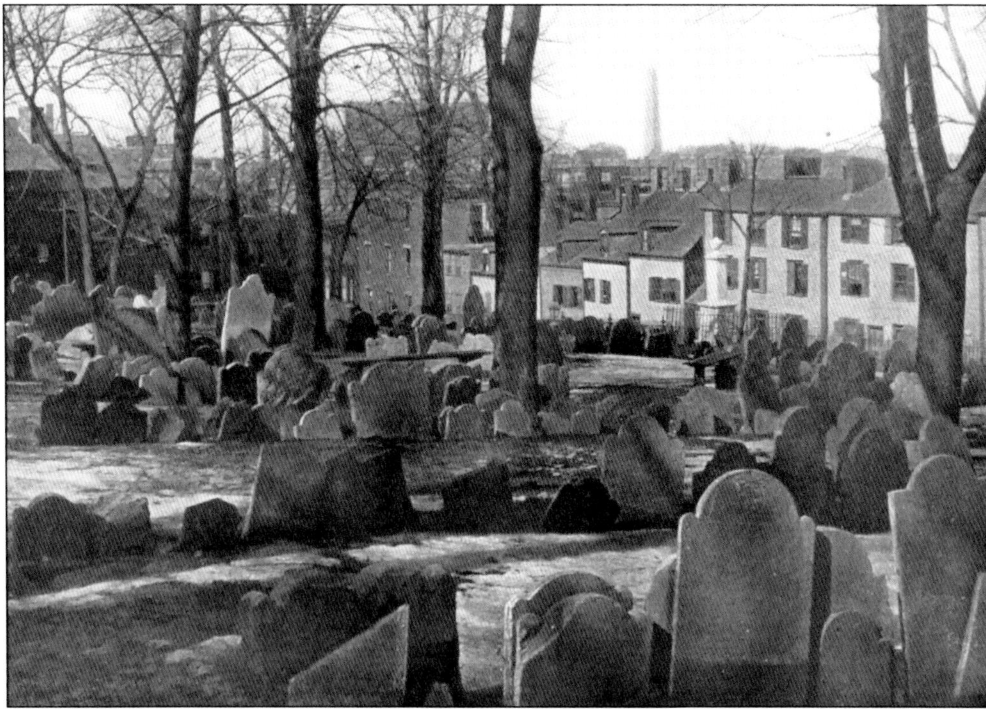

Guardando verso nord da Copp's Hill Burying Ground, si può vedere il monumento alla battaglia di Bunker Hill che si staglia sopra le case lungo Hull Street. Era qui che, il 17 giugno 1775, vennero sistemate le batterie britanniche che distrussero il paese di Charlestown.

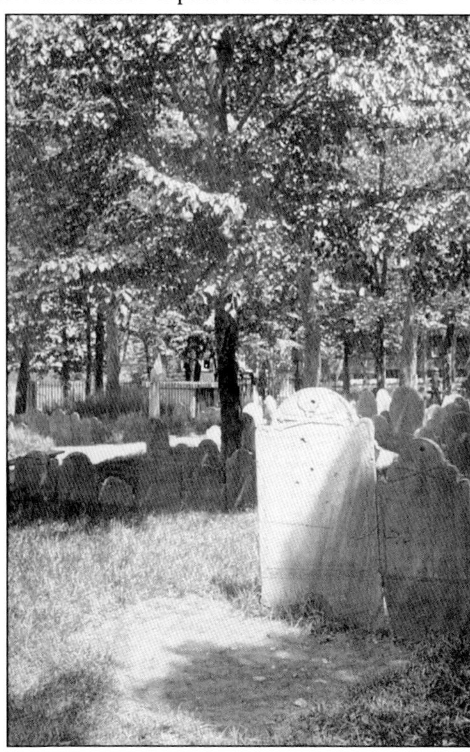

La lapide del Capitano Daniel Malcom (1725-1769) veniva usata dai soldati britannici per le esercitazioni di tiro al bersaglio. Tale mancanza di rispetto era probabilmente causata dalla fiera ed anti-britannica iscrizione sulla lapide: "A true Son of Liberty and Friend to the Publick, An Enemy to Oppression and one of the foremost in opposing the Revenue Acts on America" ("Un vero Figlio della Libertà, un Amico del Pubblico, Un Nemico dell'Oppressione ed uno dei primi e più ostinati Oppositori alle leggi di tassazione sulle entrate imposte all'America.")

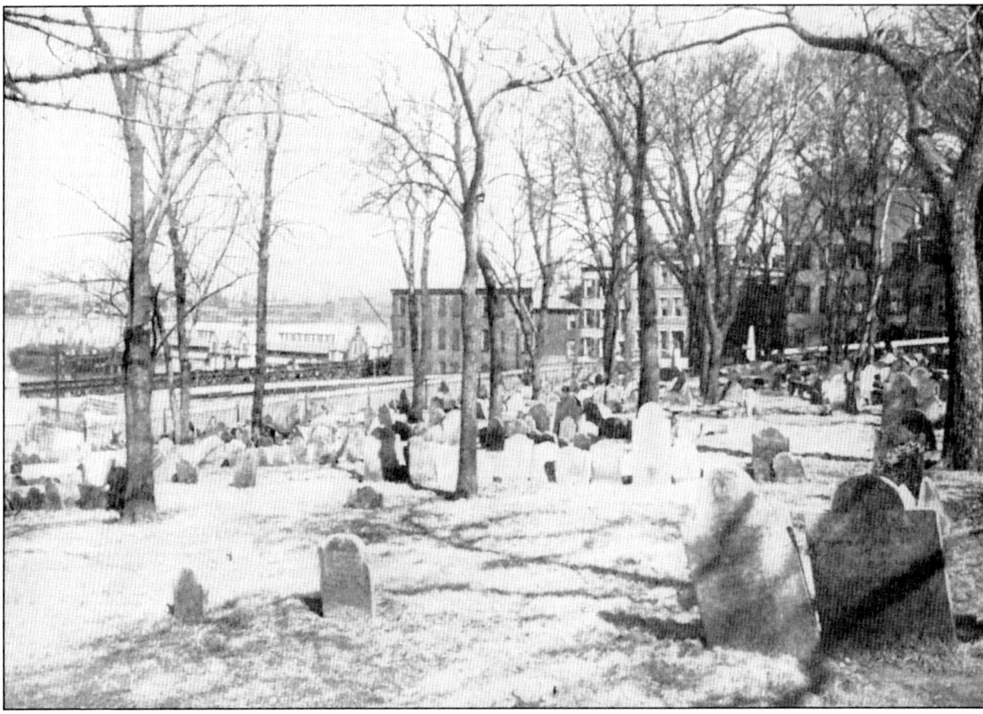

Da quando fu creato nel 1660, il Copp's Hill Burying Ground ha sempre fatto parte della storia del North End nella sua continua evoluzione. Un tempo diviso in quattro cimiteri indipendenti, è oggi unito sotto la direzione del Historic Burying Ground Initiative of Boston.

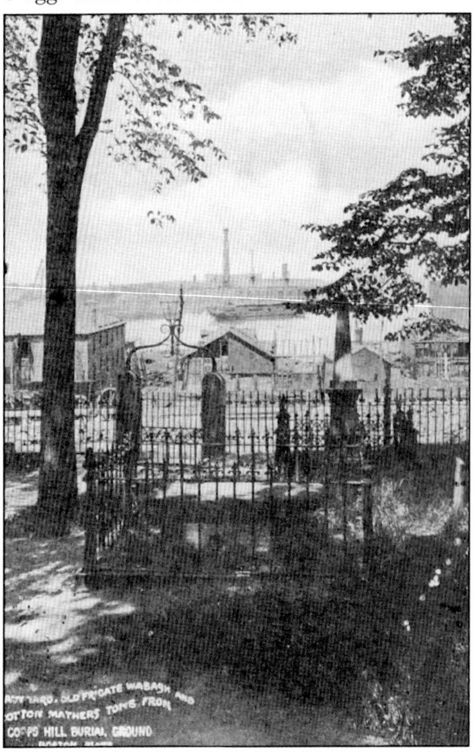

Guardando verso Charlestown, Massachusetts, dal cimitero si possono vedere in lontananza l'arsenale della marina di Boston, Boston Navy Yard, e la fregata *Wabash*.

Due

Faneuil Hall e Quincy Market

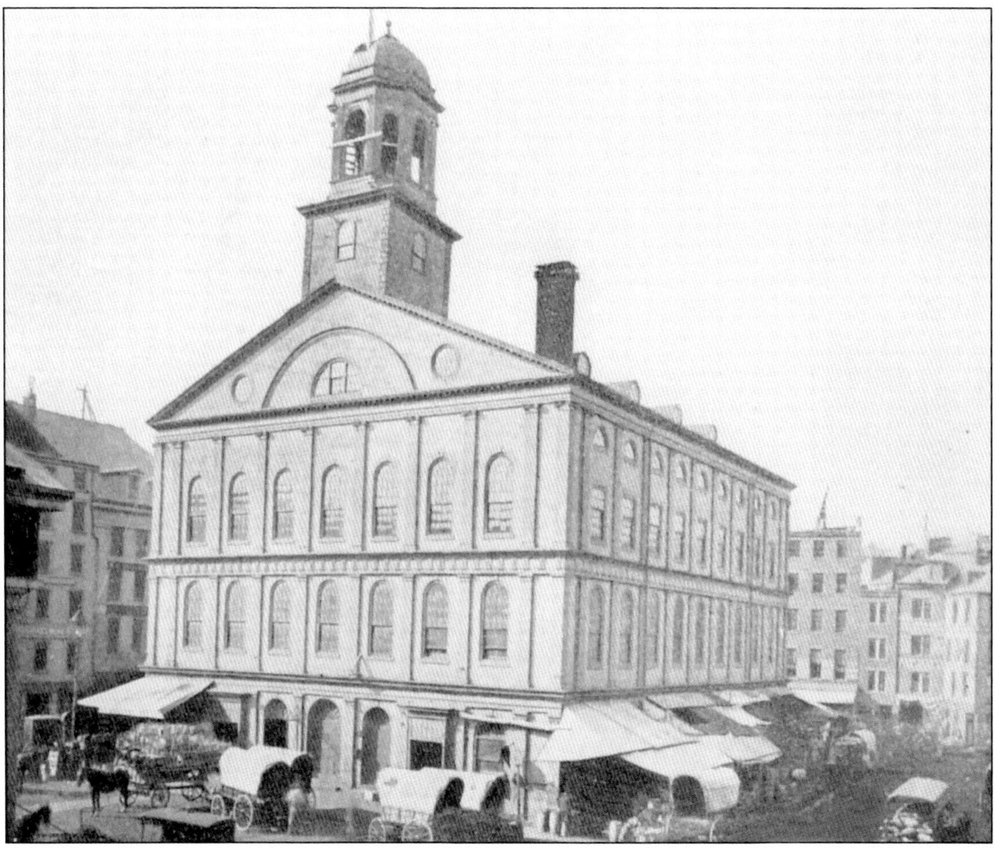

Faneuil Hall, donazione di Pete Faneuil al Comune di Boston nel 1742, è nota come "la Culla della Liberta`." Danneggiata in un incendio nel 1761 e ricostruita nel 1763, è stata usata come mercato pubblico e come sede dell'assemblea comunale per più di due secoli. È divenuta oggi una popolare attrazione turistica. In cima alla cupola vi è un segnavento a forma di cavalletta che fu battuto da Deacon Shem Drowne nel 1742.

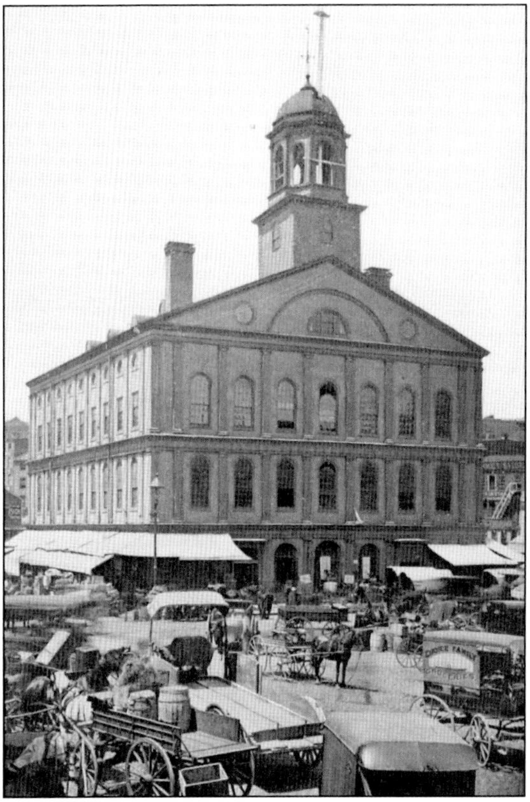

Faneuil Hall, progettata dal ritrattista John Smibert e costruita nel 1742, aveva un mercato al piano terra ed una grande sala riunioni al piano superiore. Qui si vedono le carrozze a cavalli che consegnavano i prodotti agricoli al mercato all'inizio del ventesimo secolo.

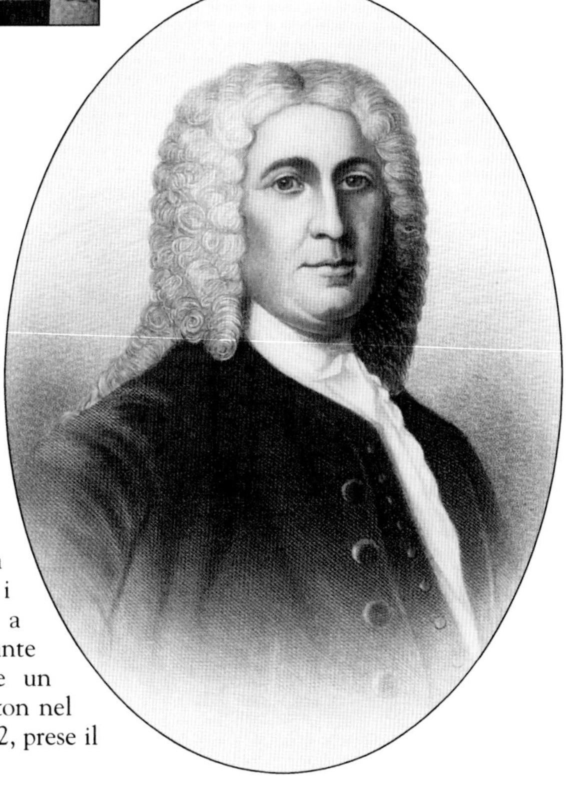

Peter Faneuil (1700-1743) nacque a New Rochelle, New York, dopo che i suoi genitori ebbero lasciato la Francia a causa dell'Editto di Nantes. Ricco mercante bostoniano, Faneuil offrì di costruire un mercato e di donarlo al comune di Boston nel 1740. La sala, aperta al pubblico nel 1742, prese il nome del benefattore.

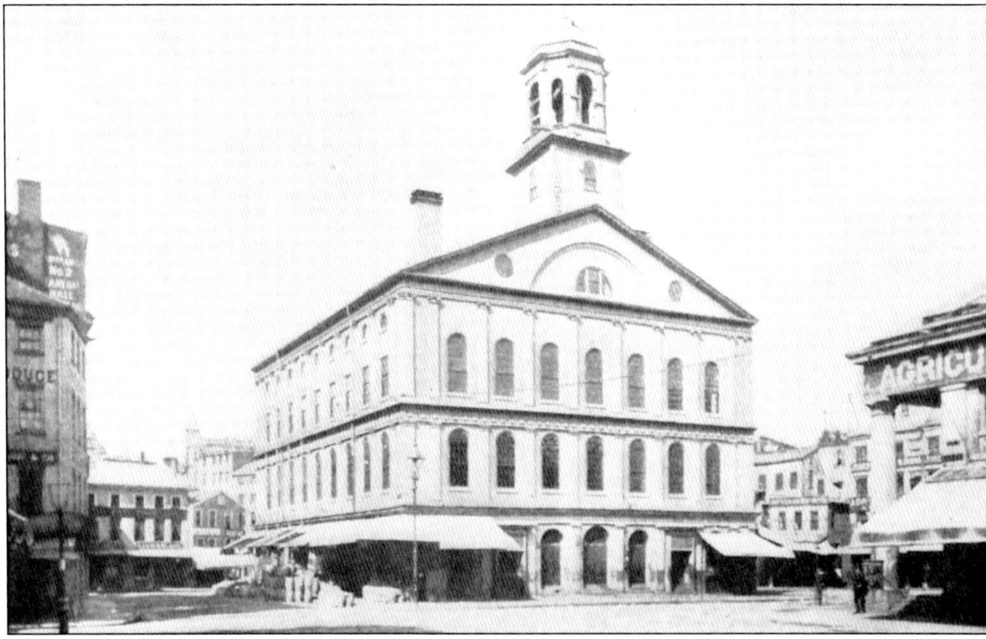

Faneuil Hall raddoppiò in dimensione nel 1806 ad opera dell'architetto Charles Bulfinch per soddisfare il sempre crescente bisogno di spazio per gli uffici comunali ed il mercato. Il piano terra rimase un mercato a bancarelle fino all'inizio degli anni Settanta del Novecento; il piano superiore diventò invece la sede centrale dell'Ancient and Honorable Artillery Company, la più antica società militare degli Stati Uniti.

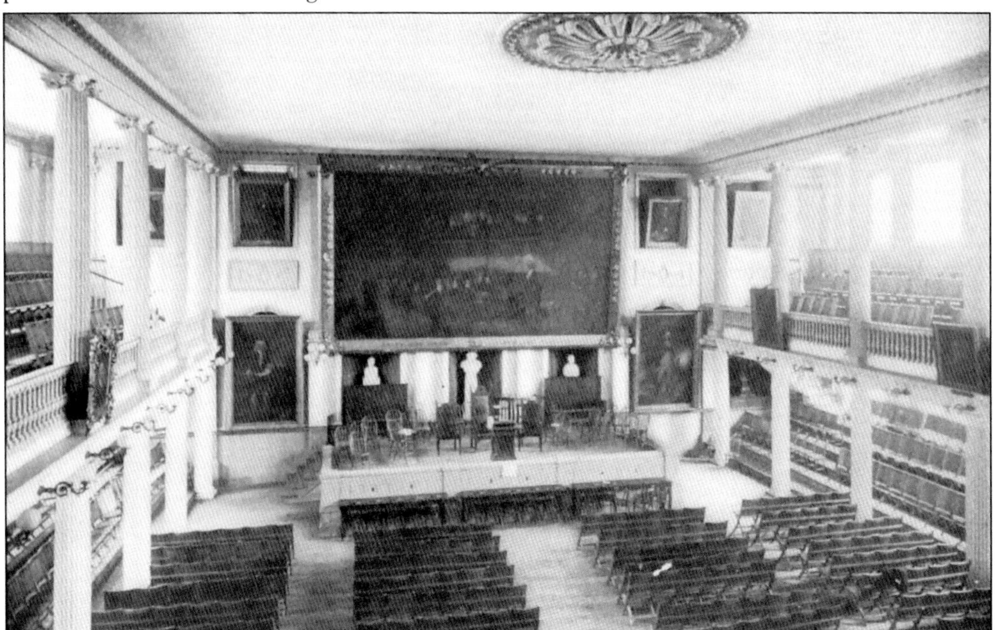

La sala d'assemblea di Faneuil Hall era alta due piani con una galleria a colonne ioniche. Alcuni ritratti di bostoniani illustri, compreso quello del benefattore Peter Faneuil, adornano le pareti della sala. Un posto d'onore è riservato alla monumentale tela *Daniel Webster mentre risponde a Hayne in Senato.*

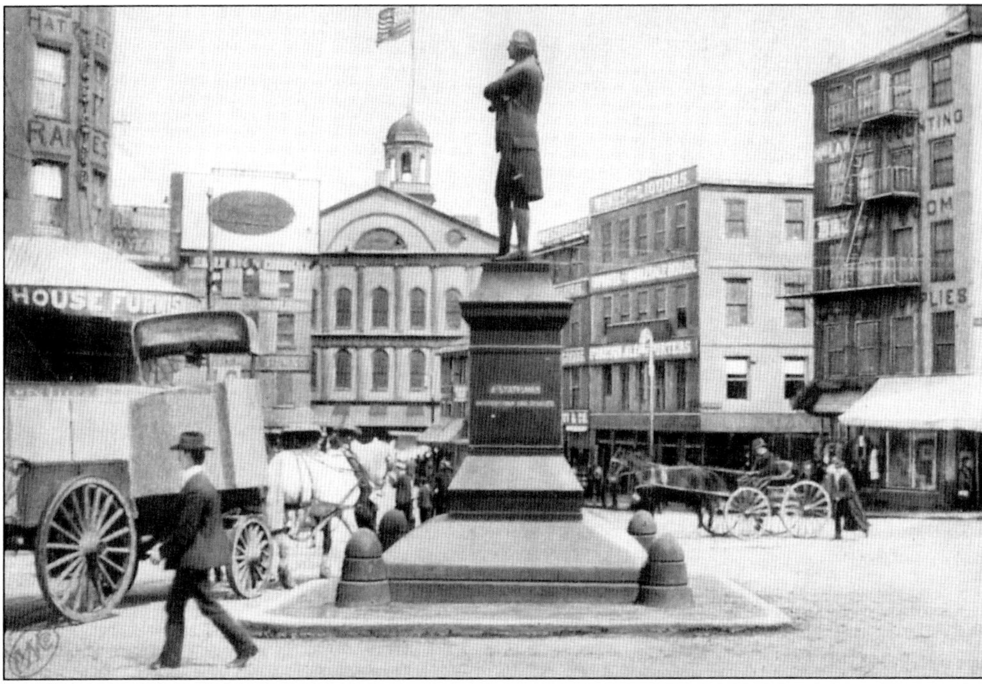

Una statua di Samuel Adams fu eretta nella Piazza Adams davanti a Faneuil Hall. Adams (1722-1803) era chiamato il "Pioniere della Propaganda" durante la Rivoluzione Ricoprì in seguito la carica di governatore del Massachusetts dal 1794 al 1798. Scolpita da Anne Whitney, la statua richiama il sentimento delle parole incise alla sua base: "Un Uomo di Stato Intrepido e Incomparabile."

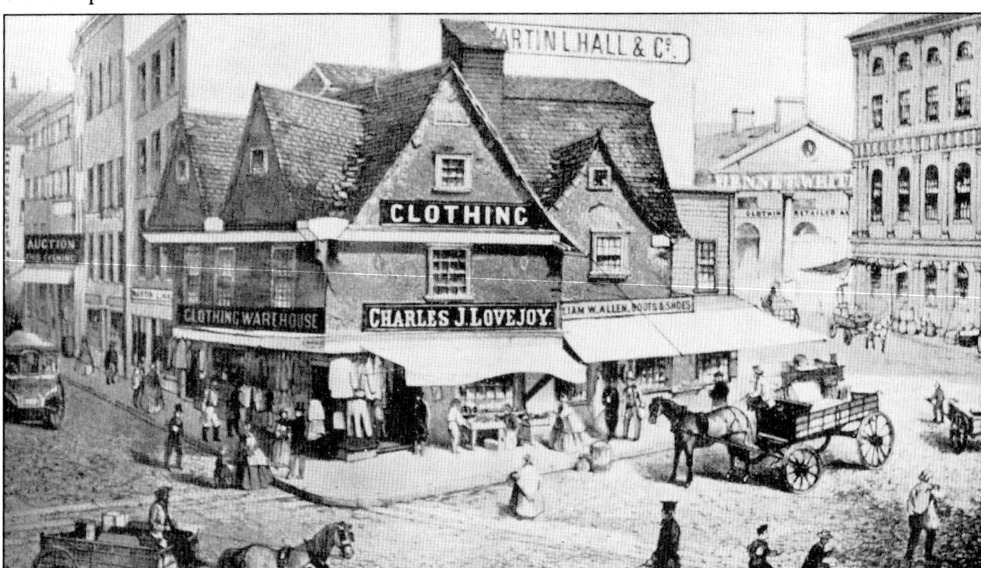

The Old Feather Store, (La Vecchia Bottega di Piume) era situata all'angolo di Dock Square e North Street. Costruita da Thomas Stanbury nel 1680, questa casa col tetto a multi-spioventi divenne il magazzino di abbigliamento di Charles J. Lovejoy e il negozio di scarpe e stivali di William W. Allen prima della sua demolizione nel 1860. (Per cortese concessione della BPL)

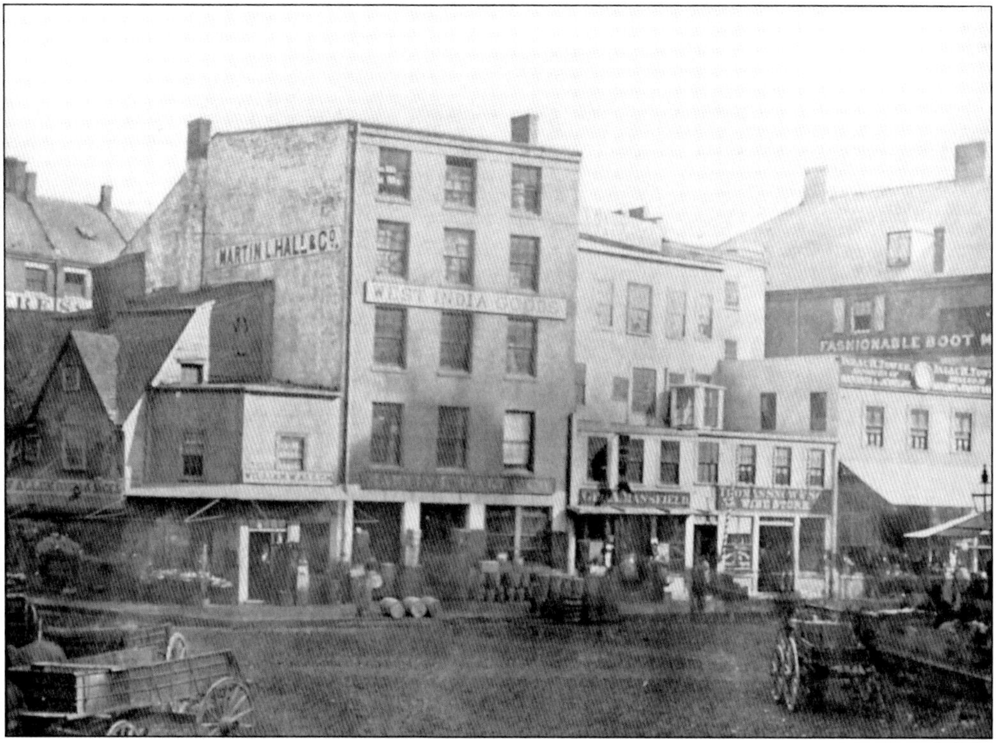

I negozi della piazza di Faneuil Hall si affacciavano verso il grande palazzo. Da sinistra a destra sono The Old Feather Store, Martin L. Hall & Company's West India Goods, George A. Mansfield and Company, Thomas Snow & Son's Wine Store, e Isaac H. Tower's Watch and Jewlery Store. (Per cortese concessione della BPL)

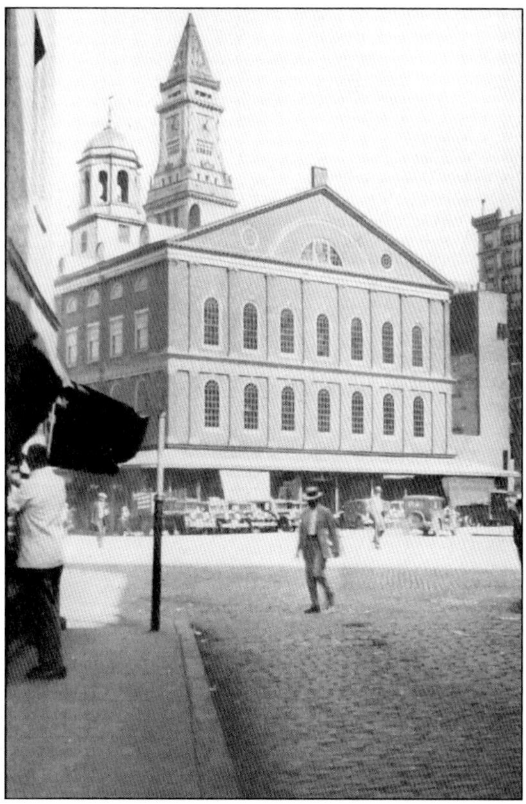

Negli anni Trenta del Novecento, Faneuil Hall era il mercato centrale che forniva Boston di prodotti agricoli. All'epoca in cui questa foto venne scattata, i furgoni avevano già da vent'anni sostituito le carrozze a cavalli. La torre della Boston Custom House, progettata da Peabody e Stearns e costruita nel 1915 sopra la struttura originale del 1847, si erge sopra Faneuil Hall.

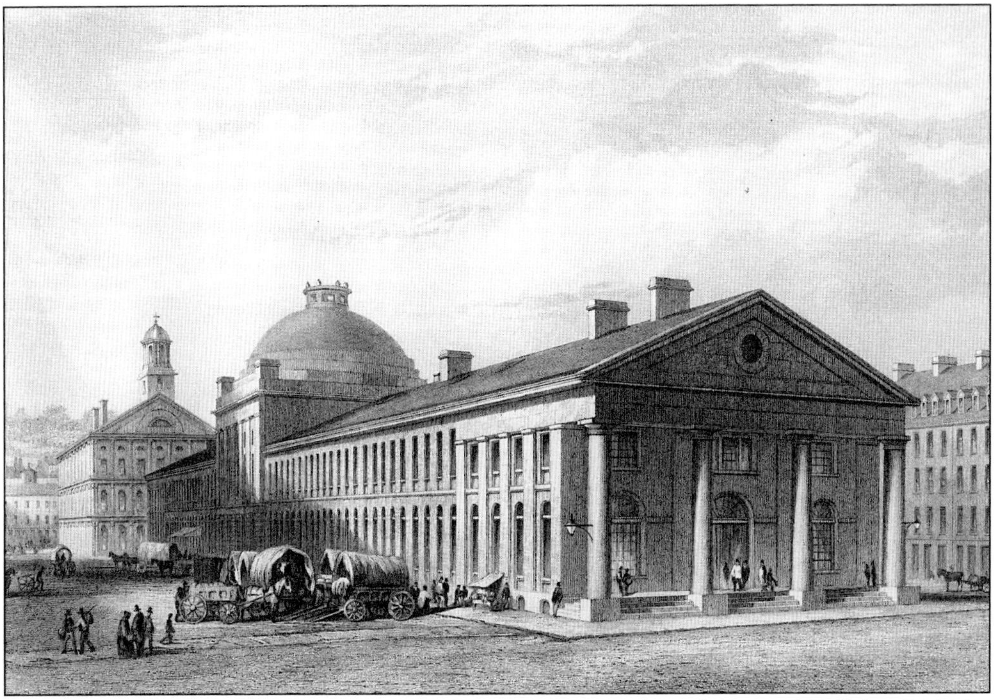

Quincy Market fu costruito sopra un grande interramento ad est di Faneuil Hall fra il 1824 e il 1826. L'architetto che ne fece il progetto, Alexander Parris, creò un impressionante mercato facendo uso di granito nel popolare stile architettonico, *Greek Revival*.

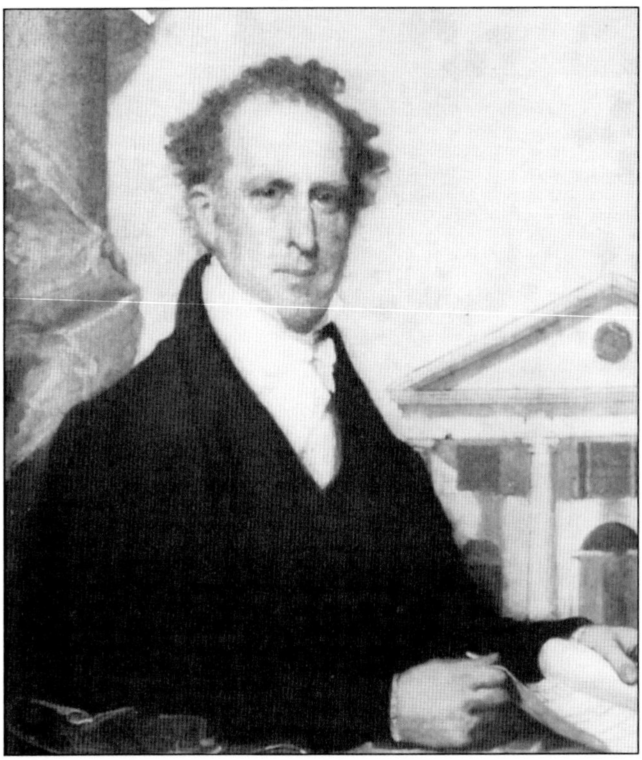

Josiah Quincy (1772-1864), da cui il mercato prese il nome, fu il secondo sindaco di Boston, in carica dal 1823 al 1828. Considerato il sindaco più progressista di Boston, Quincy coprì un'impressionante numero di cariche pubbliche: fu responsabile della costruzione di Quincy Market, riorganizzò il dipartimento dei vigili del fuoco e costruì la Casa dell'Industria e il Riformatorio a South Boston. In seguito al suo mandato come sindaco coprì anche la carica di presidente di Harvard e scrisse *La Storia di Harvard University*, *Una Storia dell'Ateneo di Boston*, e *La Storia Municipale del Comune e e della Città di Boston*.

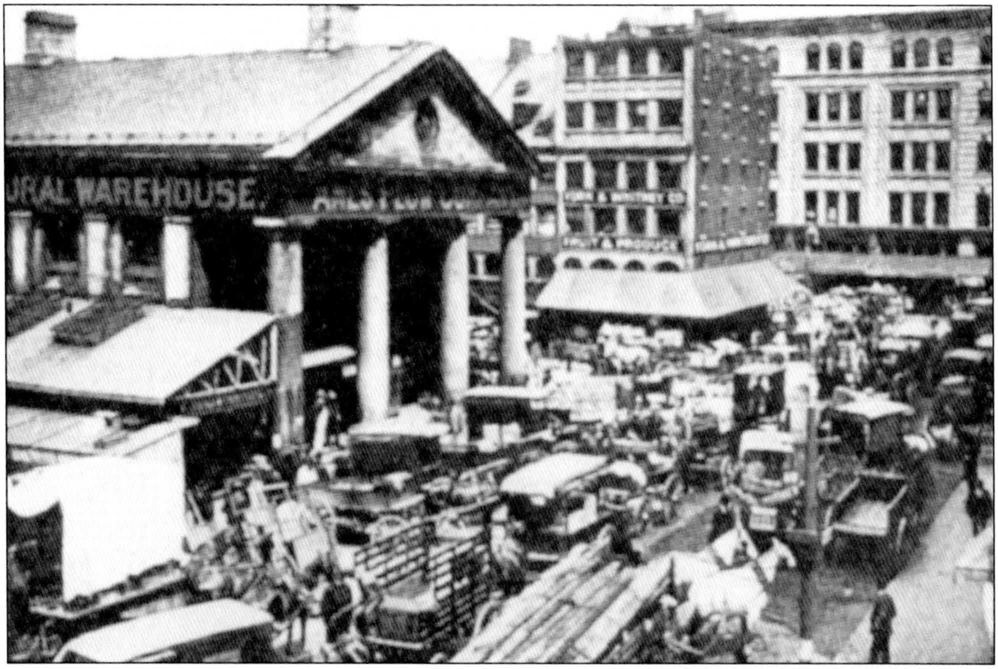

Nel diciasettesimo secolo Quincy Market era un vivace ed attivo mercato. Le carrozze a cavalli arrivavano all'alba portando i prodotti freschi dalle fattorie e creando intasamenti di traffico intorno al mercato. A sinistra si vede il Quincy Market con il South Market sullo sfondo.

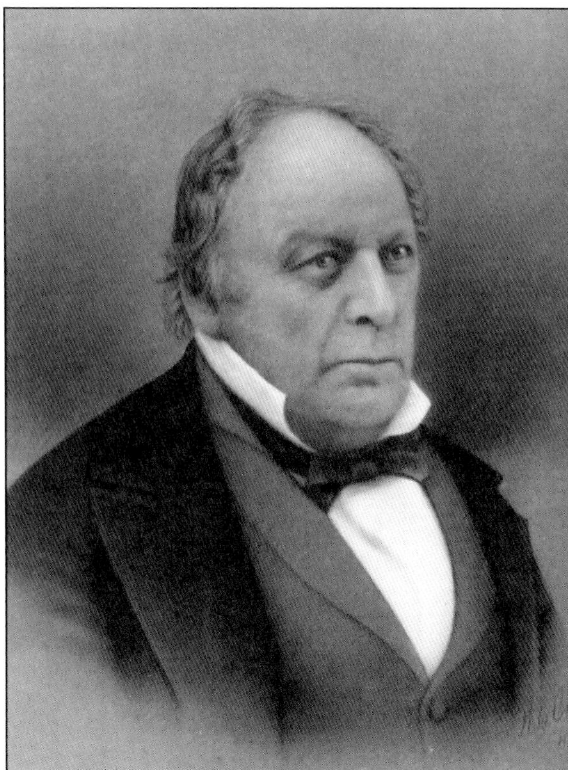

Alexander Parris (1780-1852) era un noto architetto che progettò il Quincy Market ed i due mercati adiacenti, North e South Markets. Parris progettò anche la Saint Paul's Cathedral (1820) in Tremont Street ed il palazzo di David Sears (1819) – oggi Somerset Club – in Beacon Street. (Per cortese concessione della BPL)

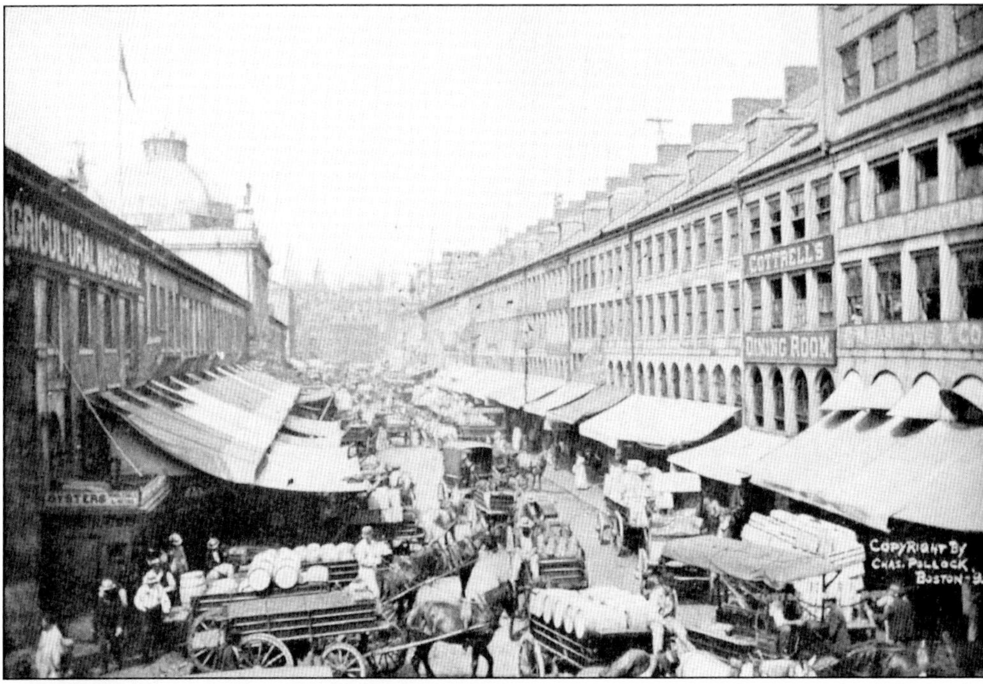

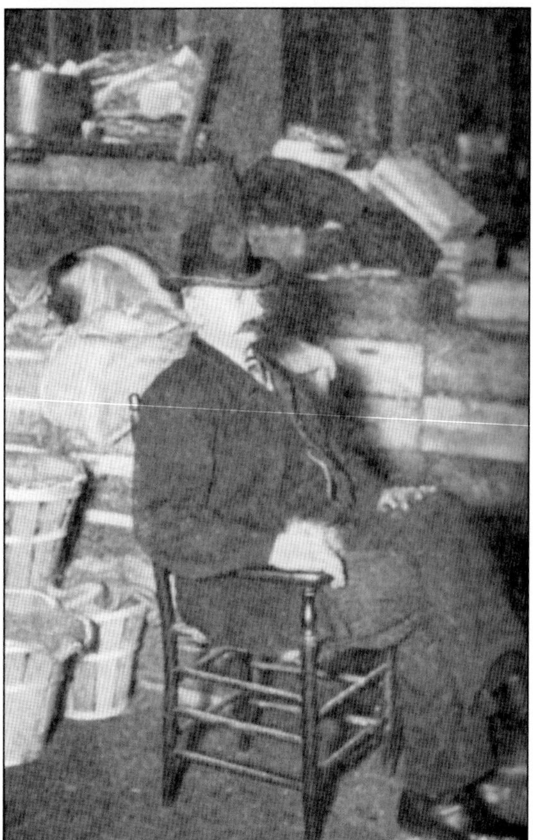

Quincy Market (a sinistra) ed il North Market avevano carrozze a cavalli che consegnavano le provviste alle bancarelle a diverse ore durante il giorno. Al North Market c'erano il ristorante Cottrell's Dining Room ed il Durgin Park Restaurant. Quest'ultimo è un ristorante famoso in tutto il mondo, dove mercanti e contadini sedevano a cena gli uni accanto agli altri ai lunghi tavoli.

Mr. Symmes era il guardiano notturno del Quincy Market all'inizio del secolo. Si diceva di lui che "addormentato o sveglio che sia ha occhi anche dietro la testa. Ha un istinto che gli dice chi ha affari la notte qui, e chi non li ha."

Quincy Market all'alba: commercianti e contadini discutono i prezzi di frutta e verdura.

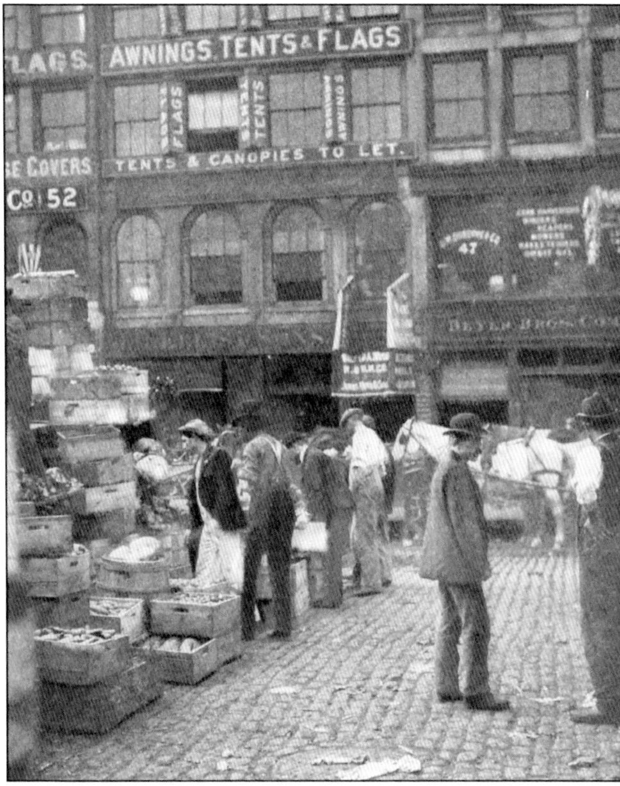

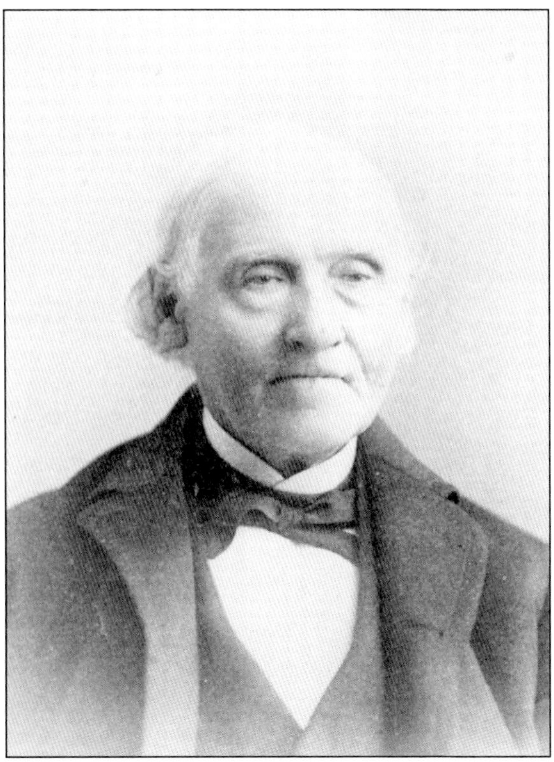

John P. Squires iniziò la sua carriera nel 1838 come commesso alla bancarella di Nathan Robbins in Faneuil Hall. Alla fine del diciannovesimo secolo la compagnia da lui fondata, John P. Squire & Company, era "al terzo posto fra i più grandi stabilimenti per la lavorazione di maiale negli Stati Uniti," e dava lavoro a mille uomini che, ogni anno, macellavano più di ottocentomila maiali.

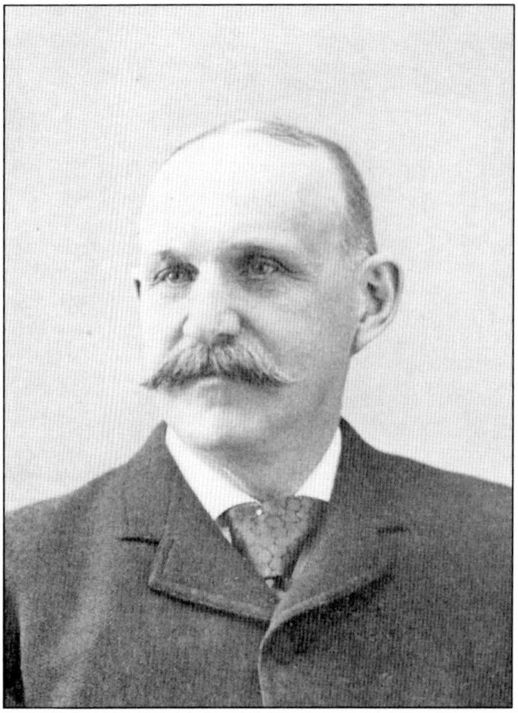

Andrew Woodbury Preston era il dirigente della Boston Fruit Company. Fondata nel 1888, la Boston Fruit Company iniziò comprando frutta dalle Indie Occidentali per importarla a Boston, creando in tal modo una stagione estesa di frutta nella Nuova Inghilterra. Più tardi investì nella coltivazione di piantagioni in Giamaica.

H. A. Hovey & Company era una delle ottanta aziende indipendenti dal Mercato di Faneuil Hall. Considerato il più vecchio burrificio di Boston, "Hovey's" fu fondata nel 1826 e dopo cent'anni cominciò a consegnare il suo prodotto con furgone anzichè con carrozze a cavalli.

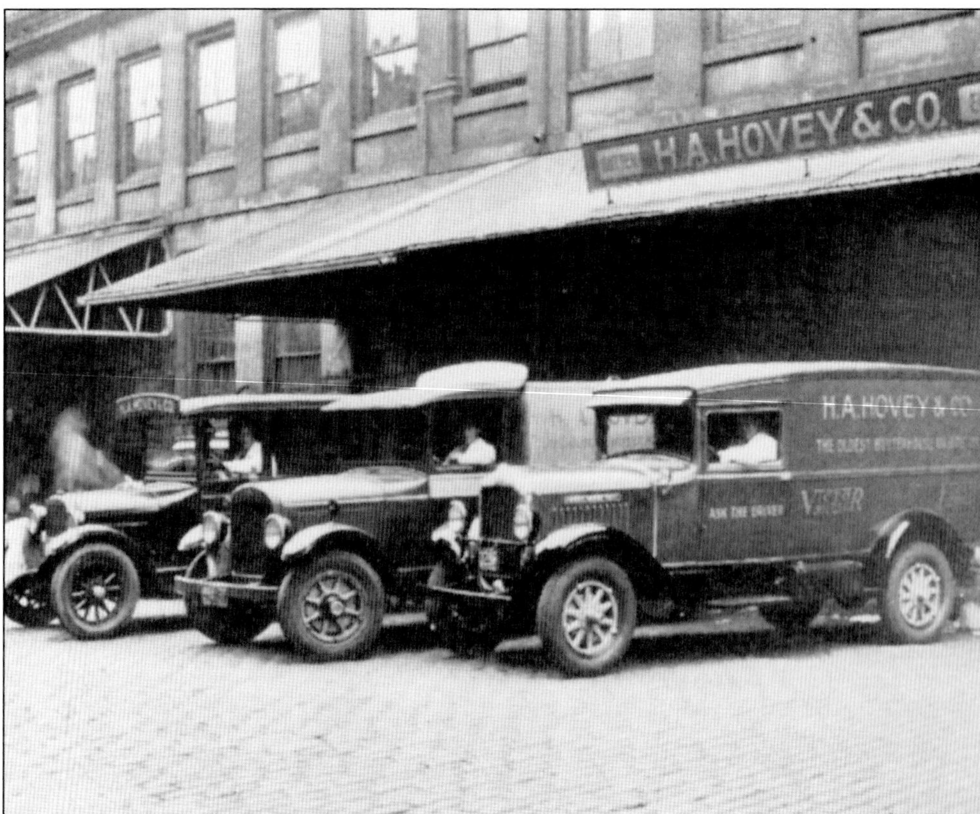

Tre

Le Case di Preghiera

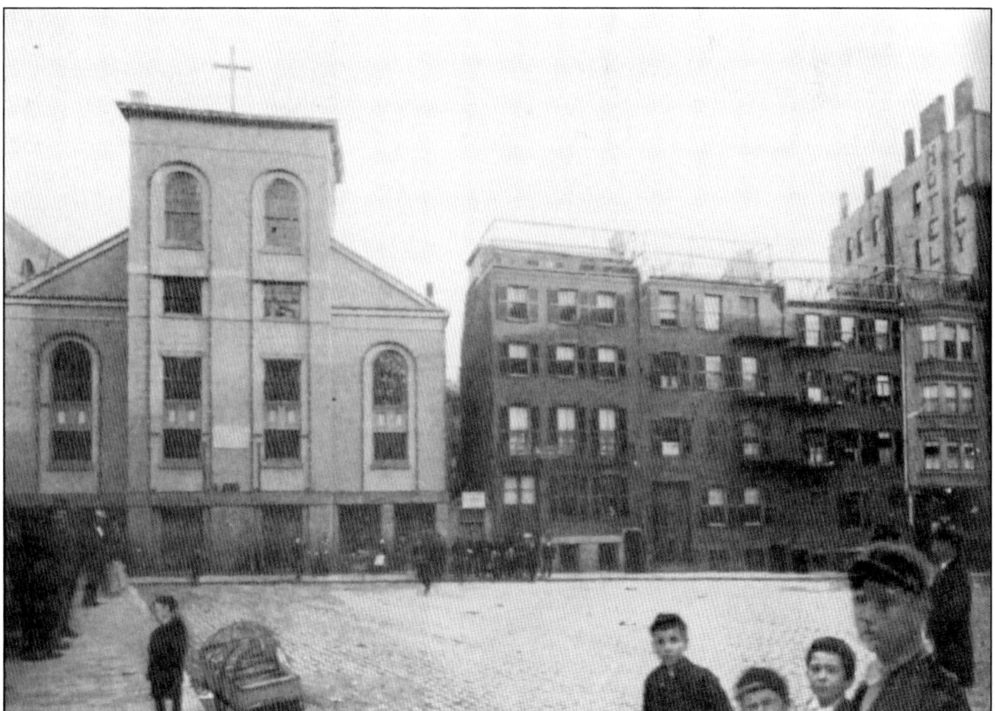

Il vecchio Seamen's Bethel era stato costruito sul modello della Sacred Heart Church nel 1888. Questi ragazzini stanno all'angolo di Prince Street e Garden Court Street nella North Square a cavallo fra il diciannovesimo ed il ventesimo secolo.

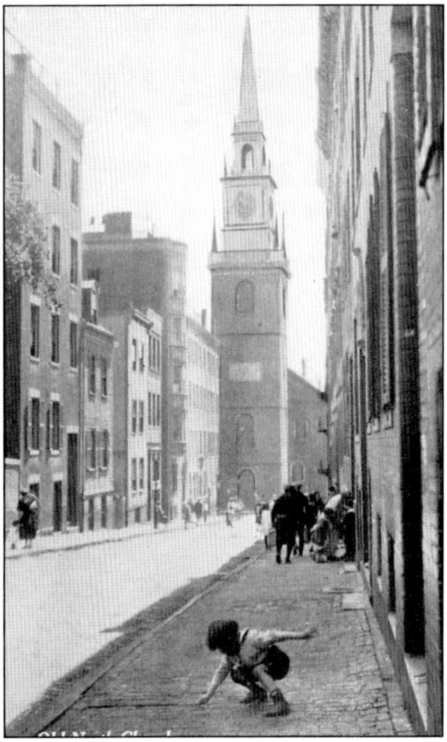

Un bambino gioca in Hull Street negli anni Trenta del Novecento. Le case popolari e gli appartamenti costruite una accanto agli altri intorno alla Old North Church creavano nel rione un'atmosfera sempre piena di attività.

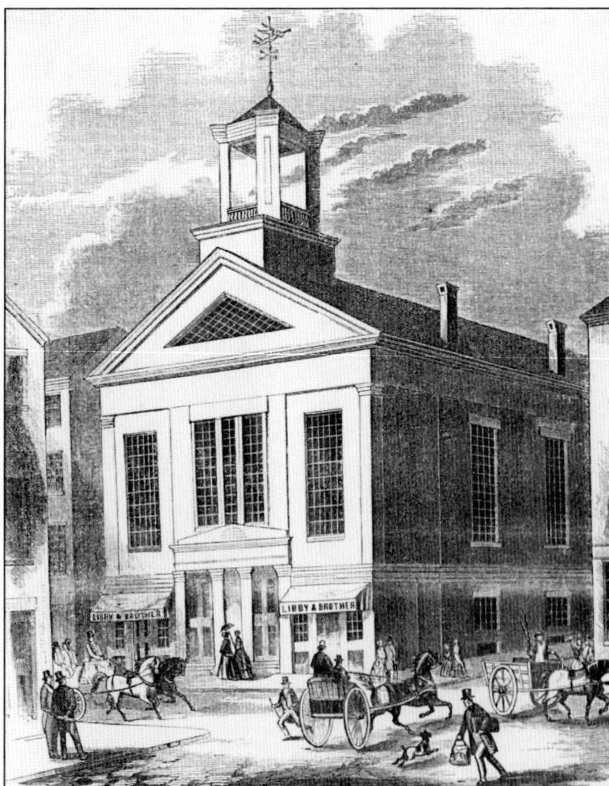

The First Universalist Church fu costruita su Hanover Street nel 1839. Questa era la chiesa del Reverendo John Murray, il fondatore dell'Universalismo. Il piano superiore era adibito a chiesa mentre il piano terra veniva affittato a Libby & Brother per dare alla chiesa un ulteriore reddito.

La chiesa "Old Cockrel" su Hanover Street subì danni al tetto e alla guglia durante il "Great Gale" (un vento fortissimo) nel settembre del 1869. Il segnavento fu abbattuto nel 1721 dal Diacono Shem Drowne e messo sulla guglia della New Brick Church. Quando la chiesa fu ricostruita nel 1844, all'epoca di questa fotografia, il galletto fu ridorato e sistemato in alto sopra Hanover Street, dove rimase fino al "Great Gale." (Per cortese concessione della BPL)

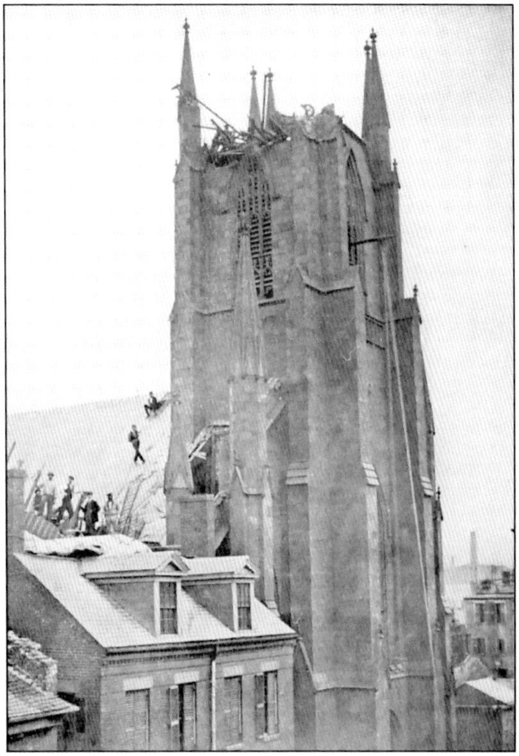

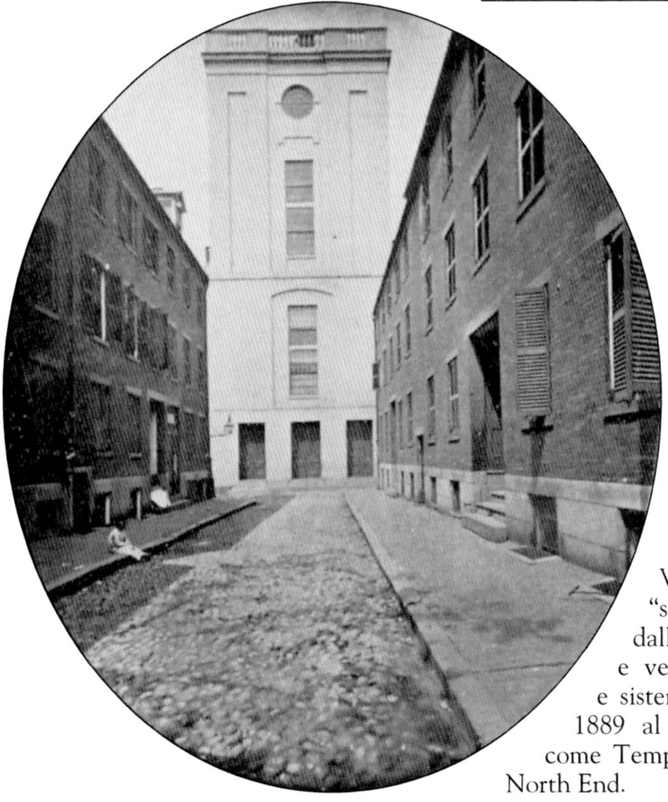

La Baldwin Place Baptist Church fu costruita nel 1810 su un vialetto di Salem Street. L'edificio venne venduto nel 1865 alla Home for Little Wanderers, (Casa per i Piccoli Vagabondi), la cui missione era "salvare bambini dalla fame e dalla vergogna, fornire loro cibo e vestiti, dare loro un'educazione e sistemarli in degne famiglie." Dall 1889 al 1920, l'edificio venne usato come Temple Beth Israel dagli ebrei del North End.

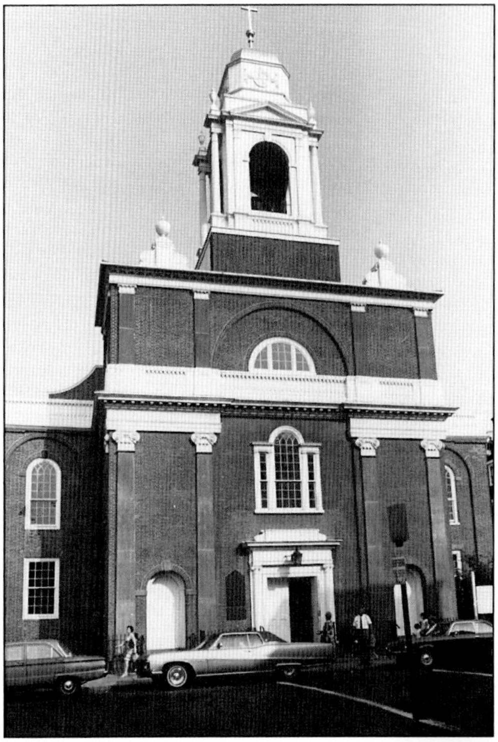

Saint Stephen's Church fu costruita nel 1804 su Hanover Street per la New North Religious Society. Venduta ai cattolici romani nel 1862, è rimasta l'unica chiesa a Boston fra quelle progettate da Charles Bulfinch. (Per cortese concessione della BPL)

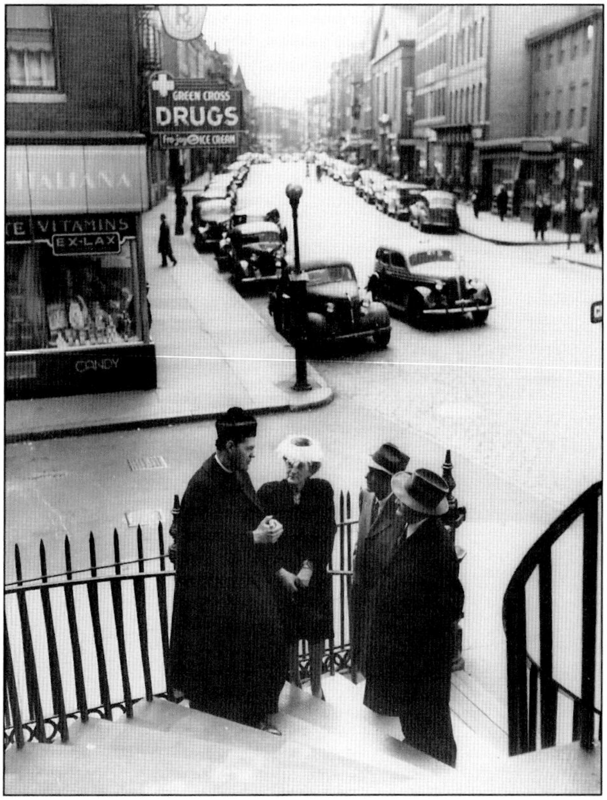

Un gruppo di parrocchiani parla con un prete sulle scale di Saint Stephen's Church. Queste scale furono eliminate durante il restauro della chiesa per iniziativa di Richard Cardinal Cushing nel 1964-1965. (Per cortese concessione della BPL)

La chiesa di Santa Maria del Sacro Cuore (Saint Mary's of the Sacred Heart Church), consacrata nel 1836, era una semplice struttura di pietra all'angolo tra Endicott e Thacher Streets. Nel 1877, una chiesa con due torri che si innalzavano ad un'altezza di 51 metri, fu progettata da Patrick C. Keeley e venne costruita al posto della vecchia chiesa. La nuova chiesa servì alla sua comunità fino alla sua sventurata demolizione nel 1979.

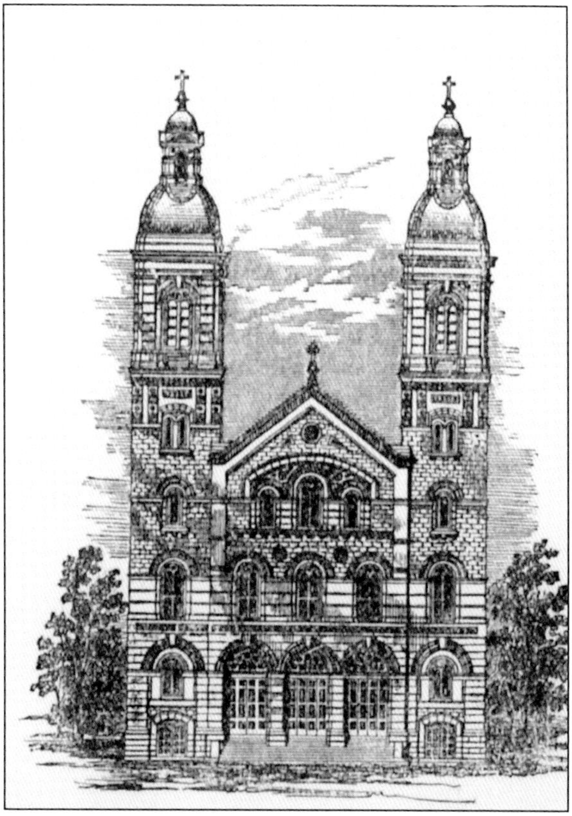

La navata di Saint Mary's era uno impressionante spazio che conduceva all'altare di marmo. Il soffitto a volta a botte è sorretto da colonne corinzie e le finestre di vetro colorato raccontavano delle aspirazioni e delle speranze degli immigrati che venivano qui a pregare. (Per cortese concessione di Vito Aluia)

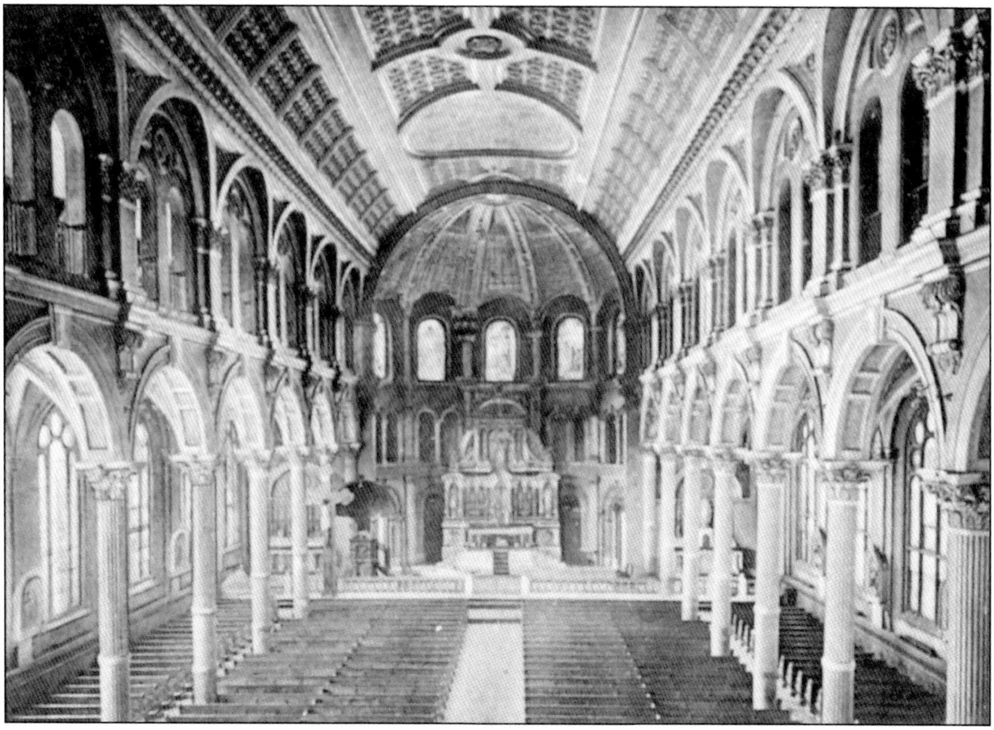

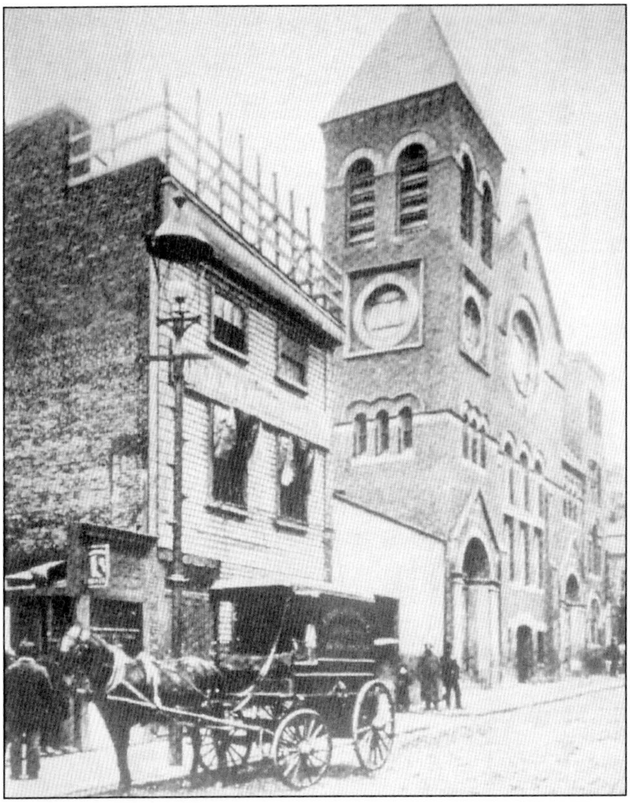

Saint Leonard's Church fu fondata nel 1873 in Prince Street dagli immigrati italiani. È la più vecchia chiesa italiana a Boston e la seconda più vecchia negli Stati Uniti. Il primo pastore fu il Reverendo Padre Guerrini, O.S.F. (Per cortese concessione della famiglia Sammarco)

Un gruppo di bambini partecipa ad una processione di maggio davanti alla Sacred Heart Church nella North Square nel 1963. Una statua della Sacra Vergine veniva portata per le strade con al seguito i bambini che avevano appena ricevuto la loro prima Comunione. La casa di Paul Revere è visibile sulla destra. (Per cortese concessione di Vito Aluia)

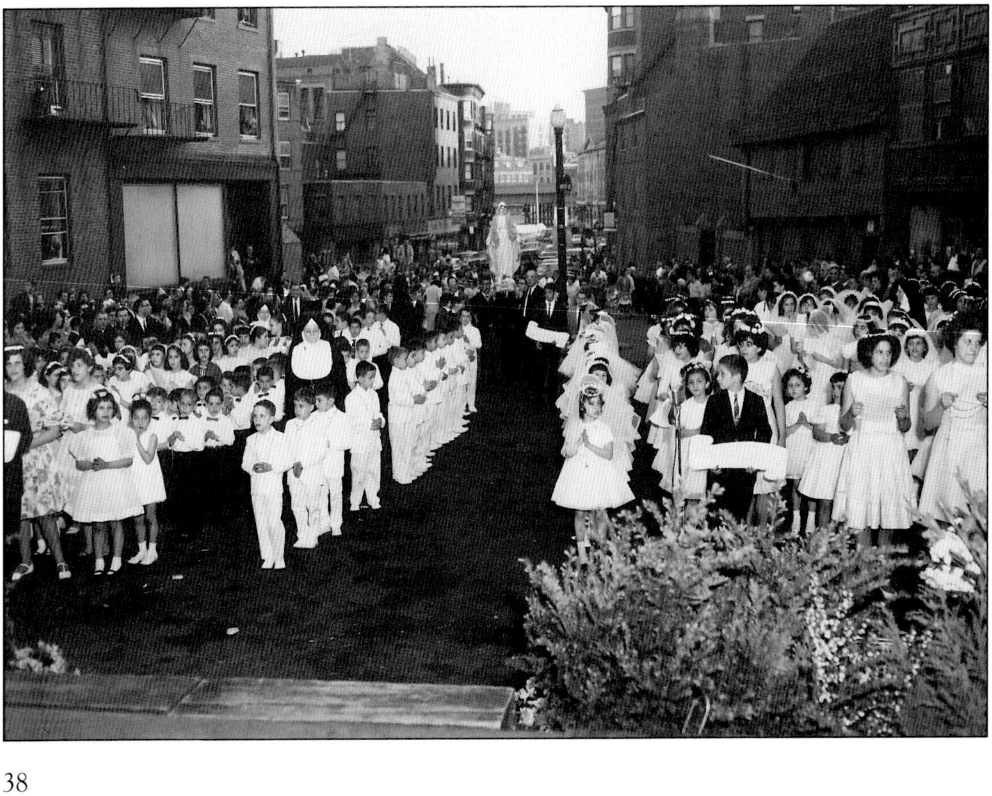

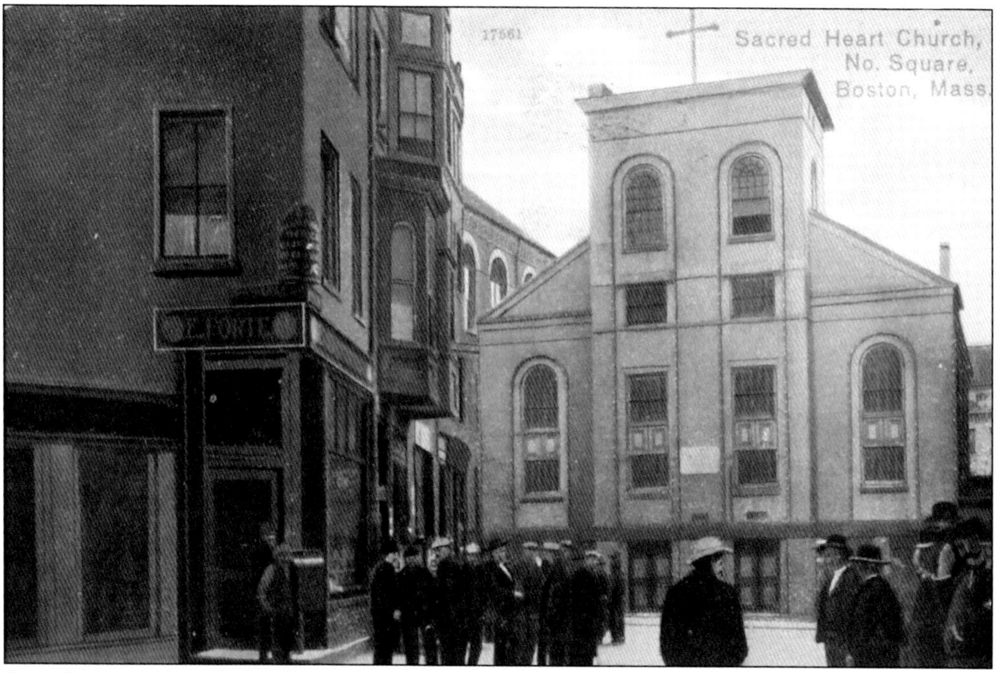

Sacred Heart Church, la Chiesa del Sacro Cuore, subì alcuni leggeri cambiamenti alla facciata dopo che era stata venduta dalla Seamen's Bethel. Fondata nel 1888, la nuova parrocchia era fornita di personale dai Padri Missionari di Saint Carlo Borromeo e le messe erano cantate in italiano. (Per cortese concessione di Vito Aluia)

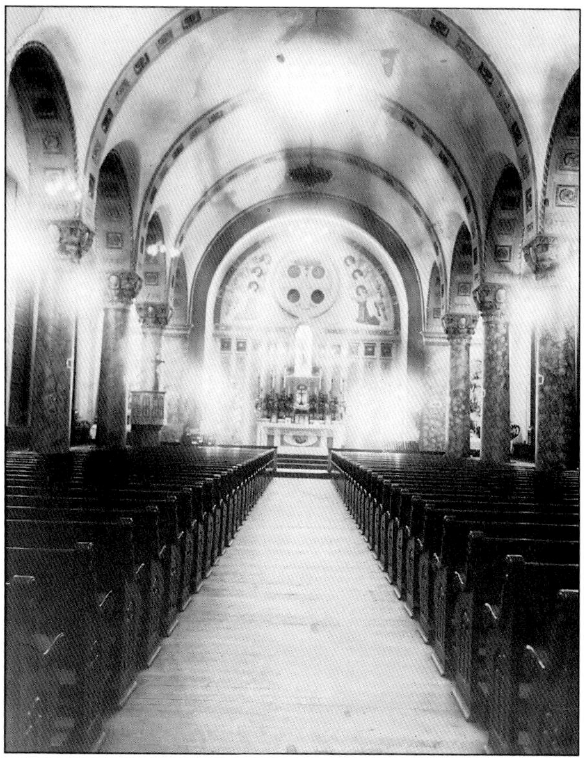

La navata della Sacred Heart Church è uno spazio semplice ma di notevole impatto architettonico. Le colonne di marmo sorreggono il soffitto ad archi e conducono all'altare su cui si legge l'incisione "Gesù, Docile ed Umile di Cuore." (Per cortese concessione di Vito Aluia)

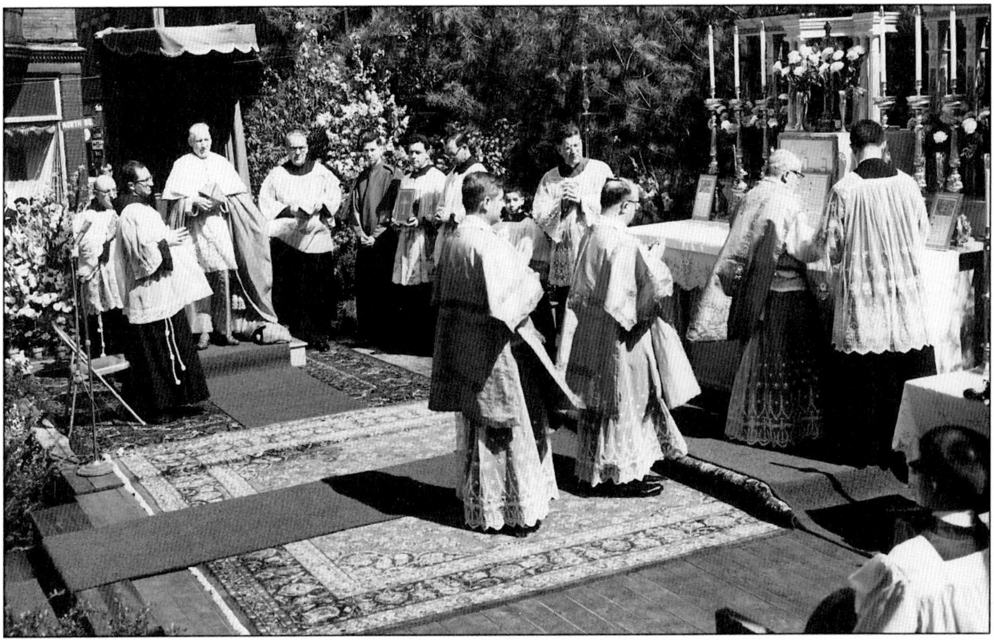

Nel 1963, la Sacred Heart Church celebrò il suo Settantacinquesimo anniversario con una messa all'aperto celebrata da Richard Cardinal Cushing nella North Square. Con alberi sempreverdi dietro all'altare portatile e tappetti orientali a ricoprire il pavimento improvvisato, la messa fu un evento impressionante e memorabile. (Per cortese concessione di Vito Aluia)

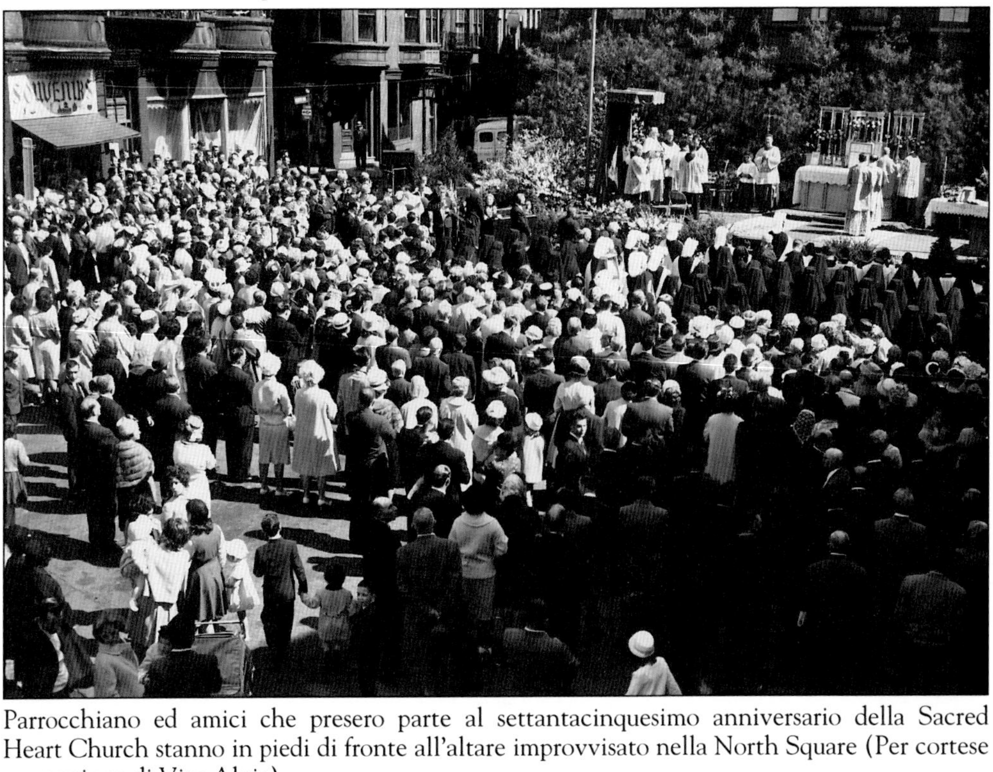

Parrocchiano ed amici che presero parte al settantacinquesimo anniversario della Sacred Heart Church stanno in piedi di fronte all'altare improvvisato nella North Square (Per cortese concessione di Vito Aluia)

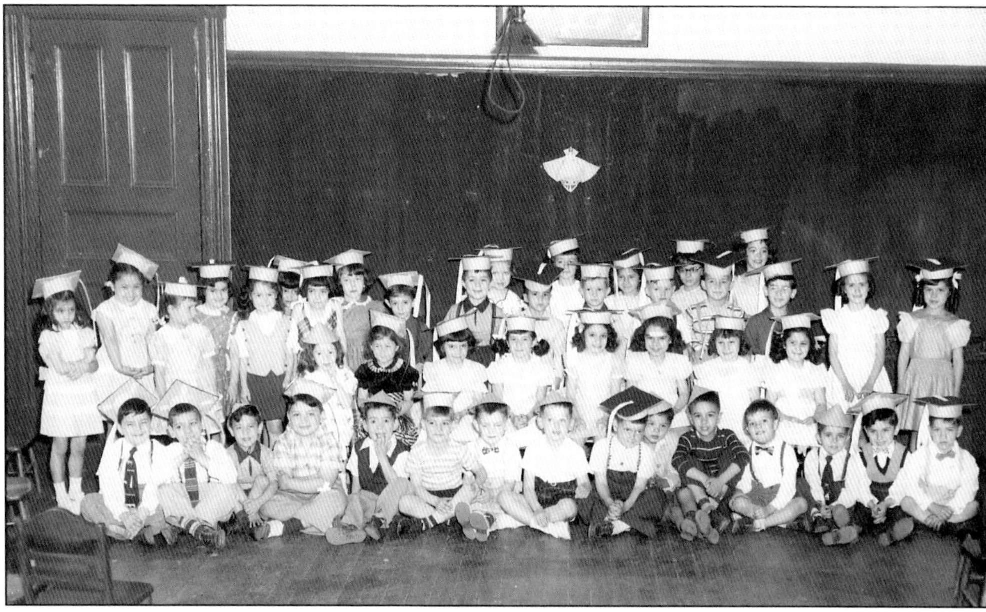

La classe d'asilo della scuola parrocchiale Saint John School of Sacred Heart Church durante una caratteristica cerimonia di "diploma" nel 1952. (Per cortese concessione di Vito Aluia)

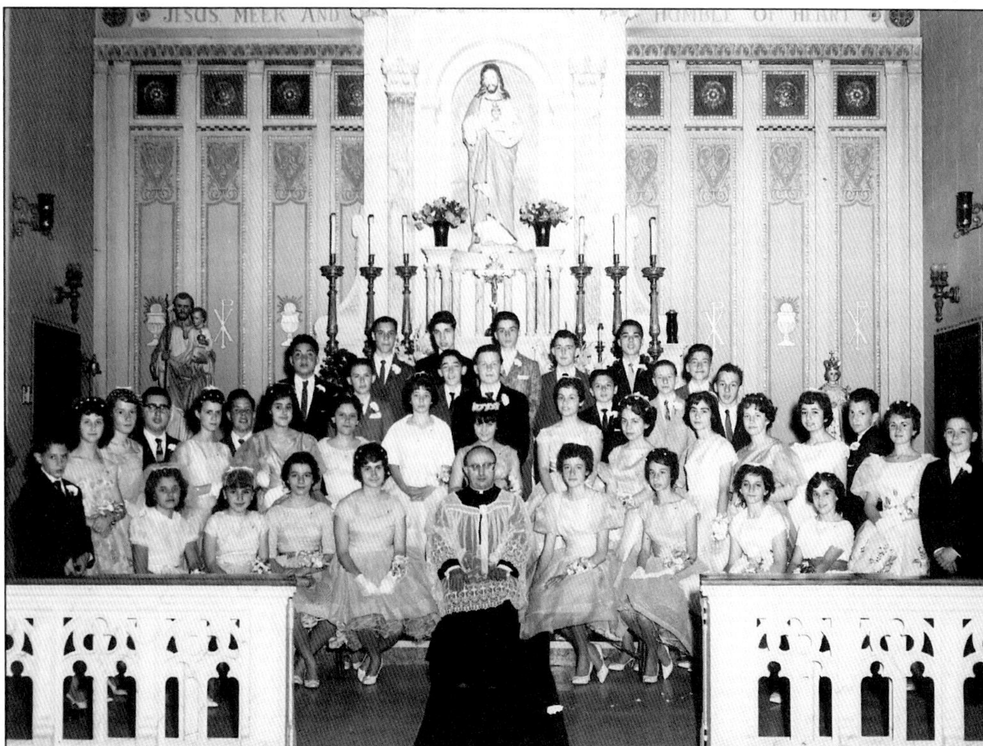

La classe dell'ultimo anno della scuola media a Saint John School nel 1960. Padre Louis, il pastore della chiesa, posa all'altare della chiesa insieme ad un gruppo di diplomati, fieri ed eleganti. (Per cortese concessione di Vito Aluia)

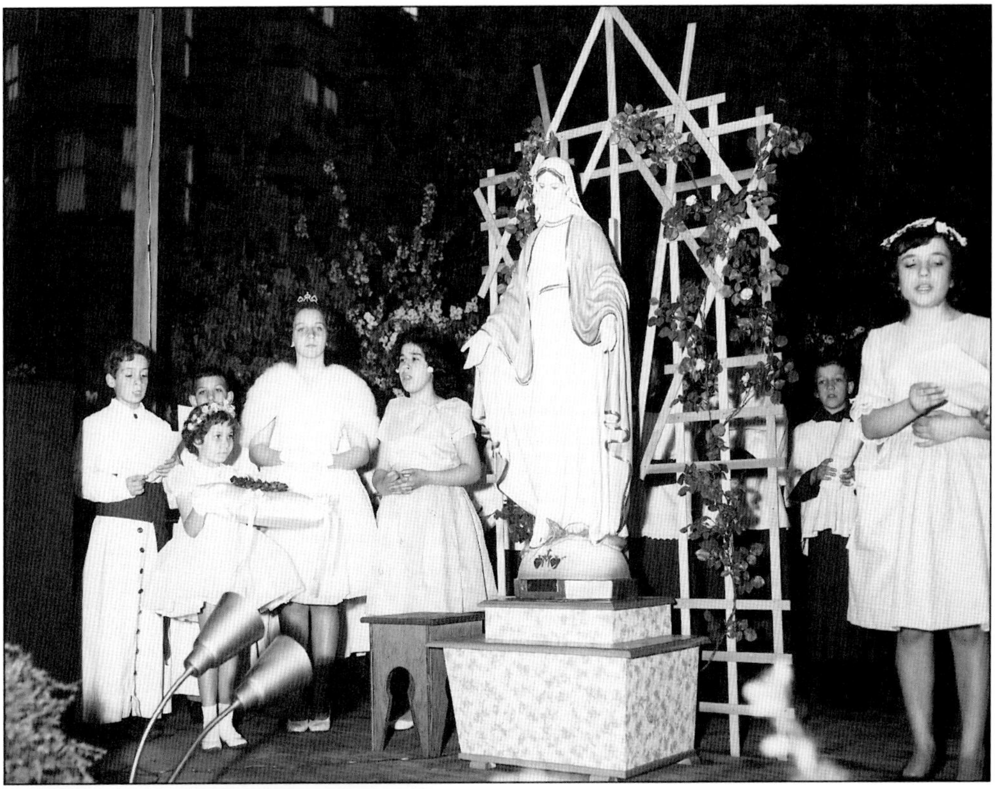

L'incoronazione della statua della Sacra Vergine faceva parte della celebrazione del "Marian Day" organizzata dai parrocchiani della Sacred Heart Church durante la festa del settantacinquesimo anniversario nel 1963. A sinistra una giovane ragazza porta una corona di rose su un cuscino mentre i partecipanti cantano "Hail Holy Queen." (Per cortese concessione di Vito Aluia)

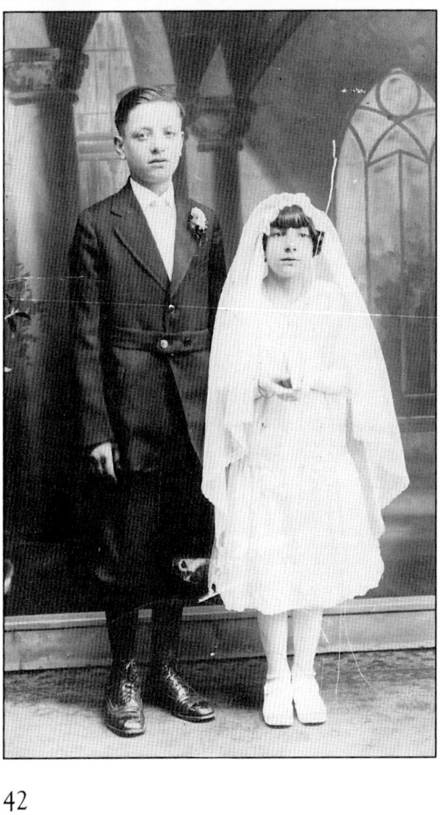

Orazio "Dickie" Laiquo e Antonetta Laiquo Pistone (a destra) si mettono in posa per una foto dopo aver ricevuto la loro prima comunione a Saint Leonard's Church nel 1924. (Per cortese concessione della famiglia Sammarco)

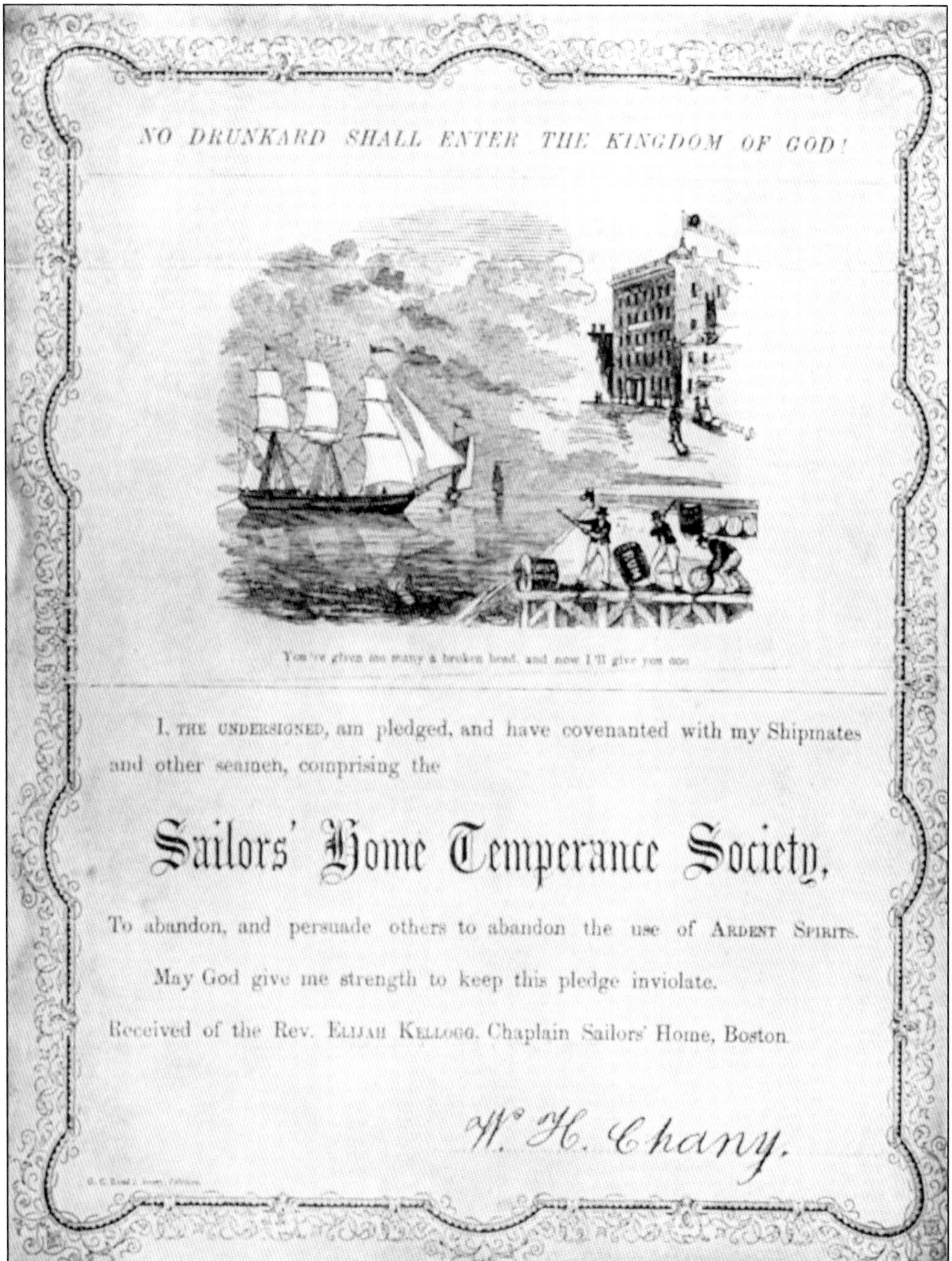

NO DRUNKARD SHALL ENTER THE KINGDOM OF GOD!

I, THE UNDERSIGNED, am pledged, and have covenanted with my Shipmates and other seamen, comprising the

Sailors' Home Temperance Society,

To abandon, and persuade others to abandon the use of ARDENT SPIRITS.

May God give me strength to keep this pledge inviolate.

Received of the Rev. ELIJAH KELLOGG, Chaplain Sailors' Home, Boston.

W. H. Chany.

The Sailors' Home, (La Casa dei Marinai), aveva una Casa di Temperanza il cui scopo era di incoraggiare i soci ad "abbandonare, e persuadere altri ad abbandonare, l'uso di Bevande Alcoliche" poiché "Nessun Ubriaco Entrerà nel Regno di Dio!"

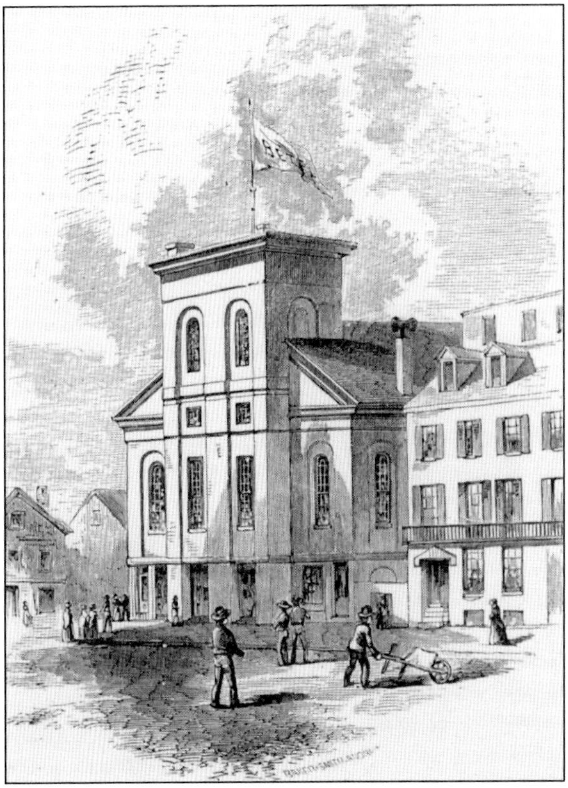

The Bethel nella North Square fu fondata nel 1828 dalla Port Society for the City of Boston per "l'educazione morale e religiosa dei marinai."

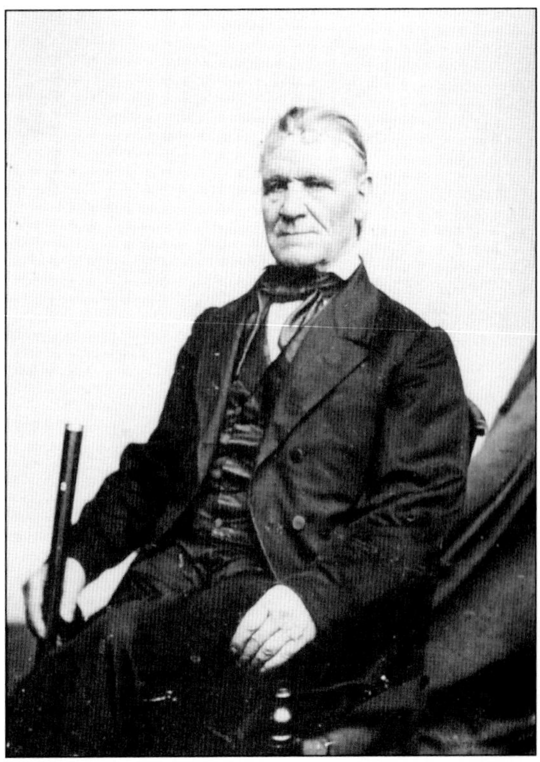

Il Reverendo Edward T. Taylor (1793-1871), comunemente conosciuto come "Padre Taylor," fu pastore della Seamen's Bethel nella North Square per quarant' anni. Nato a Richmond, Virgina, fece vita di marinaio da giovane prima di entrare al ministero e alla Seamen's Bethel.

"Madre Taylor," Deborah D. Millett Taylor (1795-1869), fu una moglie e madre devota e fervente Metodista che assistette il marito nella cura della sua chiesa e nei programmi di educazione estesi ai marinai che attraccavano a Boston con le loro navi. La loro casa fu eretta sopra il luogo della precedente Clark-Frankland House in Garden Court Street.

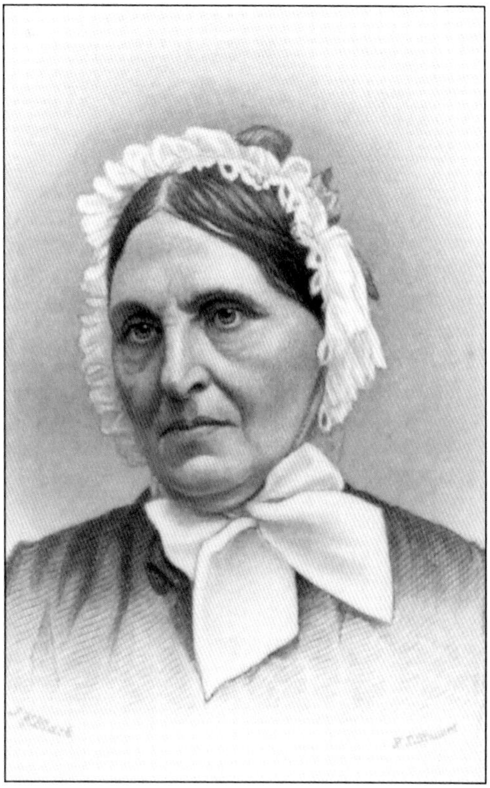

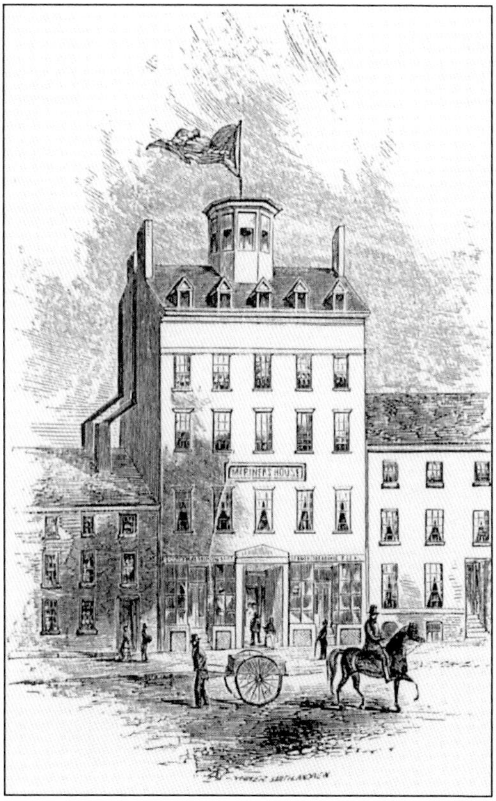

La Seamen's House fu costruita nel 1847 in North Square sotto la direzione della Boston Port Society. Continua a tutt'oggi a servire ai marinai che chiamano al porto di Boston, offrendo loro alloggio, pasti e varie attività.

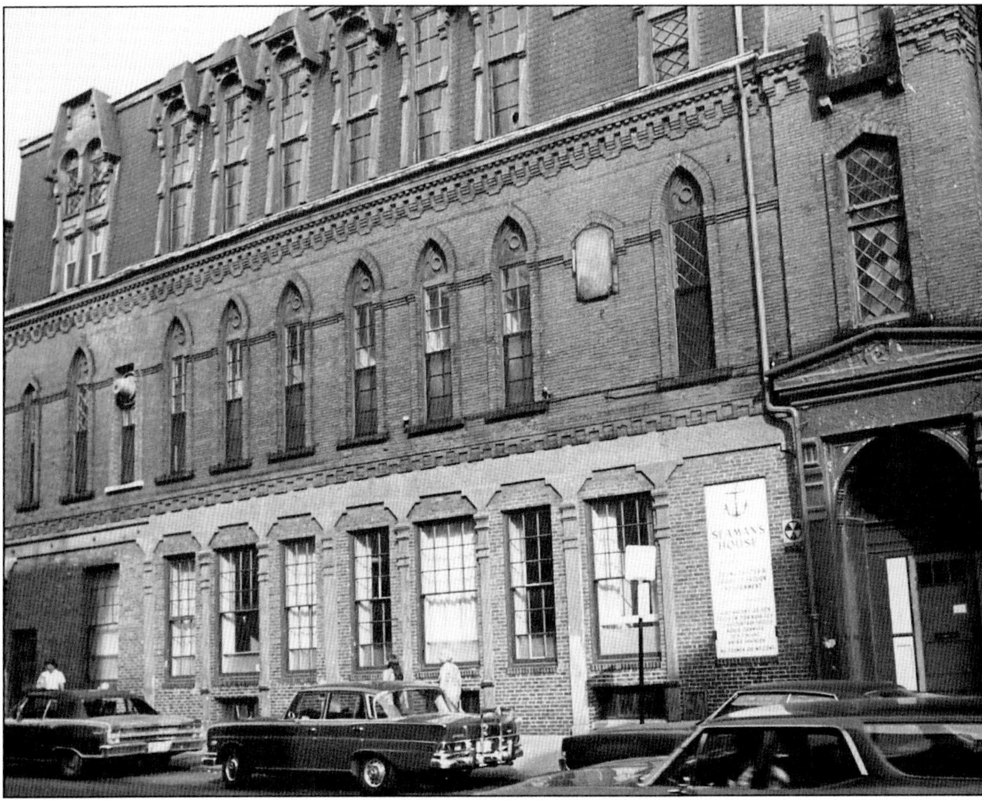

La Seamen's House si trovava in Hanover Street, vicino a Richmond Street. Nota in origine come "Cockerel Hall," in onore alla chiesa Cockerel Church, l'edificio fu usato dalla comunità Shomre Beth Abraham dal 1886 al 1893 e dalla comunità Chevra Thilim dal 1893 al 1899. Oggi l'edificio è stato adibito ad abitazione. (Per cortese concessione della BPL)

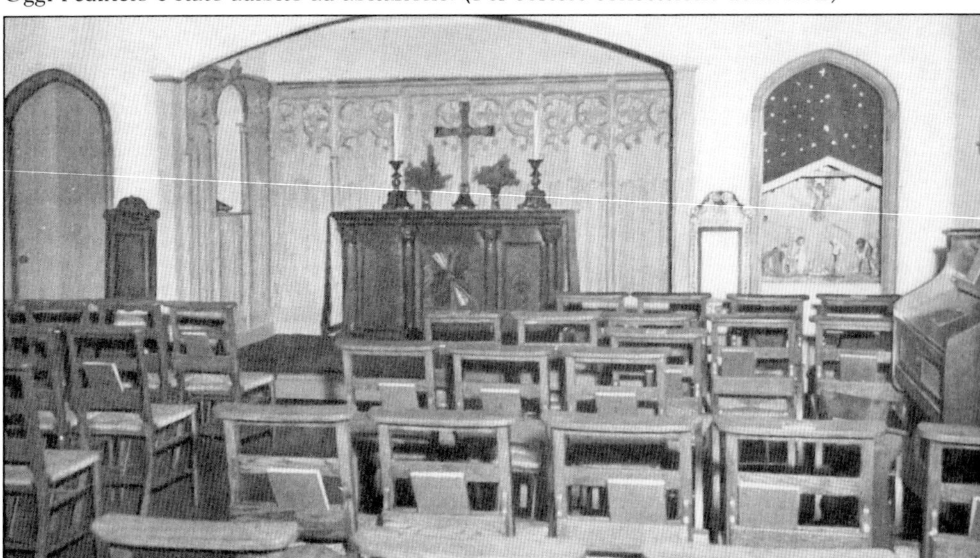

La cappella di Saint Mary for Sailors (Santa maria dei Marinai) si trovava al quarto piano della Seamen's House. (Per cortese concessione di Vito Aluia)

Quattro

Ciao North End

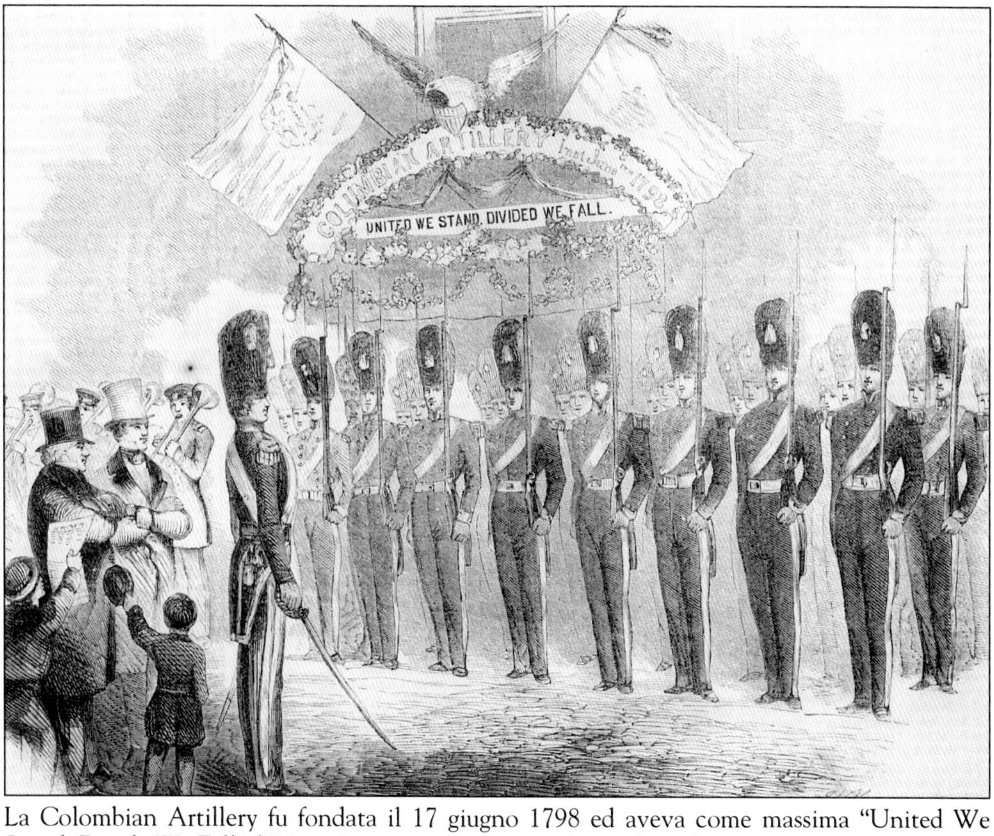

La Colombian Artillery fu fondata il 17 giugno 1798 ed aveva come massima "United We Stand, Divide We Fall" ("Uniti Resistiamo, Divisi Cadiamo"). La loro araldica stava nella Gun House su Copper Street. Su di loro è stato scritto: "la buona comunanza e fratellanza che per così tanto tempo hanno caraterizzato questa compania, sono degne di lode e di emulazione, e dovrebbero servire come esempio a promuovere quest'ottimo stato di cose anche ad altre simili associazioni cittadine."

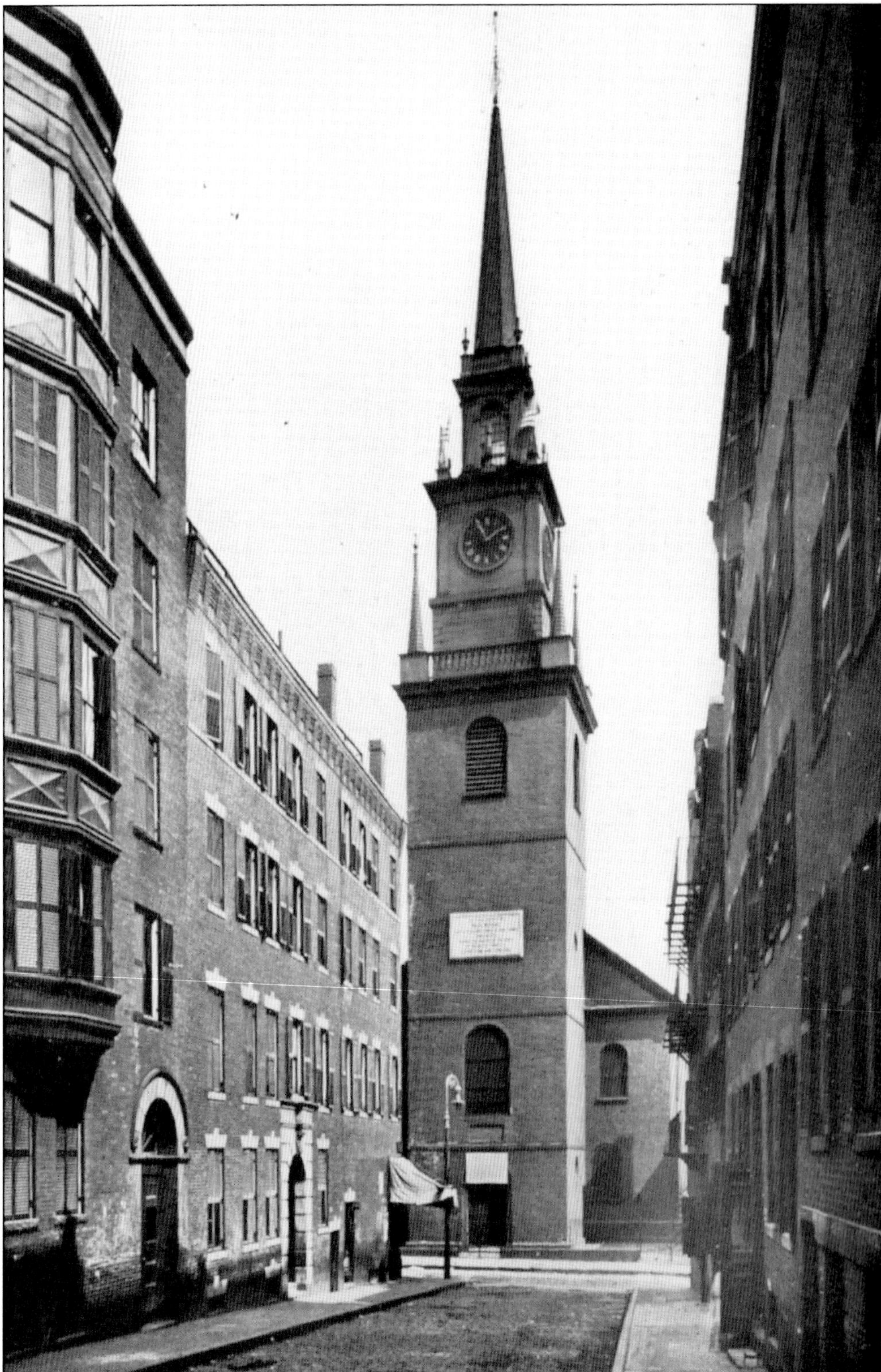

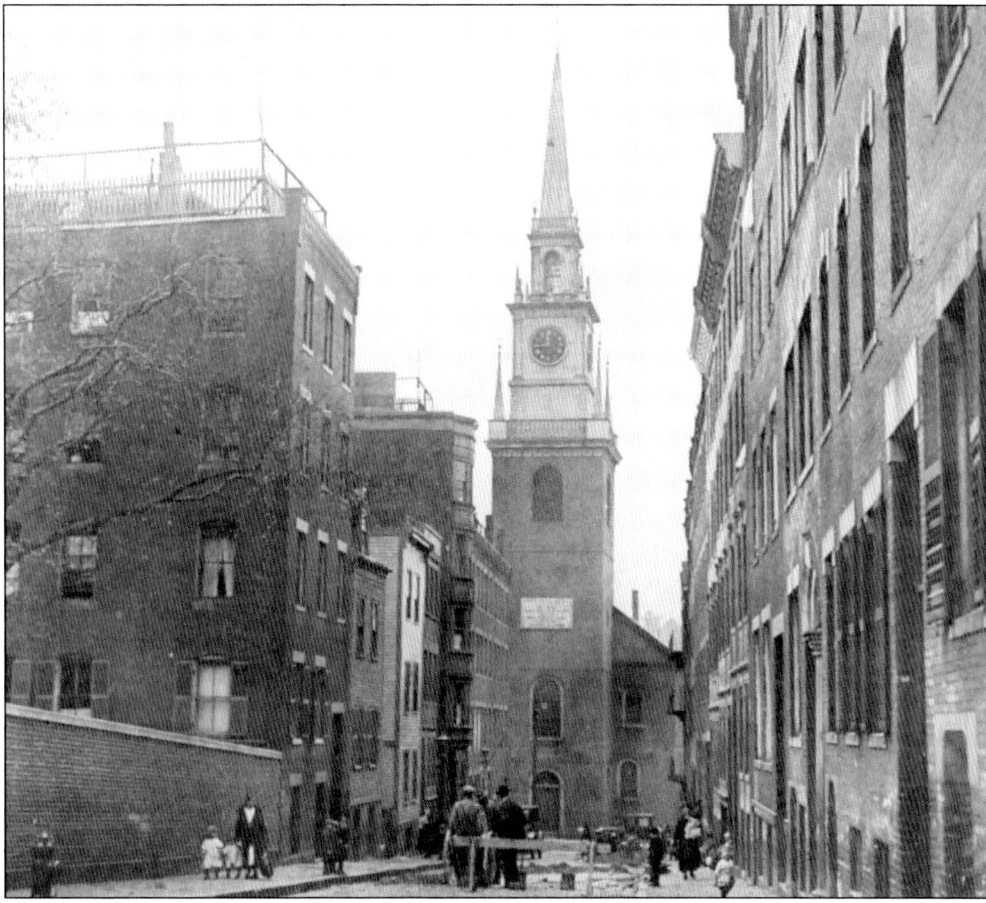

Hull Street, nel primo decennio del ventesimo secolo, era al centro della "grande zona di immigrati della città." Lavoratori stradali riparono l'acciottolato mentre i residenti del quartiere vanno per i loro affari quotidiani.

Nella pagina precedente: La Old North Church, progettata da William Price e costruita nel 1723, è il più antico edificio parrocchiale della città di Boston. Era dalla sua guglia che Robert Newman appese le lanterne per avvertire i patrioti dell'avanzata dei soldati inglesi a Lexington e a Concord, incitando Paul Revere a cavalcare per la provincia del Middlesex gridando "The British Are Coming!"

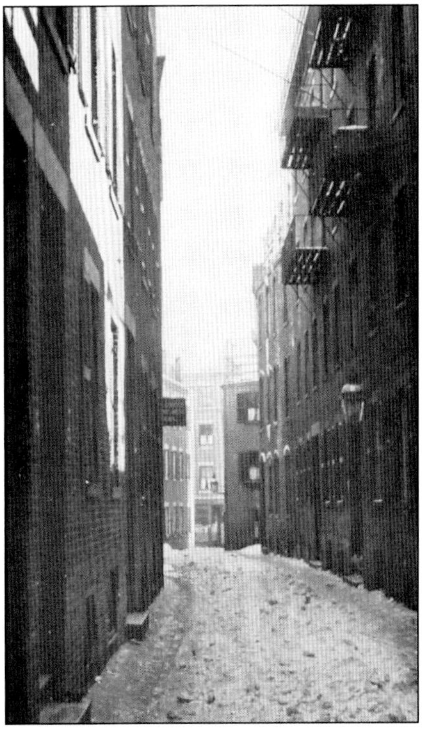

Methodist Alley, il cui nome deriva dalla chiesa Metodista che fu costruita qui nel 1796, era uno dei numerosi vicoli che collegavano le strade del North End creando un labirinto di vie, vialetti, strade, e viottoli. Oggi si chiama Hanover Avenue.

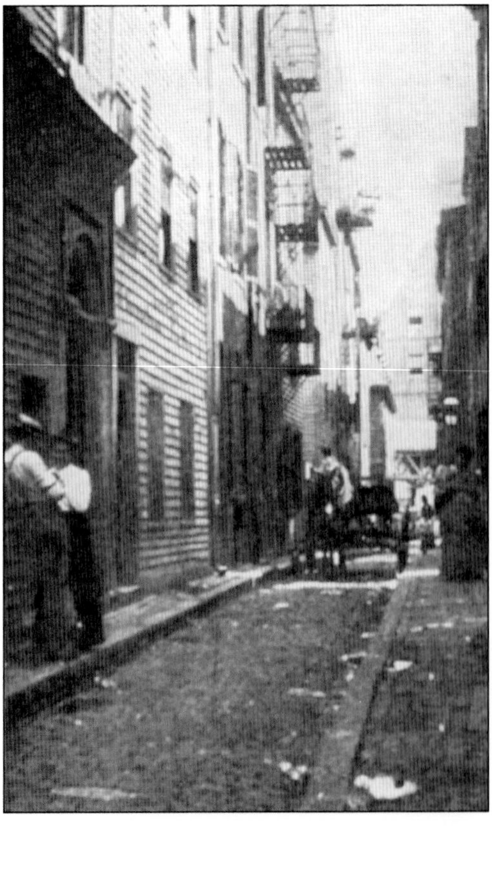

Salutation Alley, che va da Hanover Street a Commercial Street, era un vicolo stretto che prese il suo nome dalla locanda Salutation Tavern, un pensione popolare fra "meccanici ed operai del North End per discutere la politica." Nel diciannovesimo secolo, le affollate case popolari circondarono questa strada al centro della quale, per mancanza d'un altro posto, i bambini venivano a giocare.

Dal 1770 al 1800, Paul Revere visse in questa casa costruita nel 1680 e considerata la più antica abitazione di tutta Boston. Alla fine del diciannovesimo secolo, la casa, che si affaccia su North Square, era circondata da appartamentitra cui "l'Angelo" sulla sinistra.

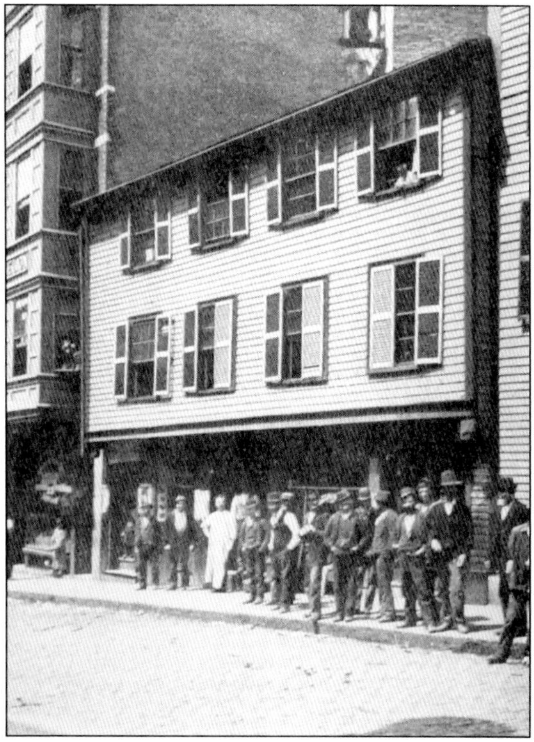

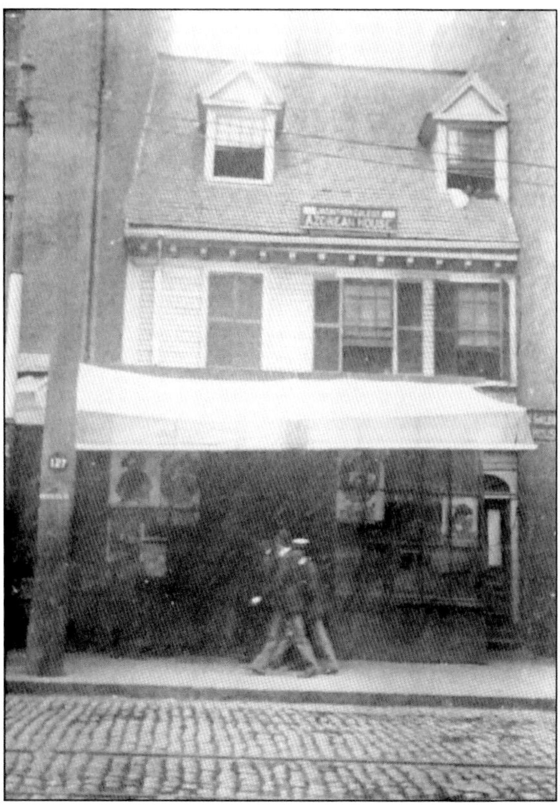

La casa di Mather-Eliot fu costruita da Increase Mather nel 1677 in Hanover Street, vicino a Tileston Street. Servì in seguito come abitazione di Andrew e John Eliot, padre e figlio entrambi pastori alla New North Church. A partire dal 1890, divenne l'Azorean House, una casa con camere ammobiliate in affitto per i marinai provenienti dalle Isole Azzorre. (Per cortese concessione della BPL)

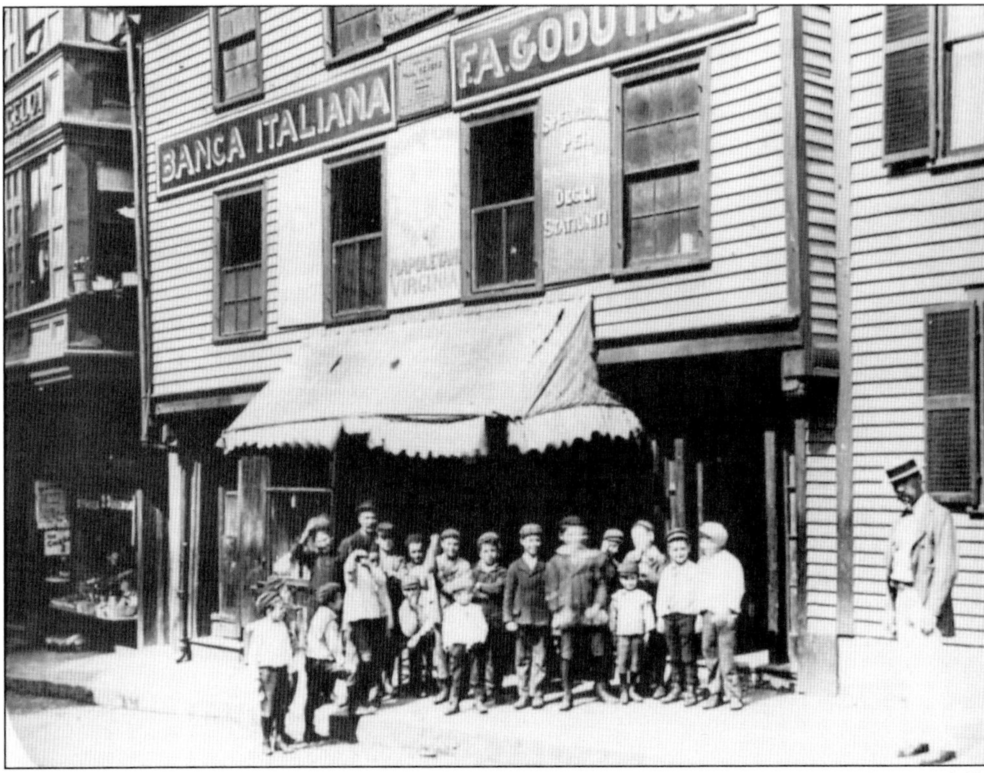

A cavalo fra Otto e Novecento, la casa di Paul Revere divenne sede della Banca Italiana e della fabbrica di sigari di F.A. Goduti & Company. Un gruppo di ragazzi posa davanti alla porta della banca in questa fotografia del 1905. (Per cortese concessione della BPL)

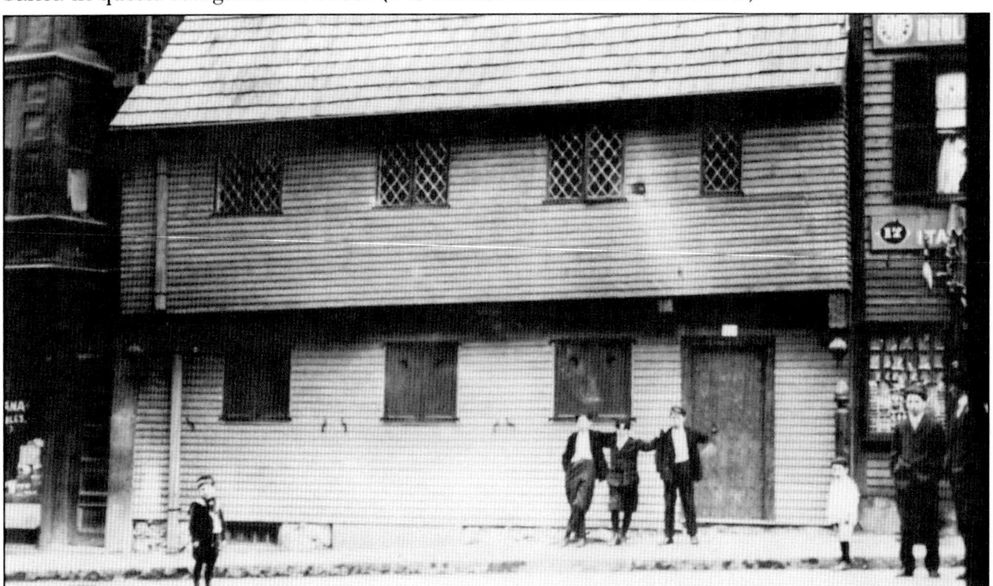

La Paul Revere House Memorial Association fu fondata nel 1907 per conservare la casa del patriota e argentiere. L'architetto Joseph Everett Chandler restaurò la casa secondo il modello originale. La foto è del 1909. (Per cortese concessione della BPL)

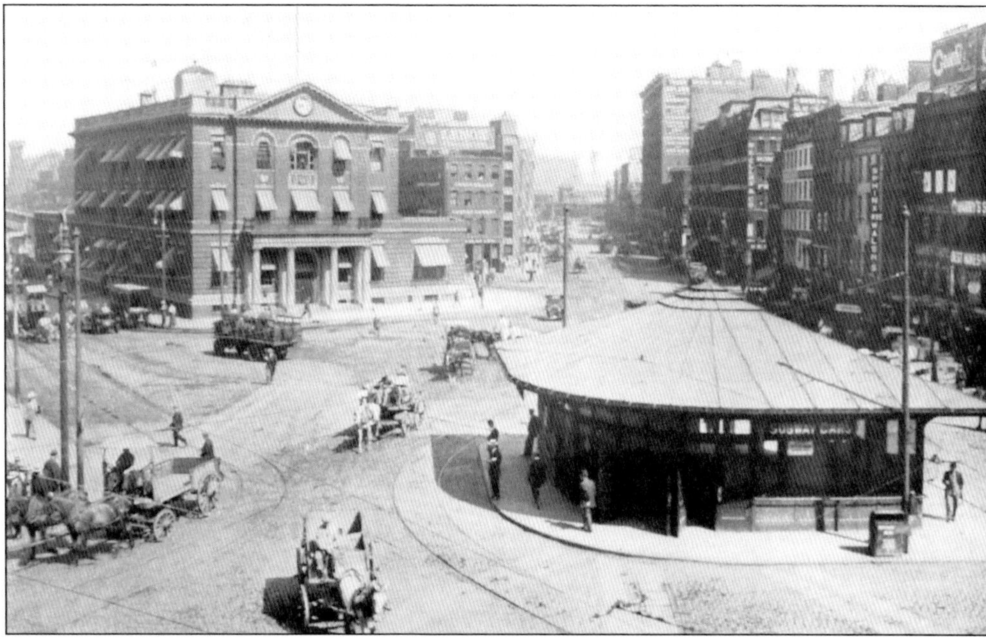

Haymarket Square si trova all'incrocio tra le strade New Chandler, New Sudbury, North Washington, Cross e Blackstone. Il chiosco della stazione di Haymarket Square sta a centro della piazza sulla destra ed il pronto soccorso, la Boston Relief Station, sta sulla sinistra.

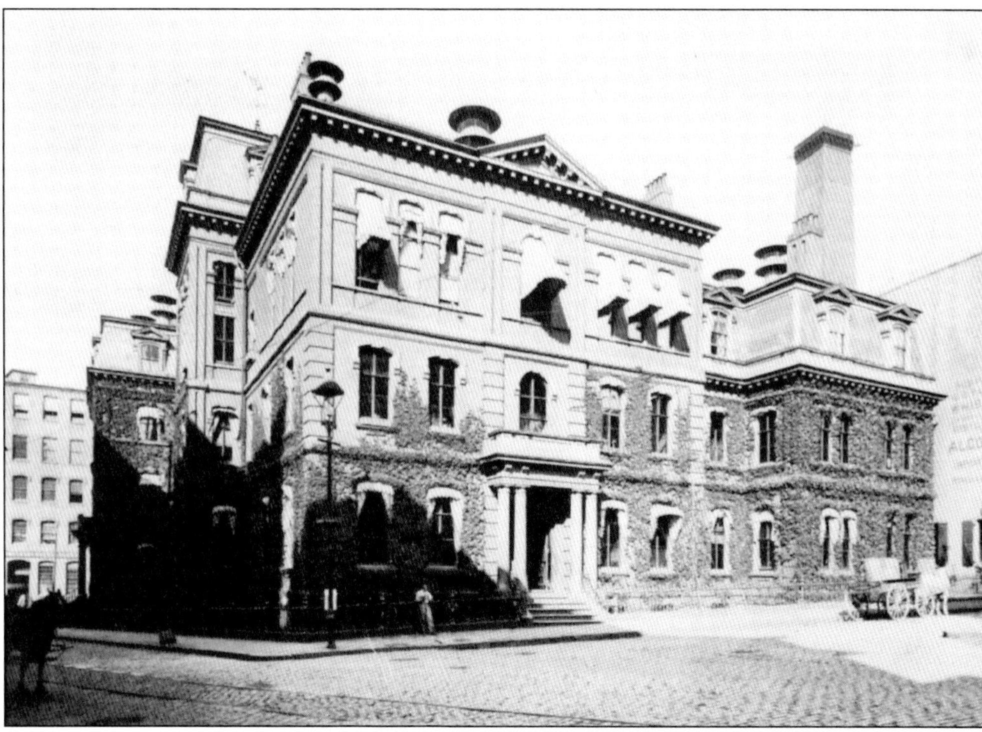

Progettata dagli architetti dello studio di Sturgis e Brigham, la Relief Station offriva assistenza sanitaria alla popolazione di immigrati allora in continuo aumento a Boston. Infermiere e medici che vi lavoravano parlavano le lingue dei vari immigrati.

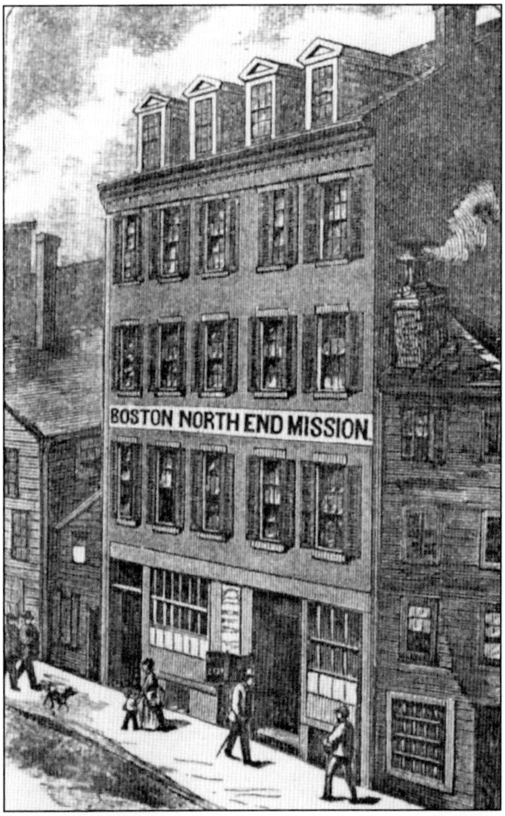

La North End Mission stava al numero 201 di North Street, vicino a North Square. Era qui che "un gran numero di persone povere venivano nutrite e vestite e se ne andavano con ritrovata letizia."

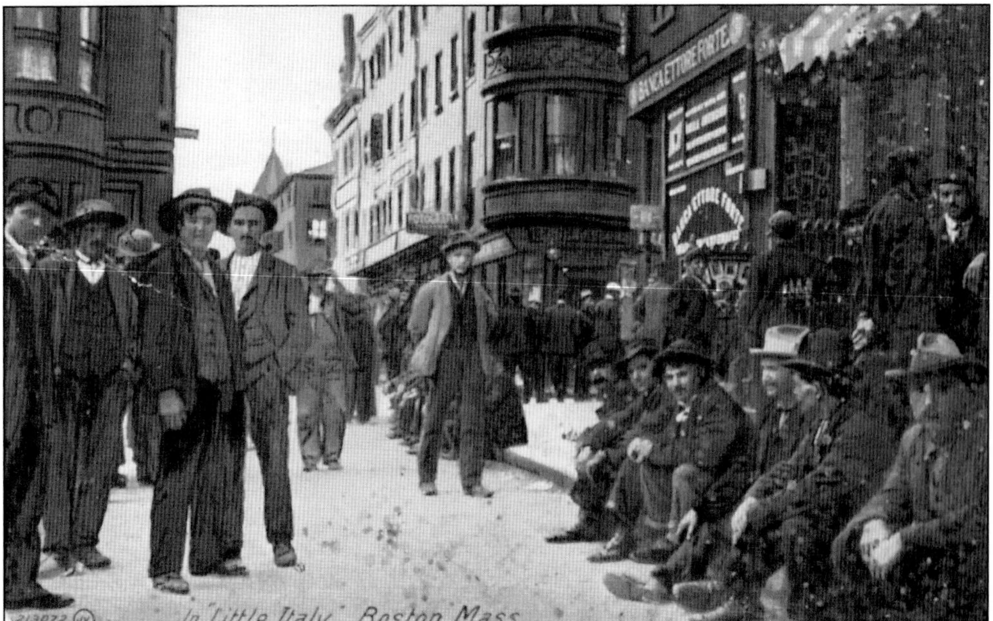

La Banca Ettore Forte era una banca che offriva sia risparmi che investimenti alla comunità italiana di immigrati. Un gruppo di uomini è riunito davanti alla banca in questa immagine del 1910. (Per cortese concessione di Vito Aluia)

John F. Fitzgerald era un "Dearo" (un "caro vecchio") del North End. Nato in Moon Street da genitori immigrati dall'Irlanda, coprì la carica di sindaco di Boston (1906-1907 e 1910-1913) ed era il nonno del futuro presidente statiunitense John F. Kennedy e del Senatore Edward M. Kennedy.

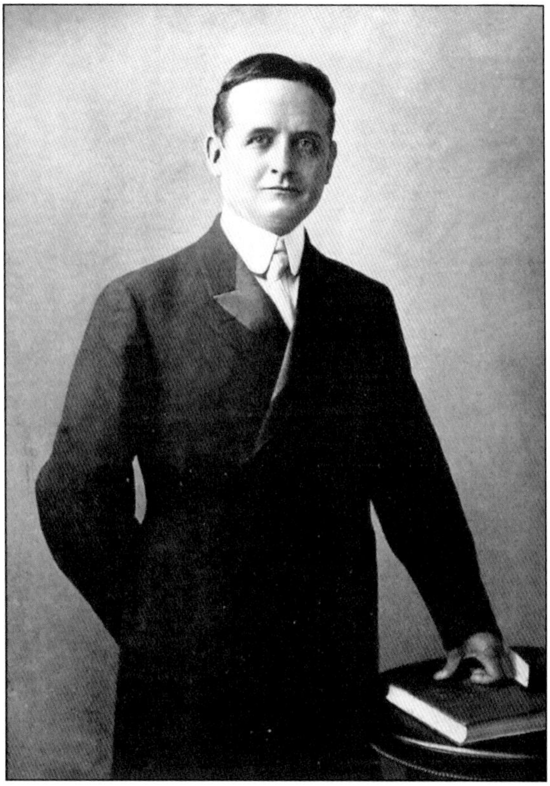

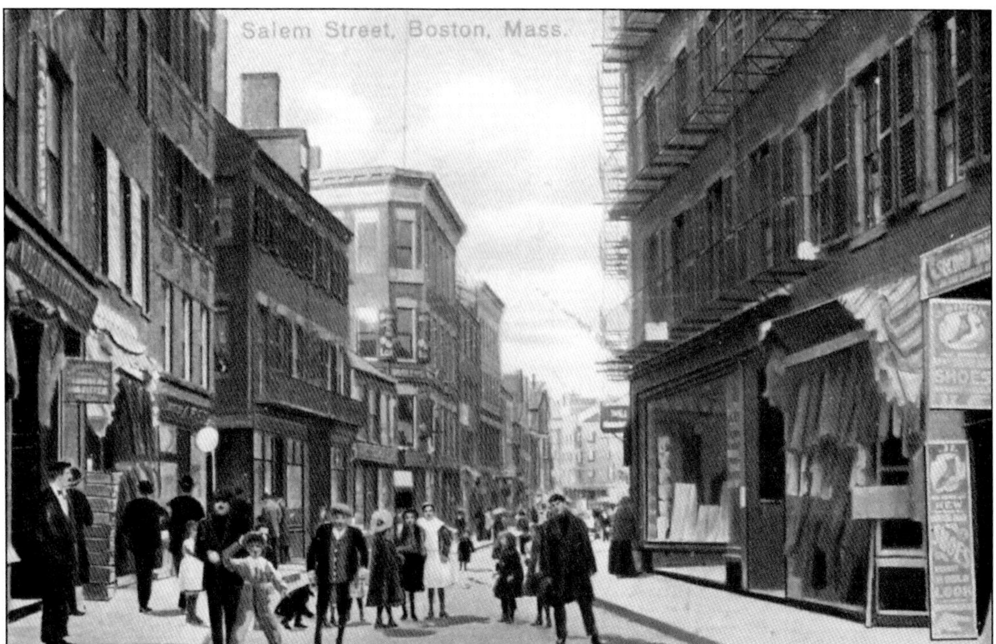

Salem Street all'inizio del ventesimo secolo aveva diversi negozidi specialità e di prodotti alimentari tipici al piano terra delle abitazioni. (Per cortese concessione di Vito Aluia)

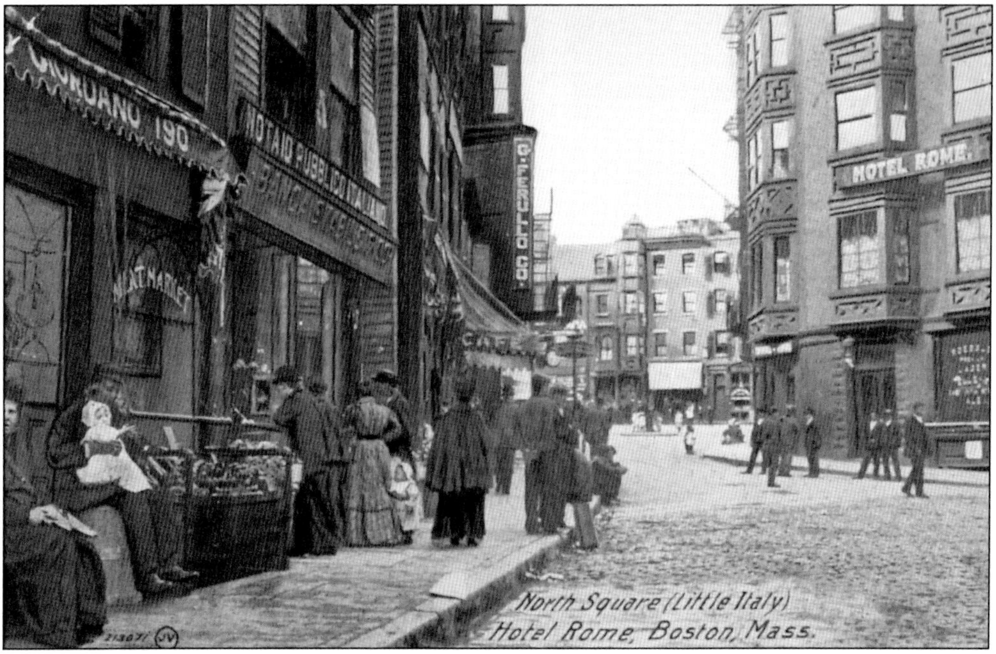

Un tempo sede della Old North Meetinghouse, che fu distrutta dagli inglesi, la North Square era spesso chiamata "Little Italy" negli anni a cavallo fra Otto e Novecento. Sulla sinistra sono La Bottega di Giordano, Il Notaio Pubblico Italiano, La Banca Stabile & Company, e la G. Ferullo Company. Sulla destra, Hotel Rome, un grande edificio residenziale che si affaccia sulla piazza. (Per cortese concessione di Vito Aluia)

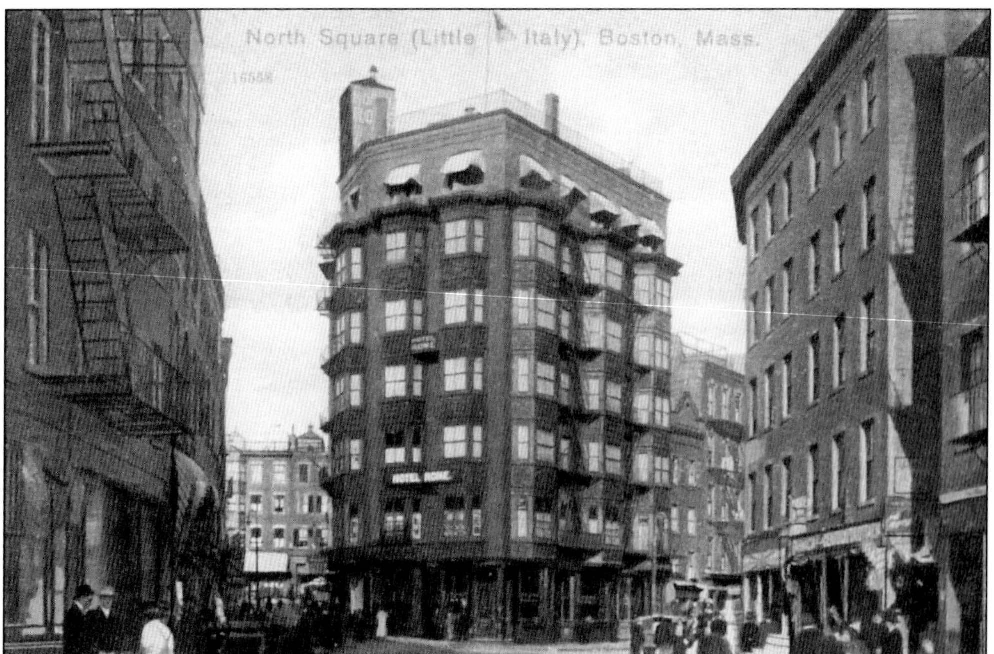

All'inizio del diciannovesimo secolo, l'Hotel Rome dominava la North Square. (Per cortese concessione di Vito Aluia)

Giuseppe e Lucia Pironti Giannelli immigrarono a Boston dal paese di Montefalcone, in provincia di Avellino. Questo ritratto di famiglia risale al 1908. In primo piano sono Lucia Pironti Giannelli, Joseph Giannelli, e Giuseppe Giannelli; dietro sono Domenico, Concetta, e Antonio Giannelli. (Per cortese concessione della famiglia Sammarco)

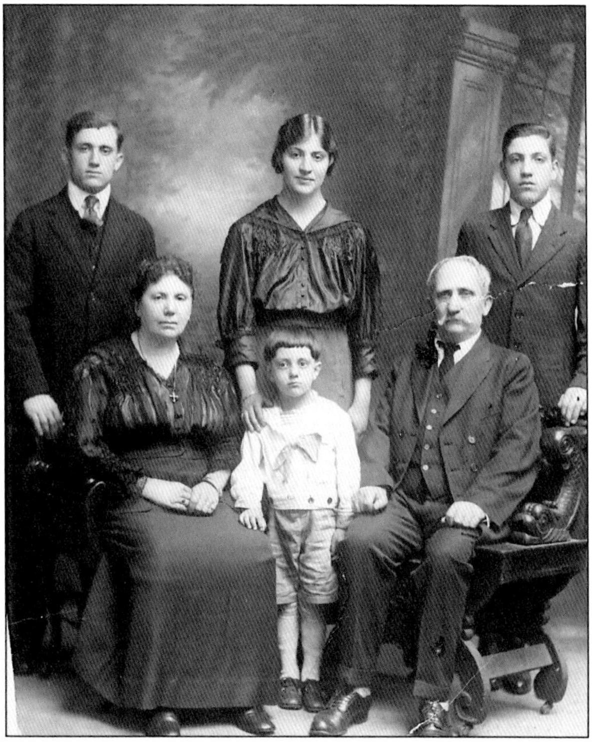

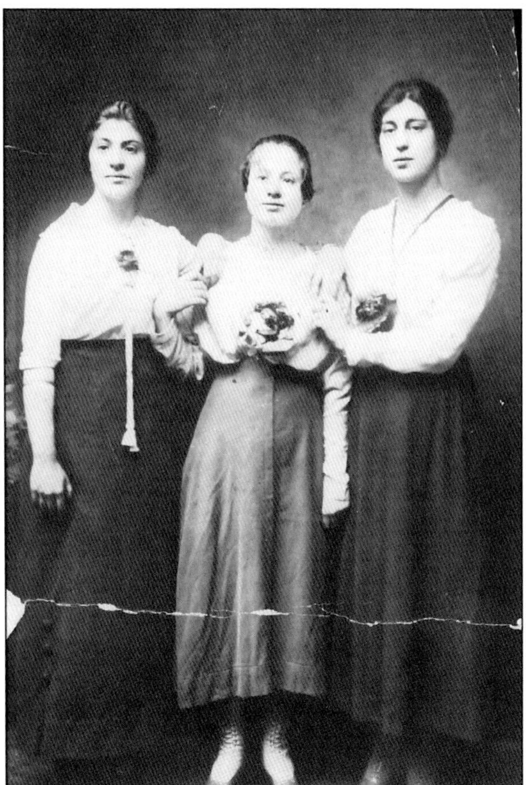

Le tre figlie di Giuseppe e Lucia Pironti Giannelli posano come "Le Tre Grazie." Da sinistra: Mary, Rose, e Concetta Giannelli. (Per cortese concessione della famiglia Sammarco)

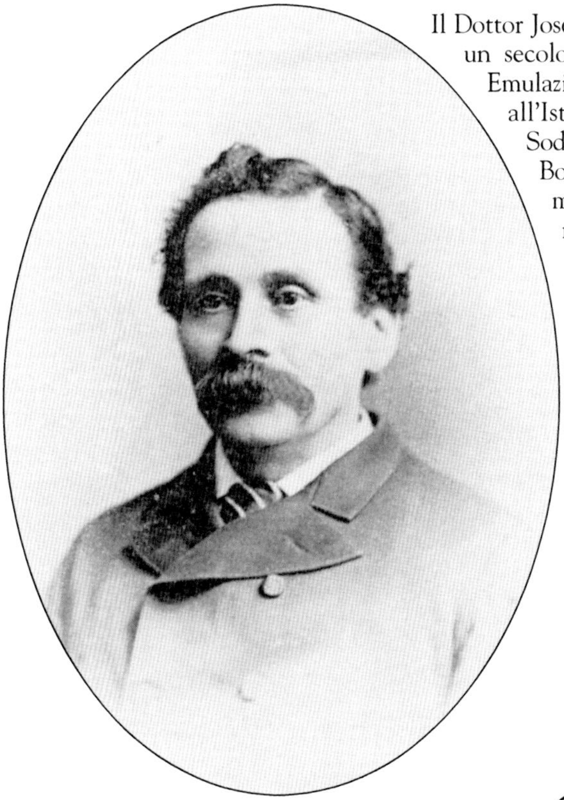

Il Dottor Joseph Pagani era un noto medico a Boston un secolo fa. Con lauree alla Società Medicale Emulazione di Roma, all'Università di Palermo, all'Istituto Accademico Umberto I, e al Sodalizio Margherita a Napoli, immigrò a Boston nel 1868 ed aveva il suo studio medico al numero 356 di Hanover Street nel North End. (Per cortese concessione della famiglia Sammarco)

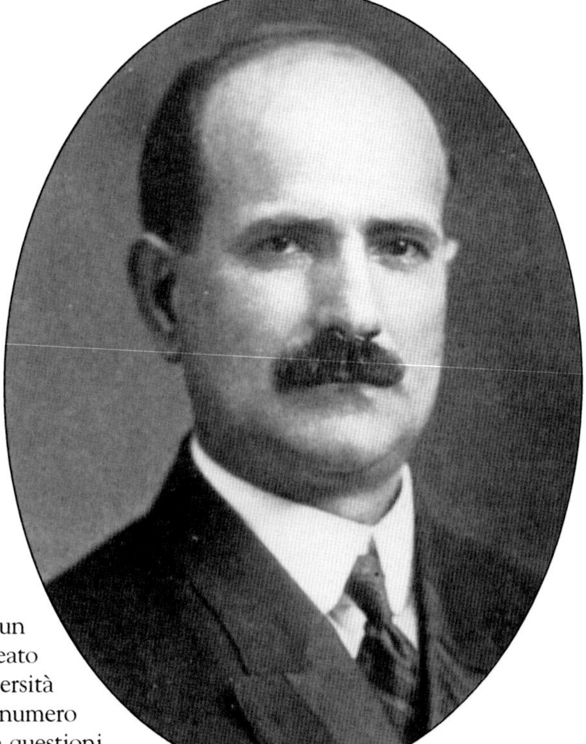

Frank M. Zottoli era descritto come "un penalista di straordinaria abilità." Laureato alla Facoltà di Giurisprudenza dell'Università di Boston, aveva il suo ufficio legale al numero 240 di Hanover Street e si occupò delle questioni legali della comunità per cinquant'anni.

Marciano Di Pesa e suo figlio Alfred gestirono l'Hotel Napoli, un ristorante esclusivo "frequentato dai clienti più esigenti di Boston." Era un ristorante italiano molto famoso, il cui cibo e il cui servizio erano considerati "impeccabili". In più, un'orchestra suonava musica classica pomeriggio e la sera.

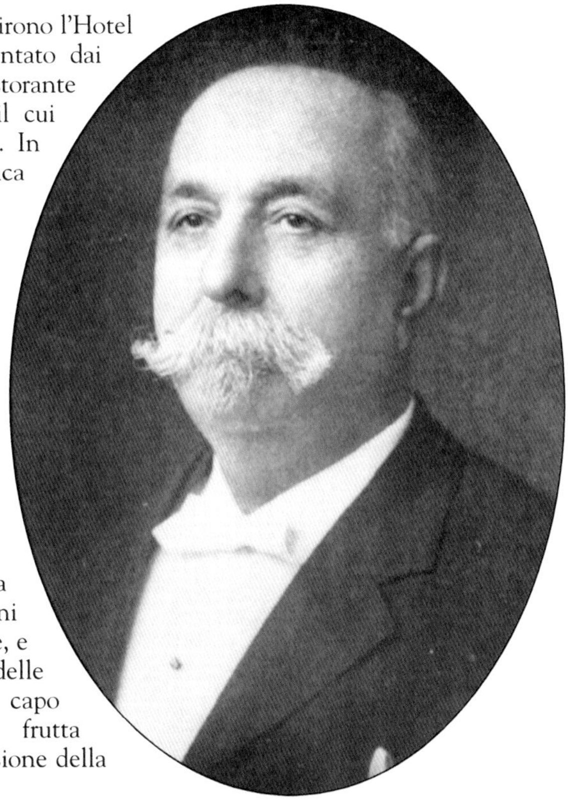

Luigi Sammarco (sinistra) e gli operai della United Fruit Company posano davanti ad un furgone. Dal 1888, la United Fruit Company offriva ai bostoniani una varietà di frutta: banane gialle, rosse, e di tipo "piantano," mandarini e arance delle Indie occidentali. United Fruit fu a capo dell'iniziativa di creare un mercato di frutta tropicale a Boston. (Per cortese concessione della famiglia Sammarco)

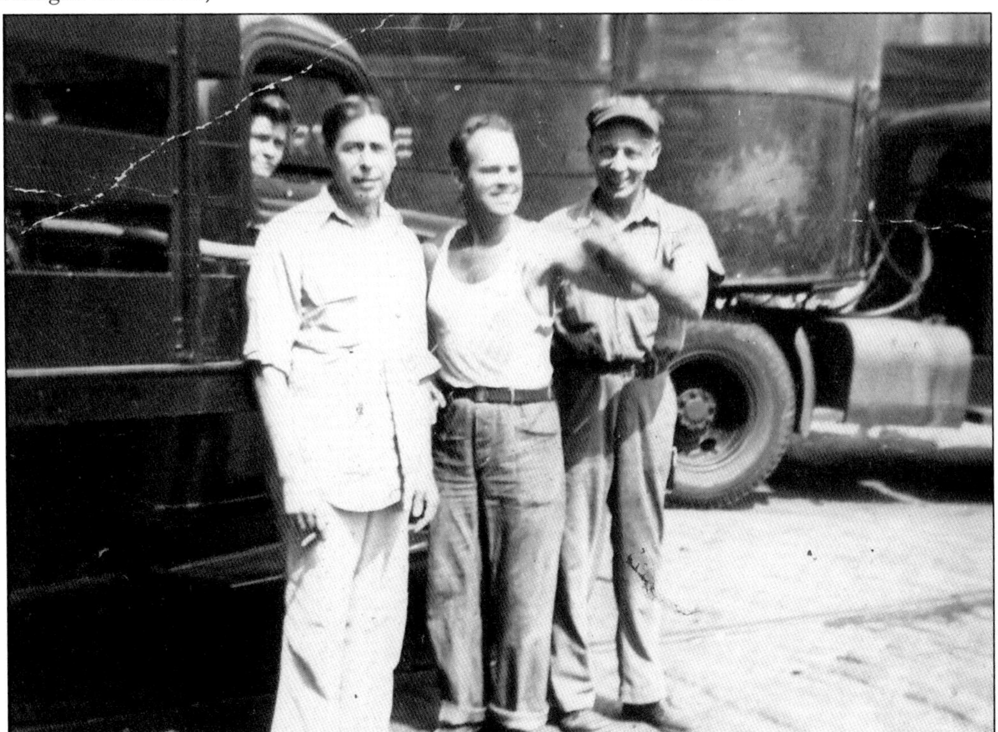

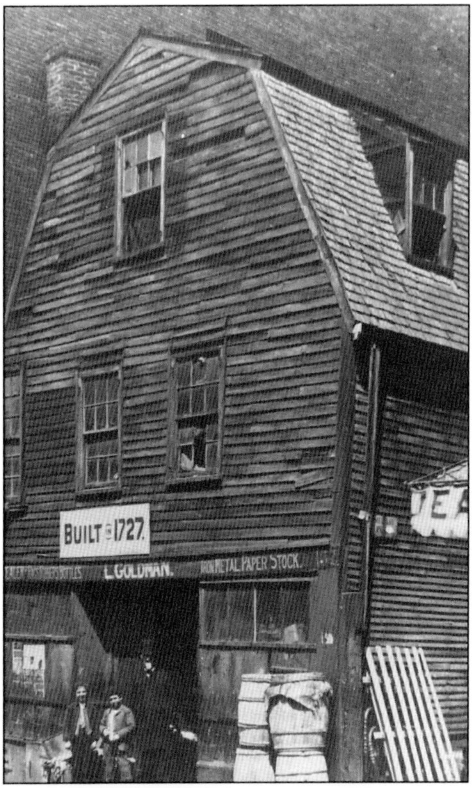

The Thoreau House fu costruita nel 1727 dall'omonima famiglia di scrittori mericani di Concord, Massachusetts. Nel 1910, la casa diventò il negozio di Levi Goldman, un commerciante ebreo di ferro, metallo, e carta. (Per cortese concessione di Vito Aluia)

Alla fine del diciannovesimo secolo, il North End era diventato la nuova "casa" per un gran numero di immigrati da diversi paesi europei. Due donne siedono davanti al numero 67 di Salem Street, il negozio di D. Deutsch. Alla porta accanto si trova il ristorante ebreo "Ladies and Gents Restaurant."

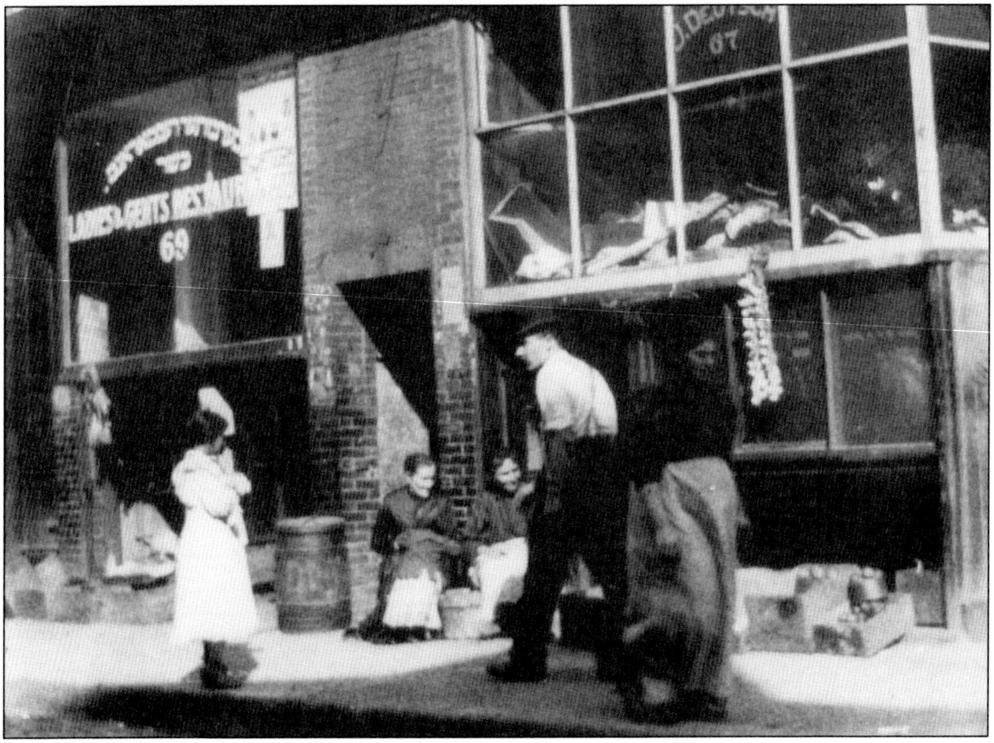

Cinque

Storia delle Piccole e Grandi Industrie

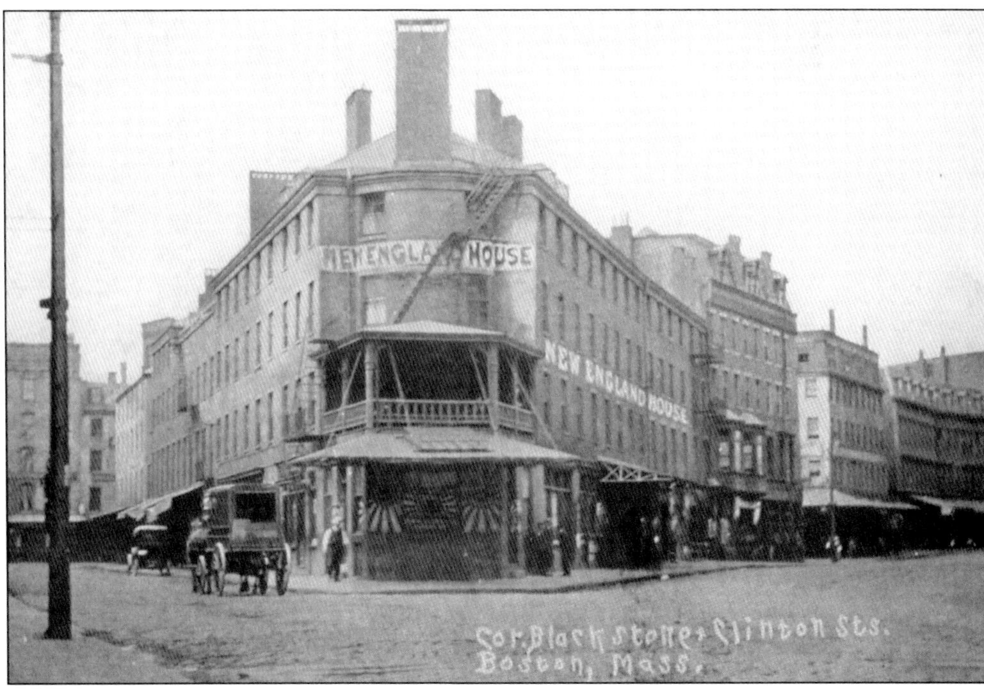

La New England House si trovava all'angolo delle strade Blackstone e Clinton. Un albergo popolare alla metà del diciannovesimo secolo, the New England House era una fra le tante istituzioni di questo genere a Boston. (Per cortese concessione di Vito Aluia)

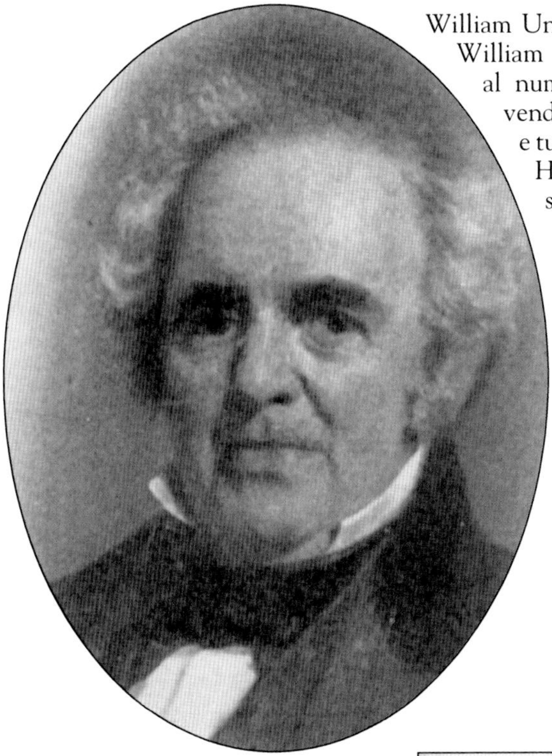

William Underwood fu il fondatore della compania, William Underwood Company, la cui sede era al numero 52 di Fulton Street. La compania vendeva prodotti in scatola fra i quali il famoso, e tuttora in commercio, Underwood's Deviled Ham (un prodotto di maiale condito con salsa piccante).

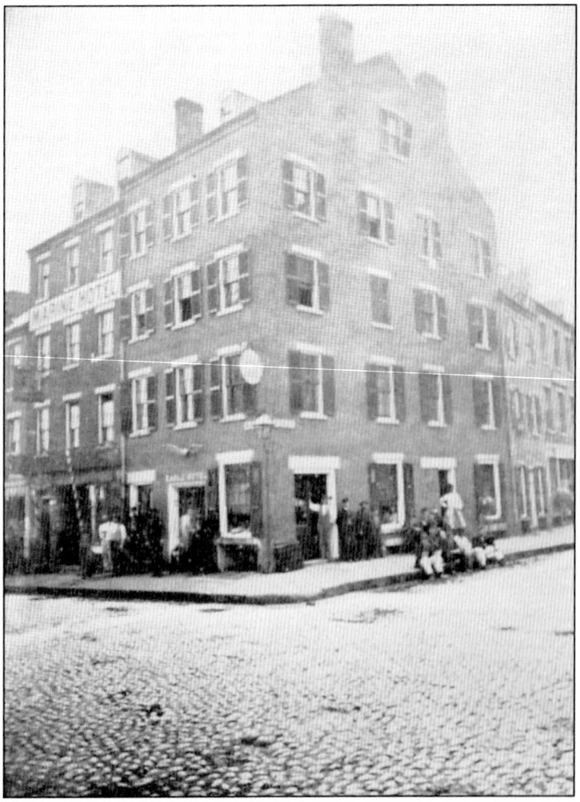

Nel 1855 the Eagle Hotel si trovava all'angolo tra Fulton e Lewis Streets. Sulla sinistra si intravvede il Marine Hotel. (Per cortese concessione della BPL)

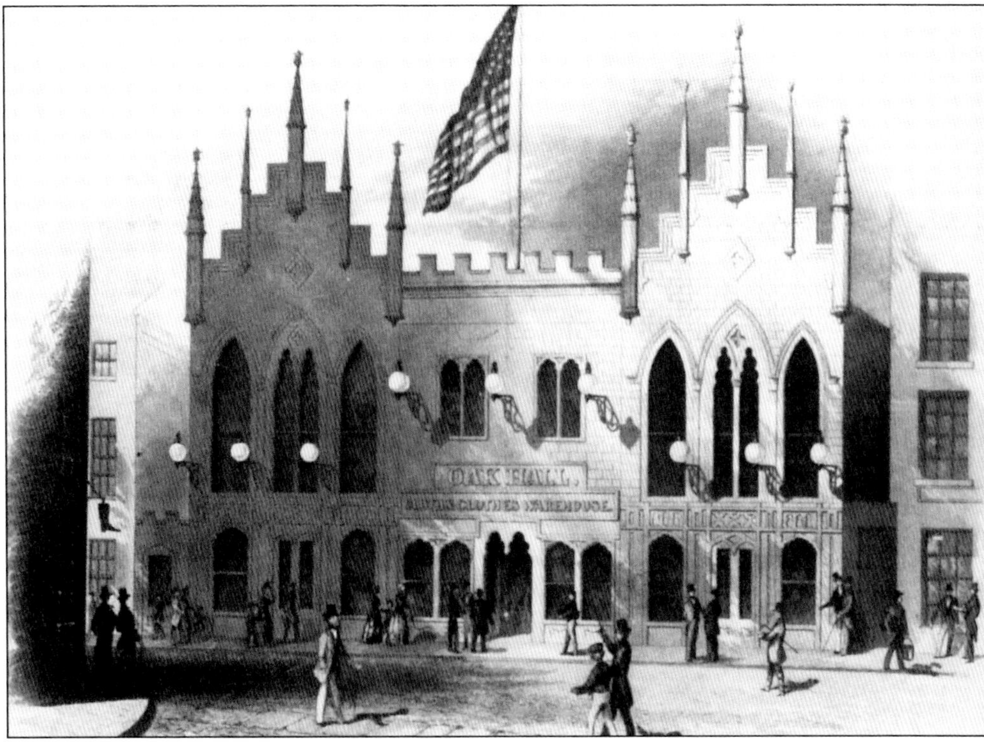

Oak Hill era un noto magazzino di abbigliamento dove si potevano acquistare abiti già confezionati. La facciata esterna era una stravaganza architettonica merlata e ornata di guglie con le finestre si affacciavano che guardavano su Hanover Street.

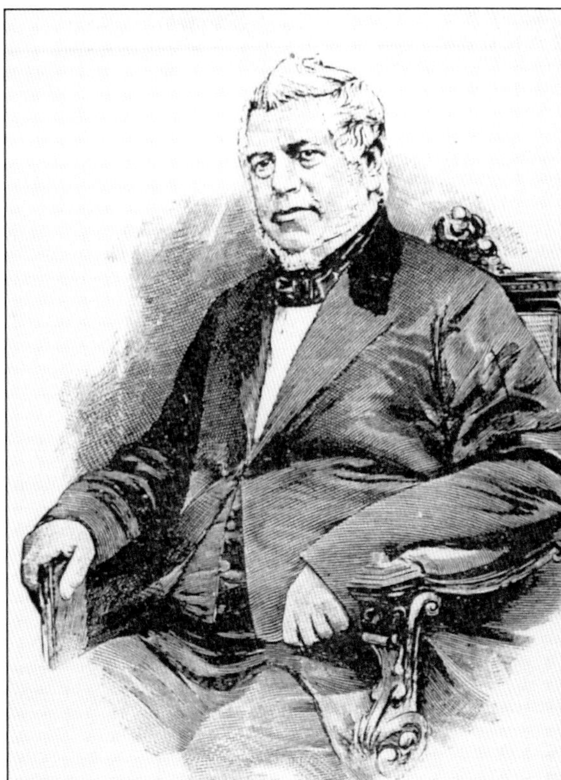

Andrew Carney (1794-1864) era un immigrante irlandese che aprì, insieme a Jacob Sleeper, una ditta di abbigliamento chiamata Carney & Sleeper. Carney era considerato "uno dei grandi fra gli irlandesi di Boston." Nel 1863 fondò il Carney Hospital , la cui missione era di "offrire ai poveri bisognosi assistenza sanitaria; benché sia sotto la direzione delle Sisters of Charity (le Suore di Carità), riceve pazienti di qualunque religione. Tutti i casi cronici ed acuti vengono accolti con l'unica eccezione delle malattie contagiose."

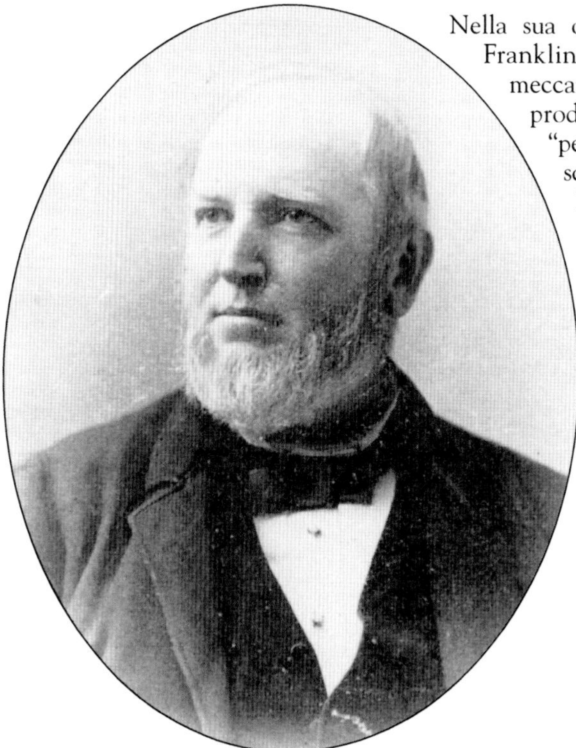

Nella sua officina in Sudbury Street, Benjamin Franklin Sturtevant rivoluzionò le arti meccaniche e contribuì allo sviluppo della produzione industriale di ventilatori "per l'eliminazione di materiale fine di scarico da tutti i tipi di macchine, per la ventilazione di appartamenti e per la soffiatura di fuochi delle caldaie, fornaci, e dei forni a manica."

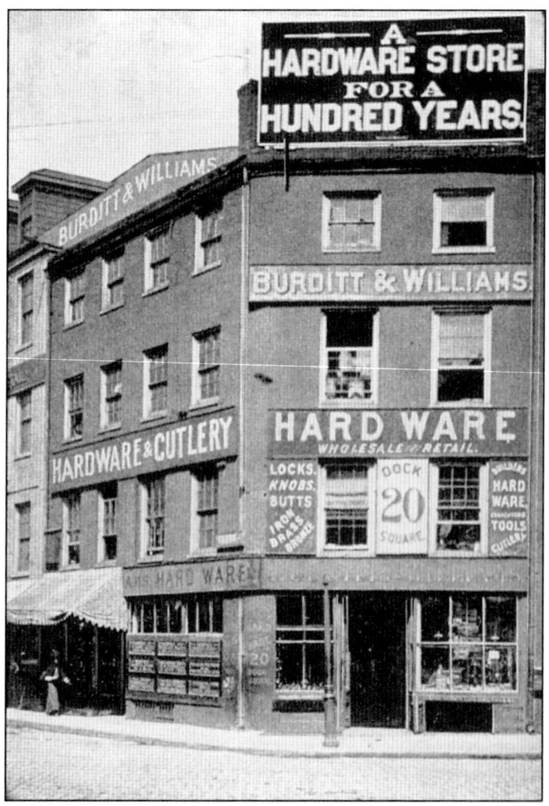

Burditt & Williams, fondato nel 1860, era un negozio di ferramenta al numero 20 di Dock Square. Charles A. Burditt e Joseph Williams aprirono il negozio che vendeva serrature, pomelli, cerniere, articoli di ferramenta ed arnesi da falegname nello stesso edificio che era stato sede di un negozio di ferramenta fin dal 1795.

James Martin & Son, fondata nel 1838, produceva tende per negozi e da campeggio, bandiere, vele, e articoli ippici nella loro fabbrica ai numeri 87-97 di Richmond Street.

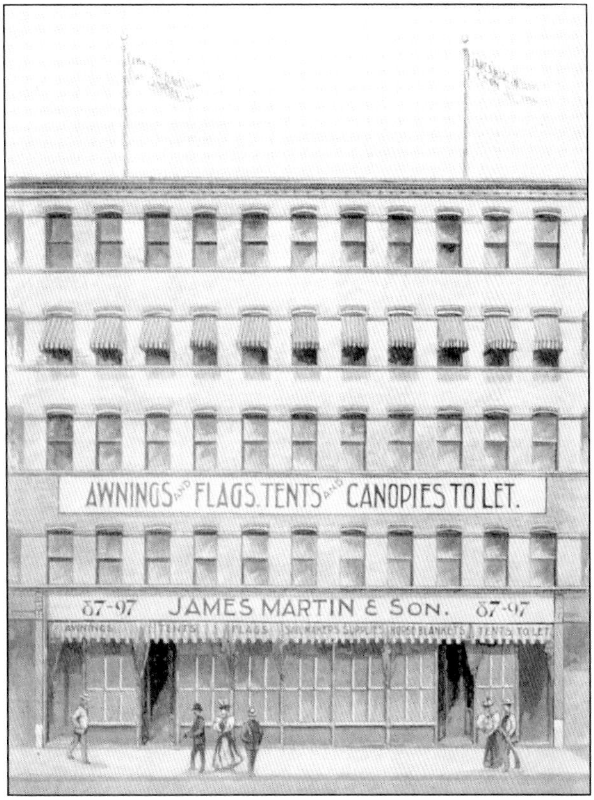

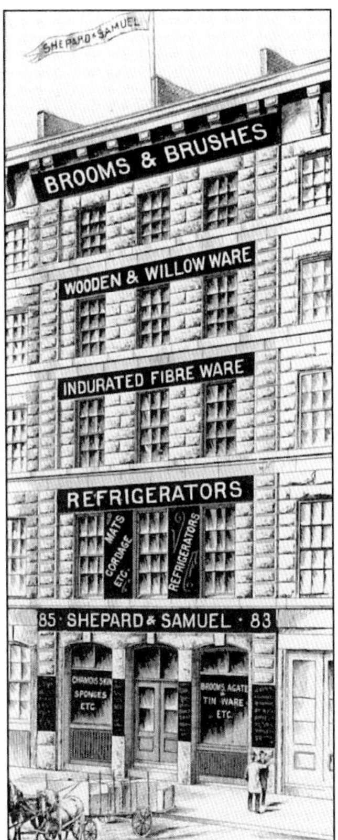

Ai numeri 83 e 85 di Commercial Street aveva sede il negozio di Shepard e Samuel che si occupava della produzione e vendita di scope, spazzole, articoli ed utensili di legno, oggetti in ceramica nello stile inglese "Willow Ware," articoli di fibra indurita e frigoriferi.

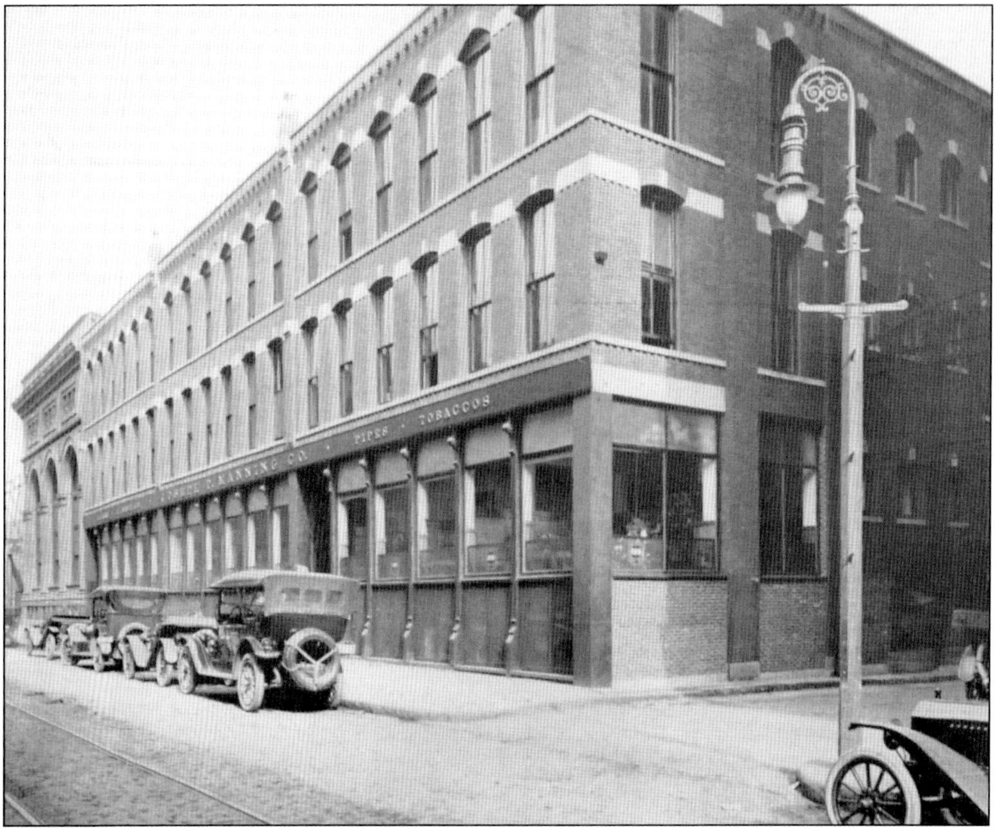

La Joseph P. Manning Company aveva la sua sede in Atlantic Avenue vicino a Hanover Street. Con la sua vendita di pipe e tabacco, questo negozio fu la prima impresa a Boston ad adoperare automobili per il servizio di consegna.

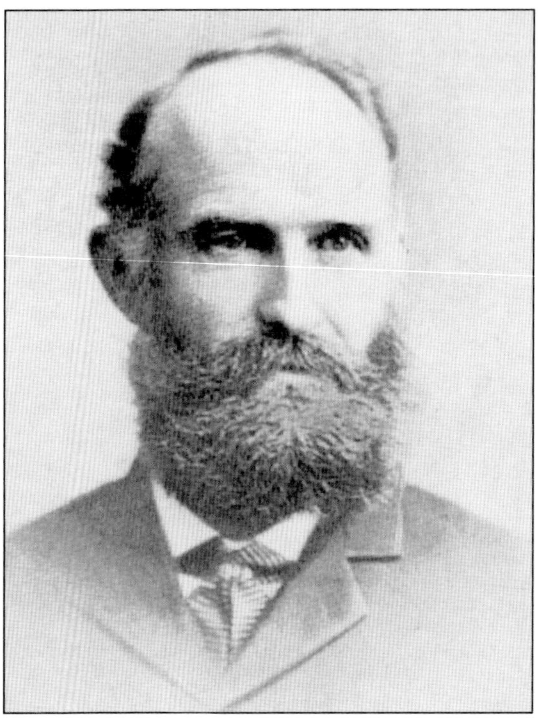

George E. Knight vendeva il caffè ed il tè al suo negozio ai numeri 87-89 di Blackstone Street. Knight fu il successore a H.P. Webster e si specializzò nella torrefazione del caffè (Chase & Sandburn).

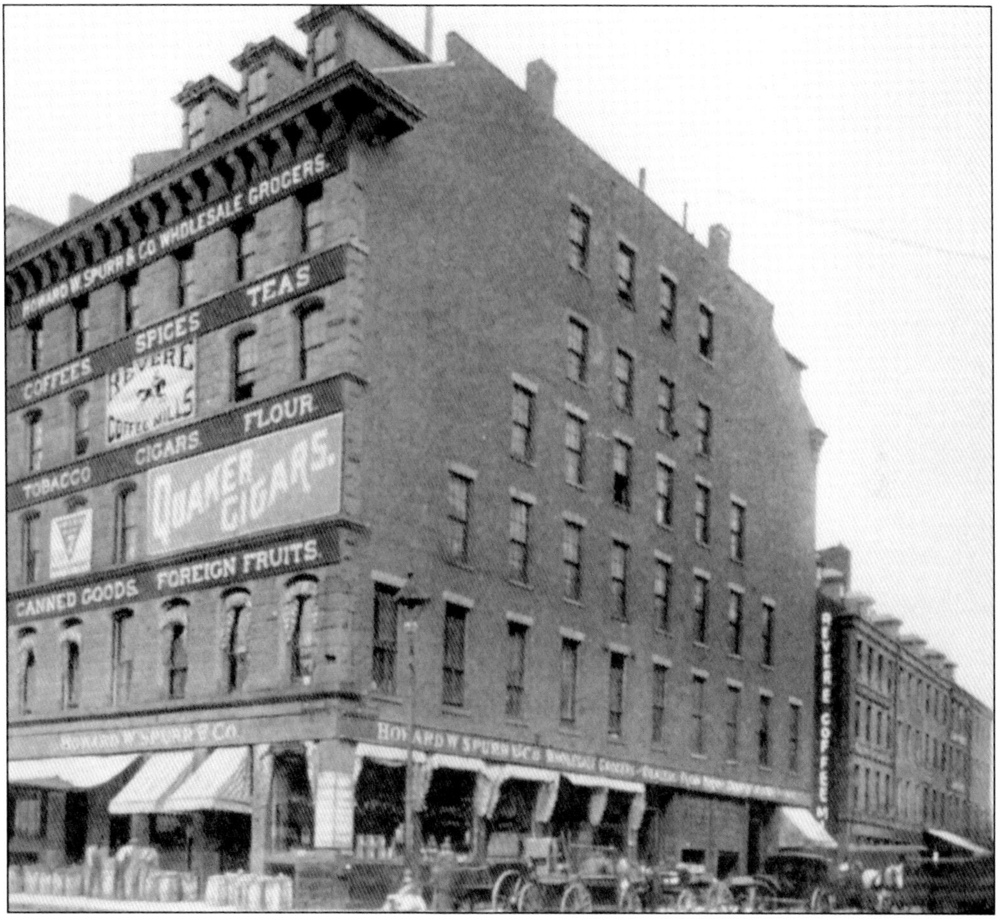

Howard W. Spurr & Company era una drogheria all'ingrosso che fu fondata nel 1875 con sede ai numeri 19 e 21 di Commercial Street. Offriva caffè, spezie e tè come pure frutta di buona qualità importata, prodotti in scatola, tabacco, sigari e farina.

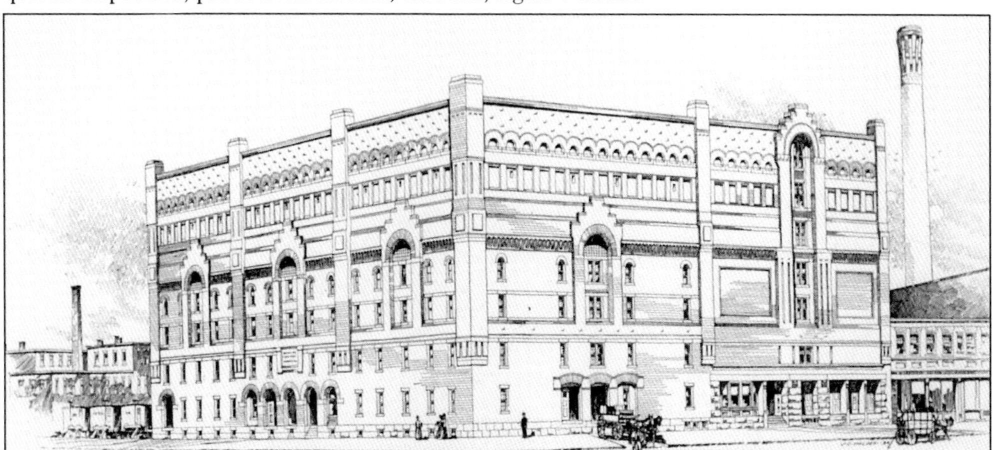

Quincy Market Cold Storage era un magazzino refrigerato di enormi proporzioni costruito su Commercial Street al North End.

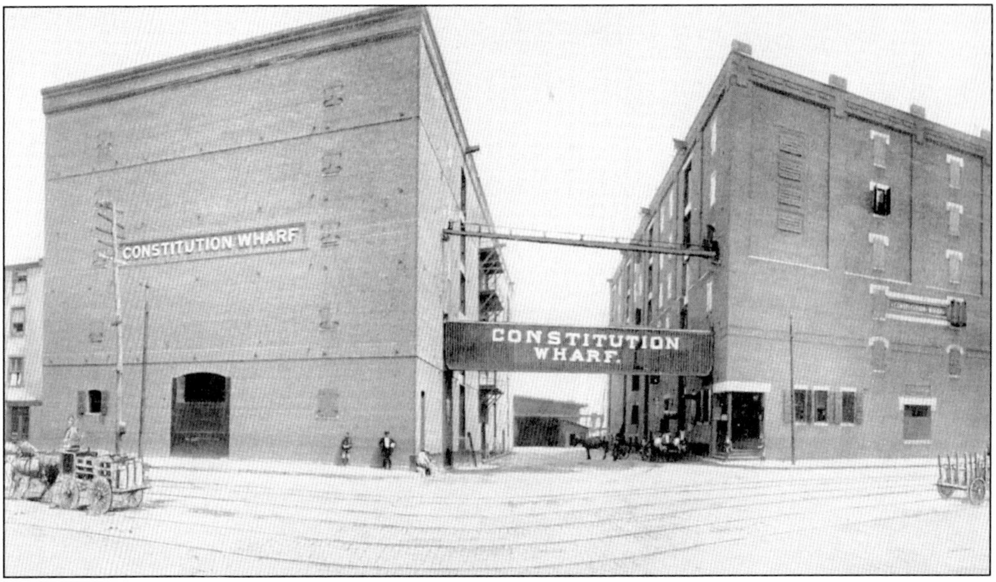

La Constitution Wharf Company era un magazzino tanto per la merce tassabile che la merce all'ingrosso. Fu costruito al posto del cantiere navale dove la USS *Constitution* fu costruita nel 1797. Il molo adiacente la banchina aveva l'acqua profonda per le navi a vapore ed era collegata ai binari di tutte le ferrovie che partivano da Boston.

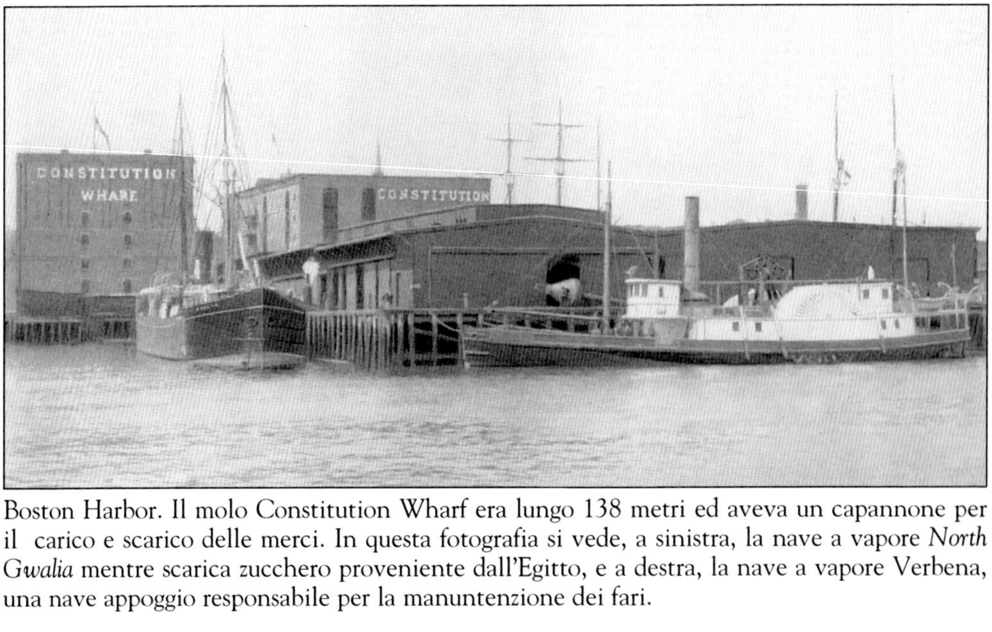

Boston Harbor. Il molo Constitution Wharf era lungo 138 metri ed aveva un capannone per il carico e scarico delle merci. In questa fotografia si vede, a sinistra, la nave a vapore *North Gwalia* mentre scarica zucchero proveniente dall'Egitto, e a destra, la nave a vapore Verbena, una nave appoggio responsabile per la manutenzione dei fari.

La Prince Macaroni Company, fondata da Michael La Marca, Joseph Scaminara, e Michael Cantella, produceva pasta all'italiana nel North End. La pasta asciutta è stata prodotta al North End dal 1874. Altre companie, qui non rappresentate, sono la Boston Macaroni Company e la Maravigna Macaroni Company in North Street.

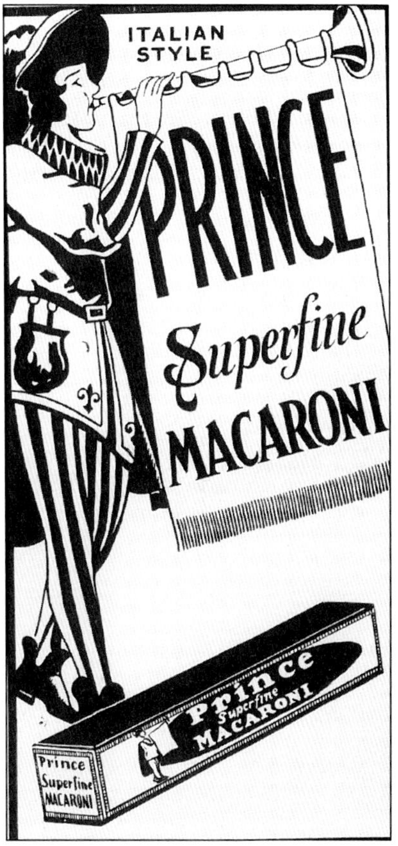

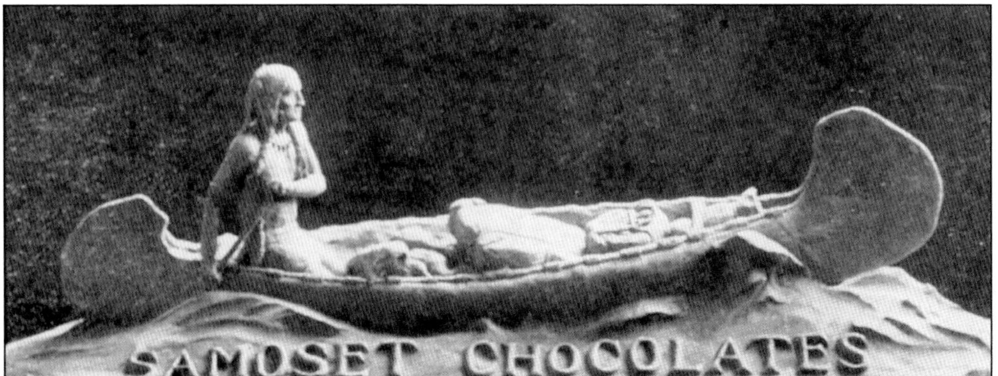

Samoset Chocolates erano cioccolati puri e deliziosi ed erano considerati la miglior cioccolata prodotta a Boston. Nella loro fabbrica in Hanover Street, i maestri confettieri immergevano a mano creme, caramelle e frutti canditi per creare un vasto assortimento di cioccolatini.

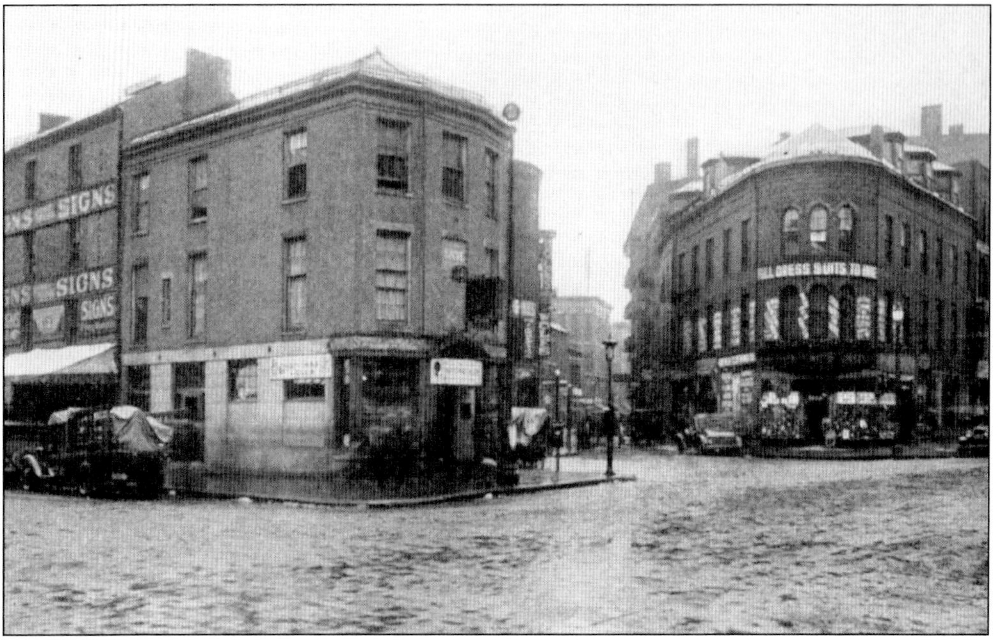

The Seamens Bank, la Banca dei Marinai, fu creata per incorraggiare i marinai a risparmiare guadagni fatti durante i loro lunghi viaggi. La filiale North End della banca si trovava al numero 158 di Hanover Street.

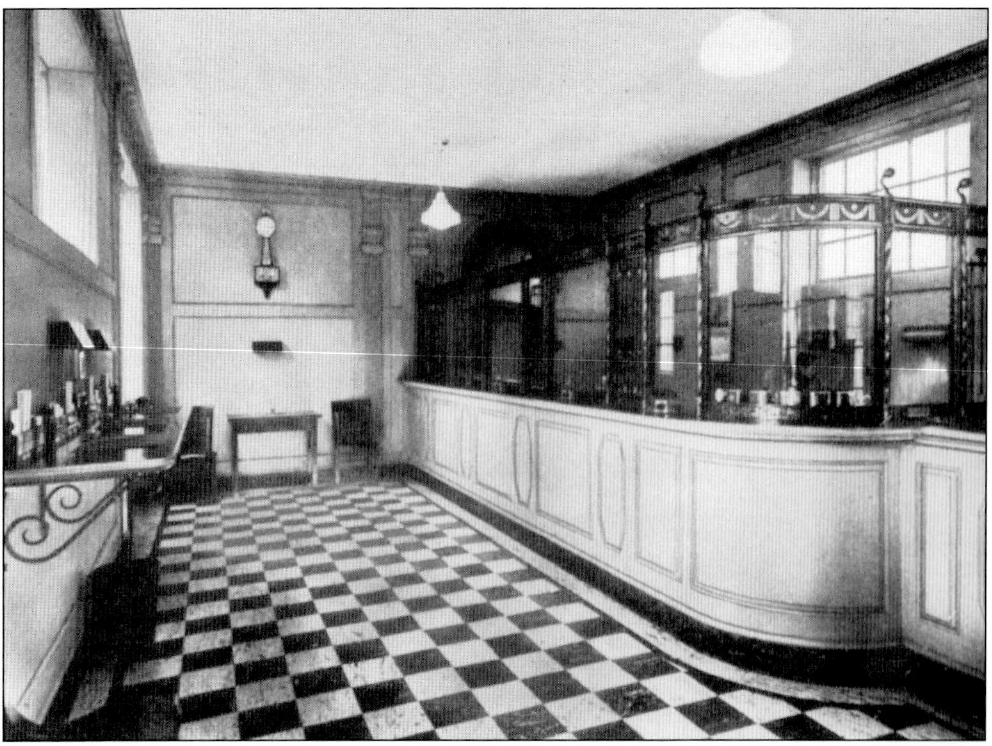

L'interno della filiale North End della Seamens Bank aveva gli sportelli delle casse sulla destra ed un banco per i marinai suoi clienti sulla sinistra.

Sei

Il Quartiere

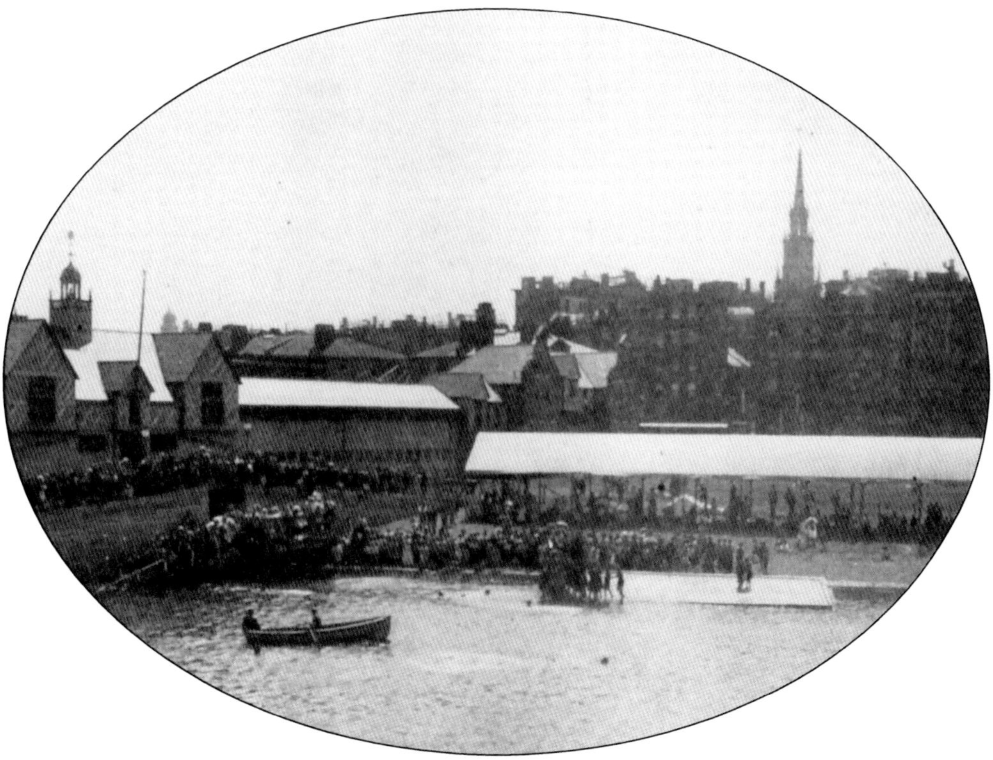

Il North End Park è situata ai piedi di Copp's Hill, sotto la guglia della Old North Church. Il parco aveva una piccola spiaggia, una lavanderia, un edificio per sole donne ed una tenda per bambini per i residenti del North End.

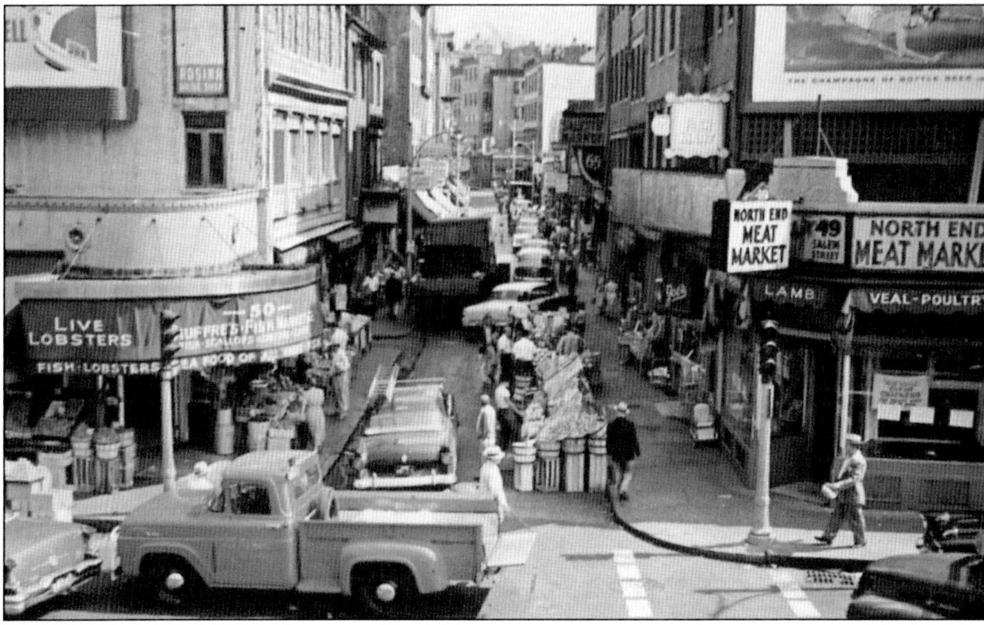

Salem Street all'incrocio di Cross Street è un'intersezione che, fin dal diciannovesimo secolo, brulica di gente. In questa fotografia, risalente circa al 1950, i venditori ambulanti espongono la frutta e la verdura mentre altri negozi offrono aragosta viva, pesce, agnello, vitello, e pollame. (Per cortese concessione di Vito Aluia)

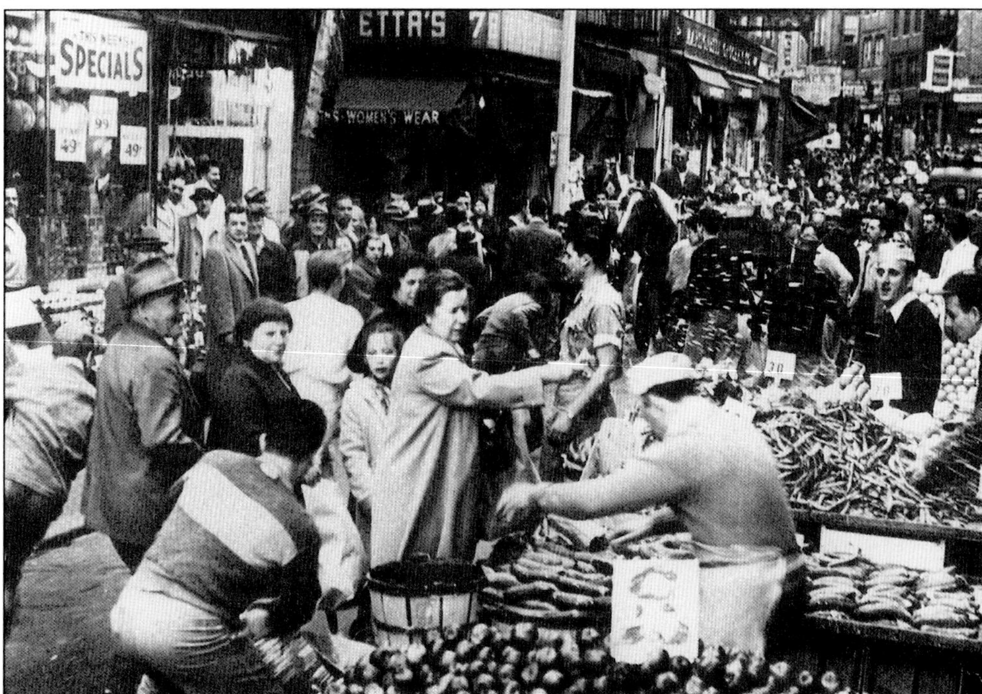

I venditori ambulanti su Salem Street esponevano la loro merce in cassette di legno piene di frutta e verdura. Il fine settimana era difficile muoversi da tanto fitta era la folla di gente che veniva a fare spese qui.

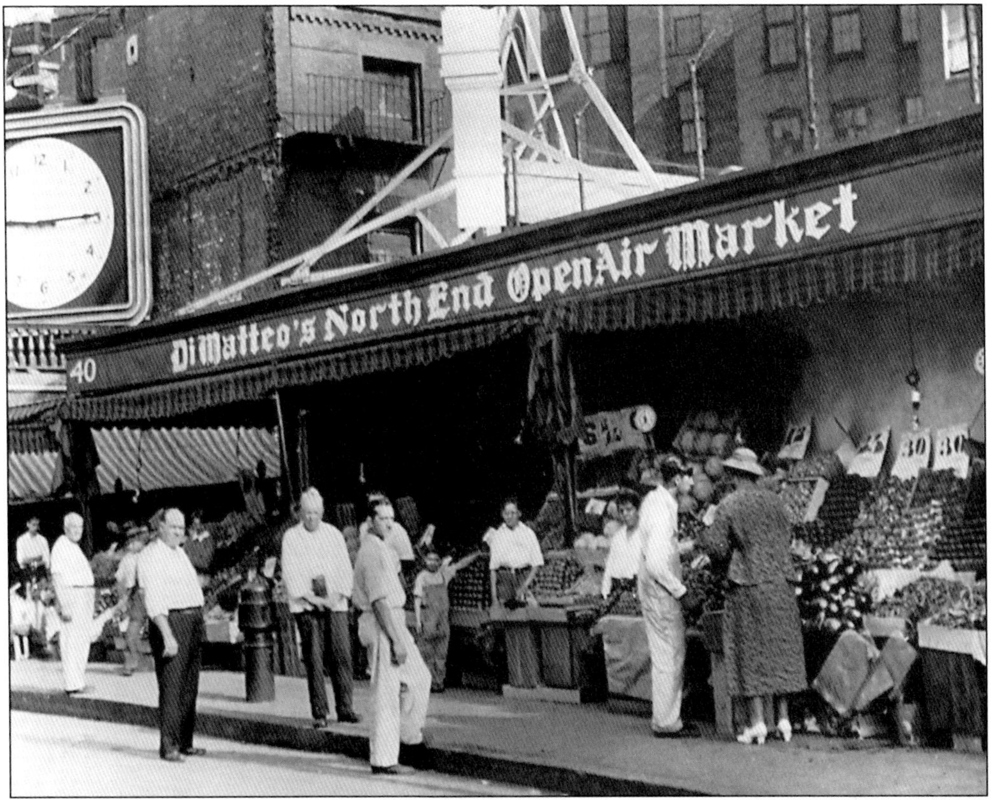

Di Matteo's North End Open Air Market (il mercato all'aperto) si trovava in Cross Street, vicino a Salem Street. (Per cortese concessione della Pizzeria Regina North End)

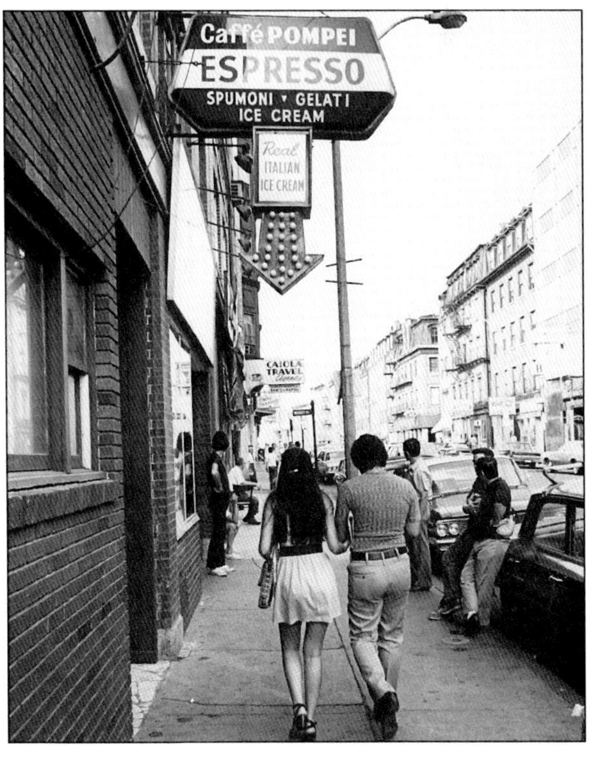

Una giovane coppia passeggia lungo Hanover Street nei primi anni Settanta. Il Caffè Pompei, ormai una sorta di istituzione nel North End, offre caffè espresso, spumoni ed autentico gelato italiano. (Per cortese concessione della BPL)

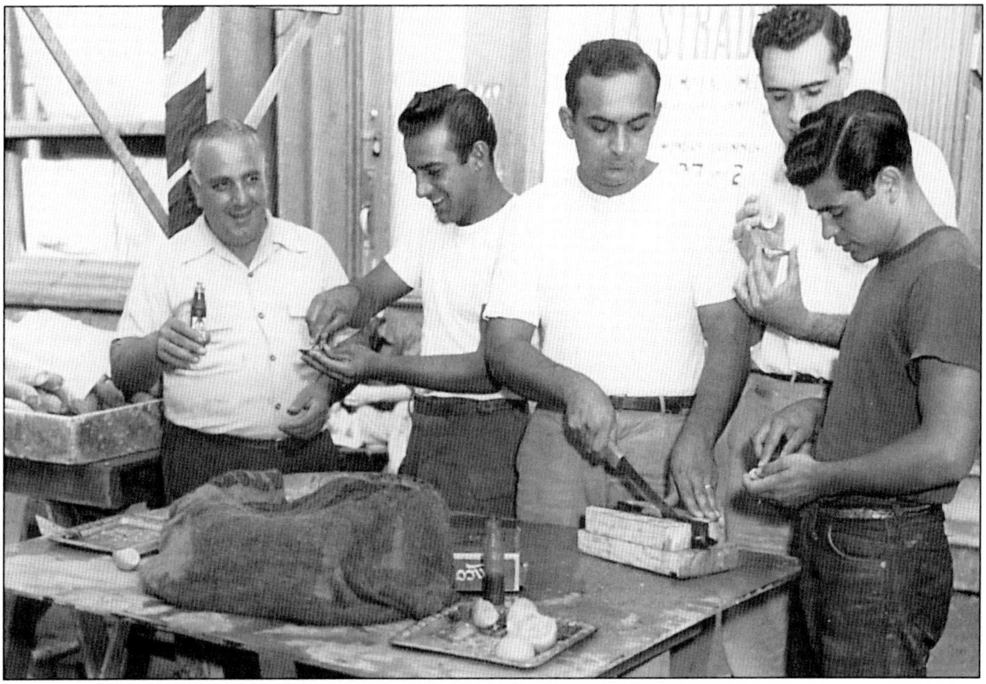

Un venditore ambulante apre dei molluschi freschi ad un angolo di una strada del North End nei primi anni Cinquanta. I molluschi e le ostriche sono stati venduti qua "al fresco" per secoli; sono deliziosi se conditi semplicemente con uno spruzzo di succo di lemone o un goccio di tabasco! (Per cortese concessione della Pizzeria Regina North End)

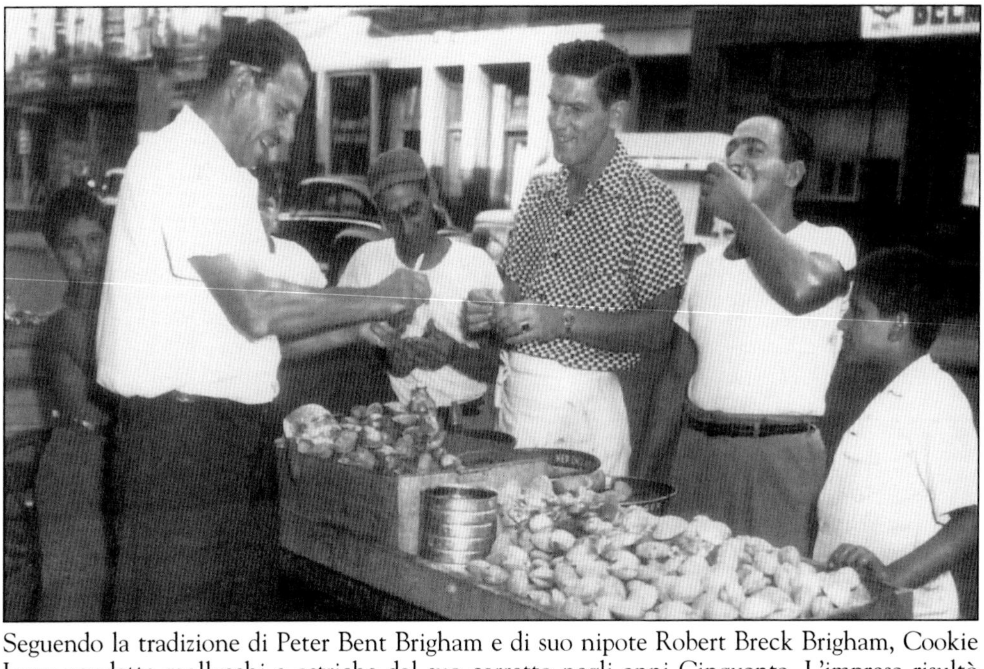

Seguendo la tradizione di Peter Bent Brigham e di suo nipote Robert Breck Brigham, Cookie Lupo vendette molluschi e ostriche dal suo carretto negli anni Cinquanta. L'impresa risultò talmente remunerativa nel diciannovesimo secolo che i Brighams lasciarono il loro patrimonio agli ospedali che portano il loro nome come segno di eterna gratitudine.

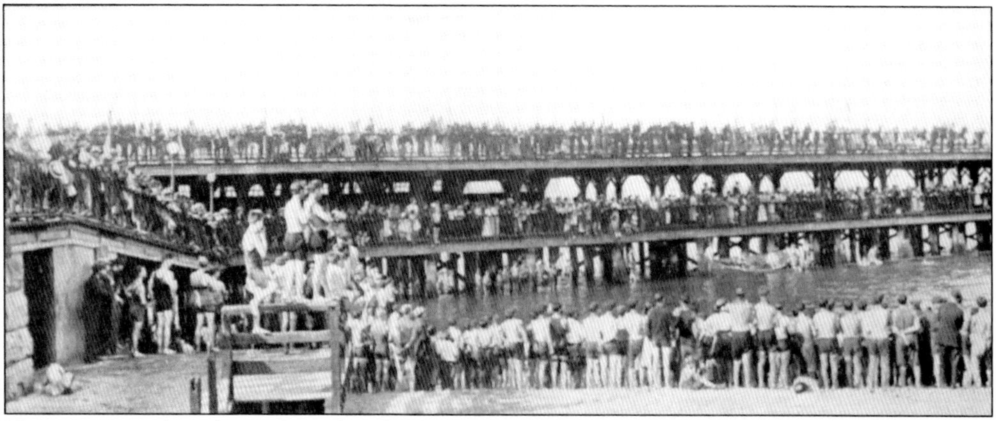

Una gara rionale nel North End Park che, nel 1918, fece arrivare spettatori da ogni parte. Un numeroso gruppo di spettatori assiste alla gara dal ponte che attraversa il Charles River che collega il North End a Charlestown.

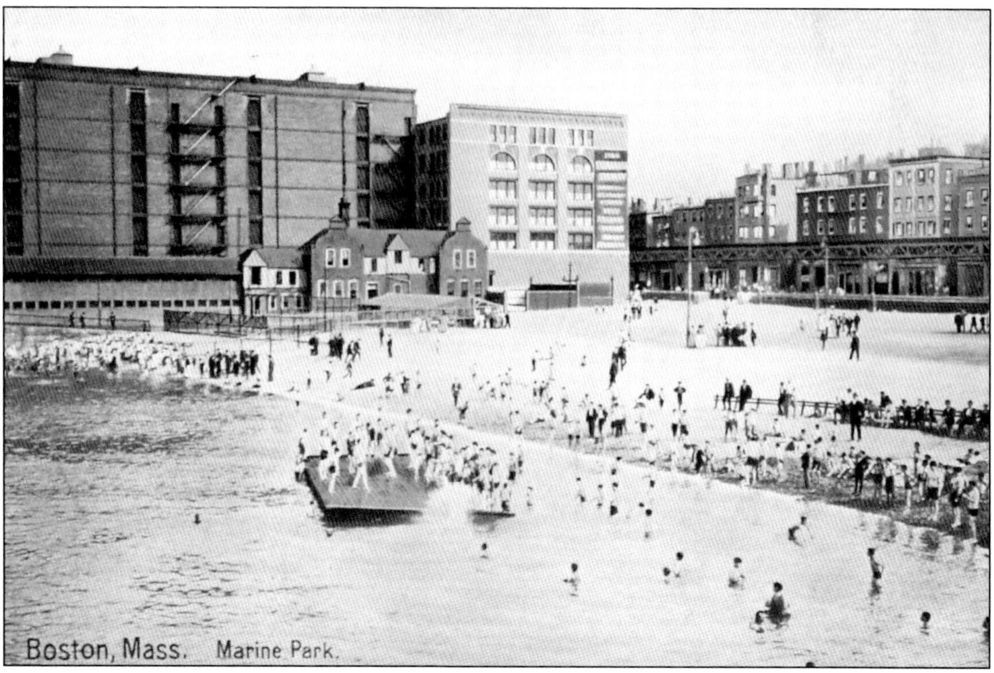

Il North End Park aveva una piattaforma galleggiante verso cui i bambini potevano nuotare. A sinistra si vedono i binari della Ferrovia Elevata che collegavano North Station e South Station sopra l'Atlantic Avenue e Commercial Street. (Per cortese concessione di Vito Aluia)

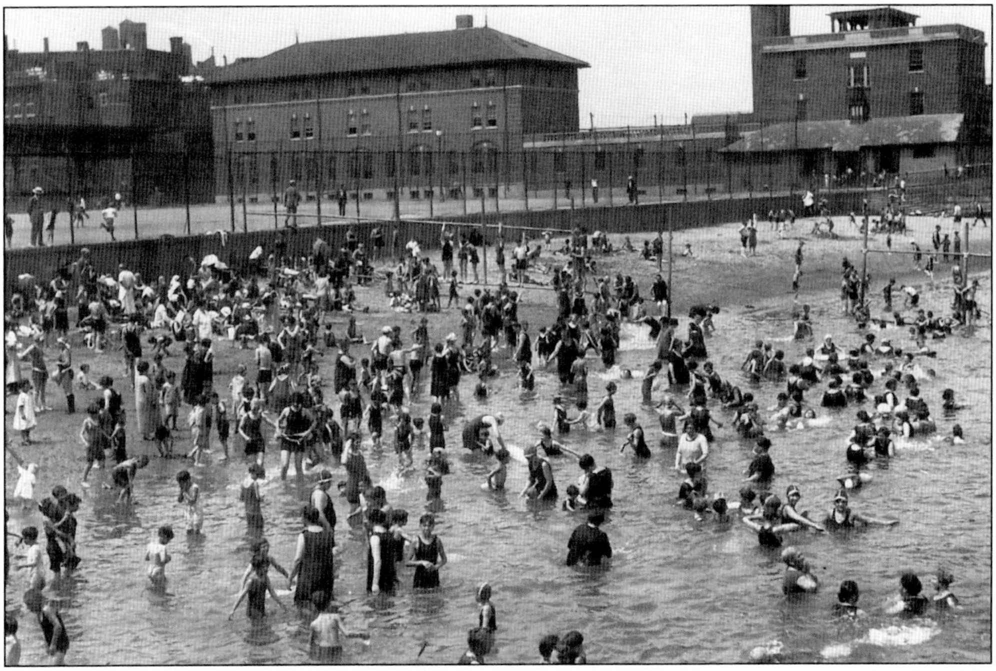

North End Park negli anni Trenta: bambini e adulti si rinfrescano in acqua sotto il sole caldo di una giornata d'estate. (Per cortese concessione della BPL)

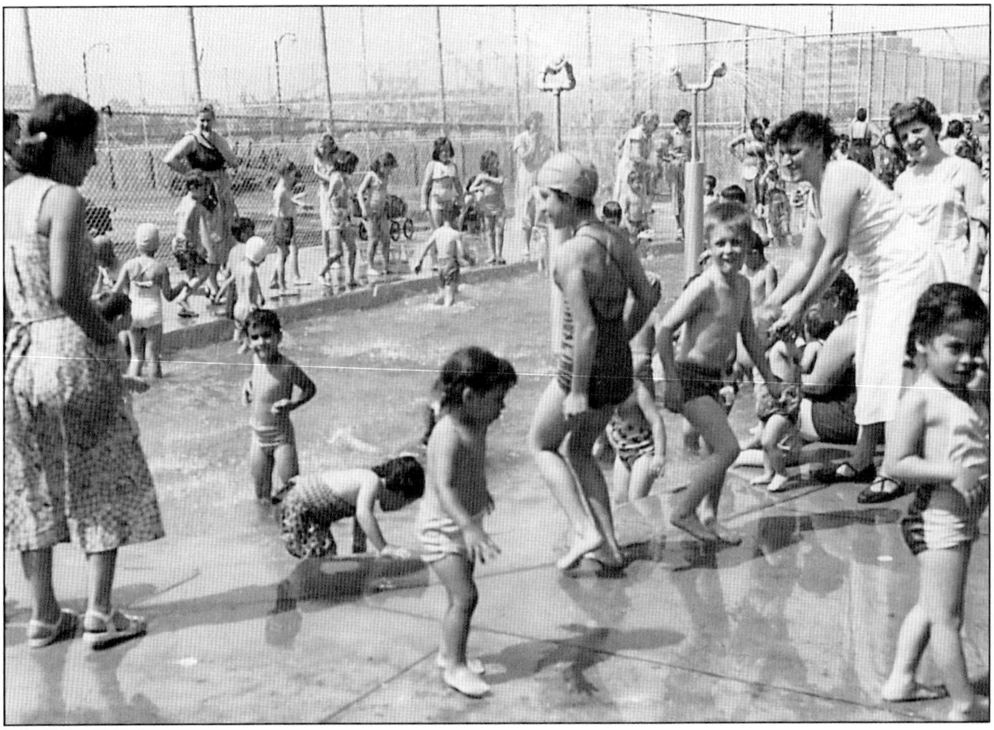

A partire dagli anni Quaranta, vennero aggiunti alla piscina di North End park degli innaffiatoi verticali cosicché anche i bambini piccoli potessero rinfrescarsi d'estate. (Per cortese concessione della Pizzeria Regina North End)

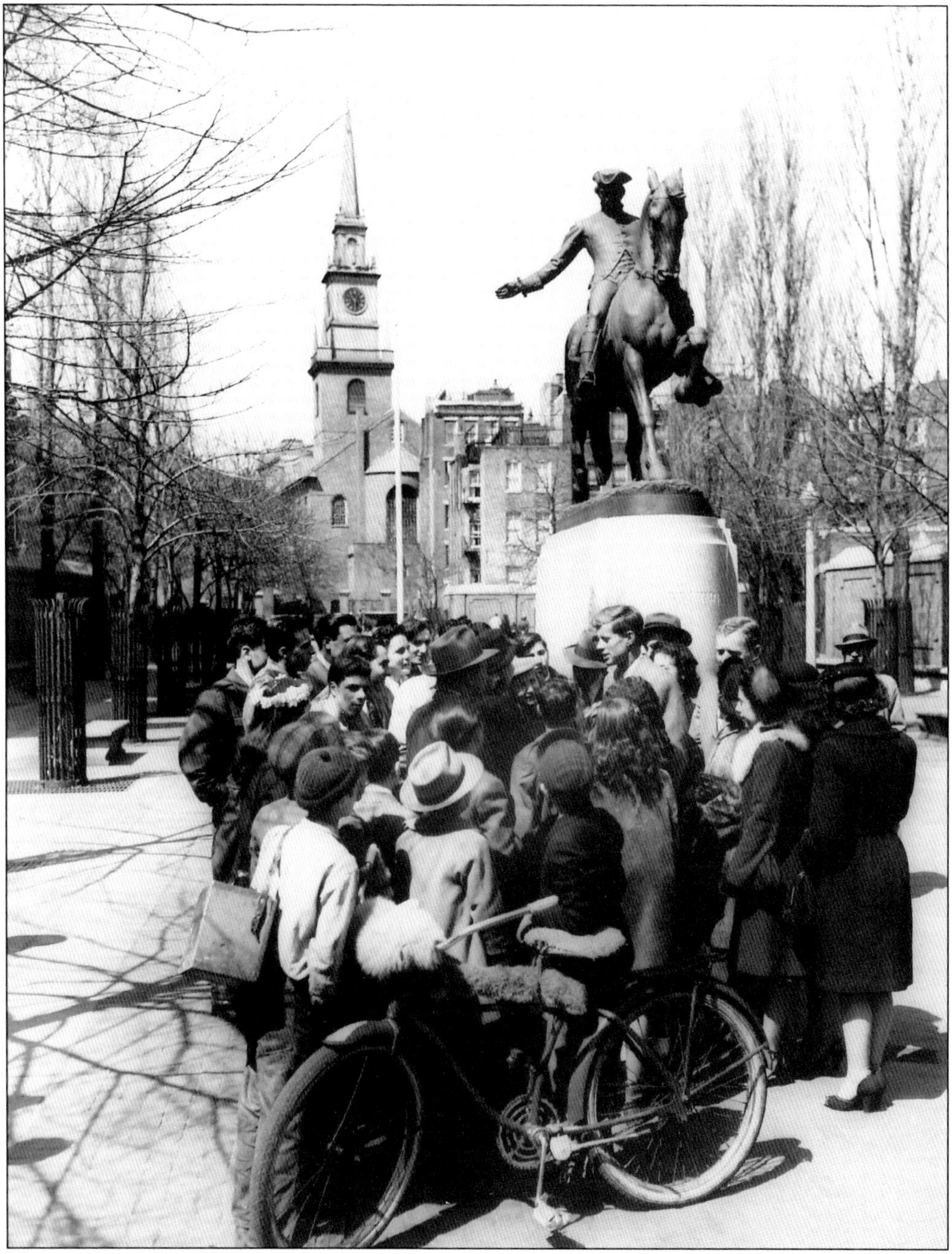

Alla fine degli anni Quaranta John Fitzgerald Kennedy fece una campagna elettorale nel North End candidandosi per un posto nel Congresso. Sotto la statua equestre di Paul Revere, un a folla attenta circonda il futuro senatore e presidente. (Per cortese concessione della BPL)

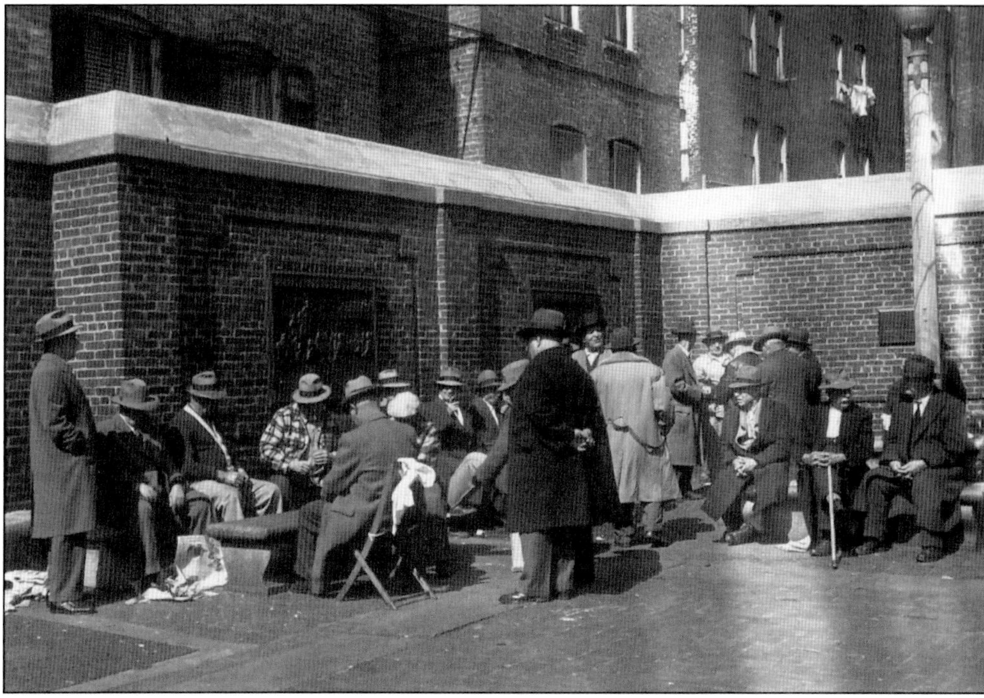

Il Prado era una piazza che collegava Hanover Street e Unity Street progettata nel 1933 dall'architetto paesaggista Arthur Shurcliff . Nota come "Webster Avenue", era una delle strade più strette di Boston. Sui muri di mattoni che circondano il "prado" furono montate le placche disegnate da Robert Savage Chase che raccontano la storia del North End. Un gruppo di uomini gioca a carte e chiacchiera sotto un bel sole di primavera nei primi anni Quaranta. (Per cortese concessione della BPL)

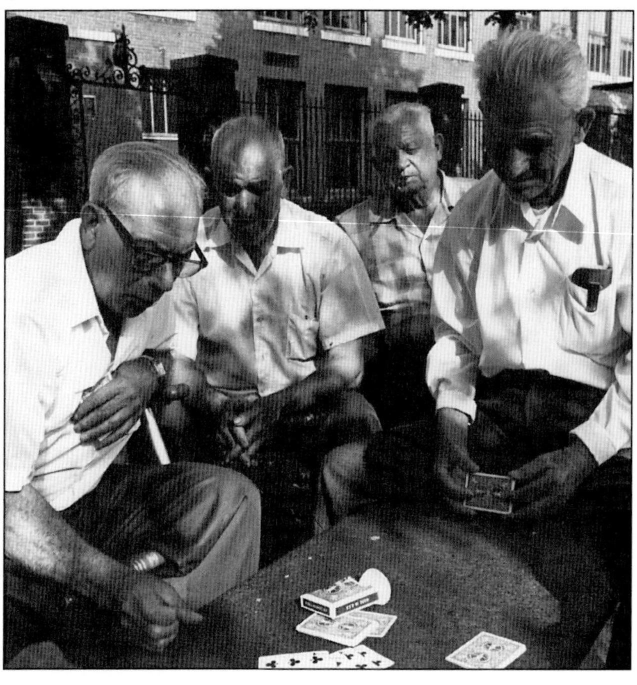

Un gruppo di amici gioca a carte in un angolo del Prado nel 1970. (Per cortese concessione della BPL)

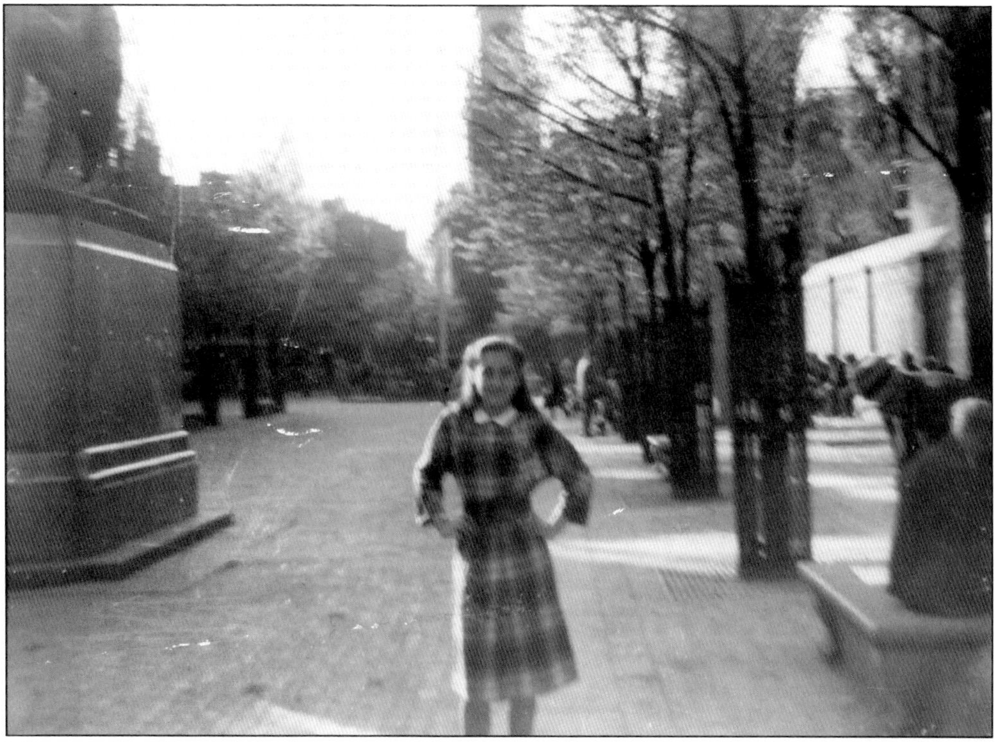

Una ragazza del quartiere sfoggia il suo vestito nuovo al Prado accanto alla statua di Paul Revere intorno alla metà degli anni Cinquanta. La statua fu scolpita da Cyrus E. Dallin nel 1885 e fusa in bronzo nel 1940 grazie ai generosi fondi del George Robert White Fund. (Per cortese concessione della BPL)

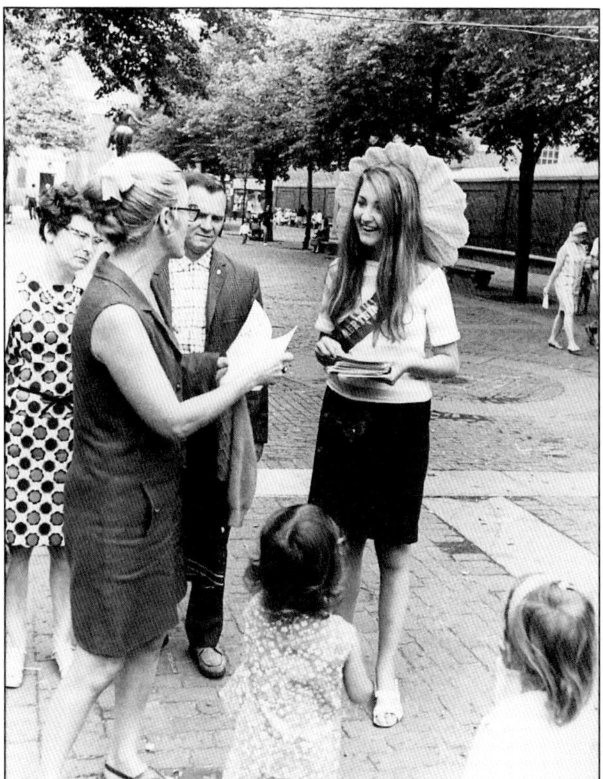

"Summerthing" era una celebre festa rionale istituita dal sindaco Kevin H. White. Una giovane, membro del personale di Summerthing, indossa un capello a foggia di sole, simbolo della Summerthing, mentre distribuisce volantini sulle attività estive per quella stagione. Dal 1968 sono stati organizzati più di millecinquecento spettacoli ed avvenimenti. (Per cortese concessione della BPL)

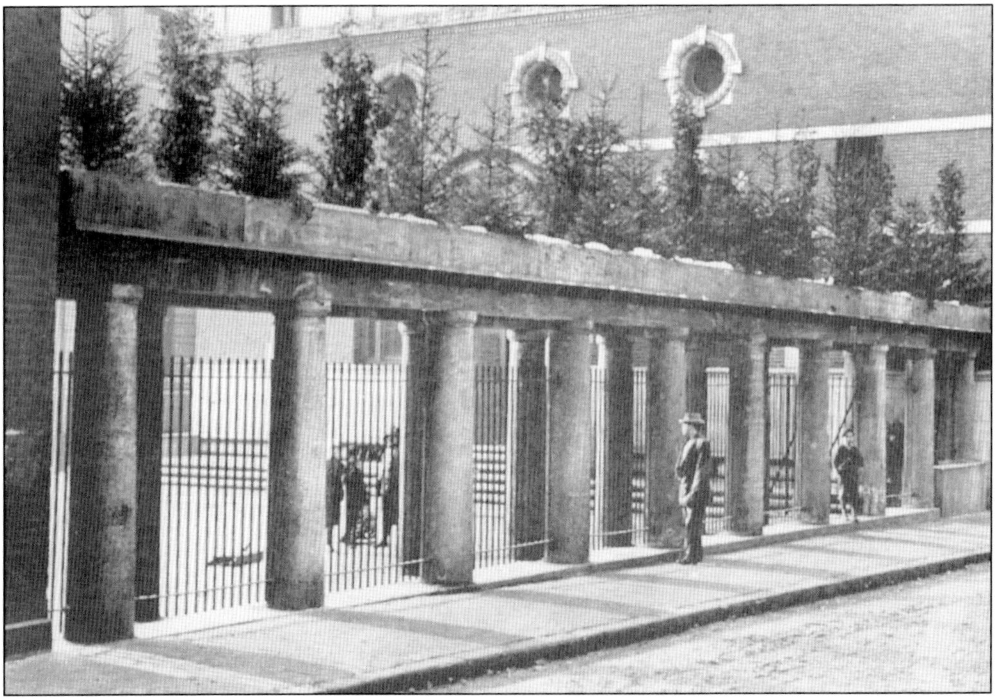

Il Prince Street Playground era una piazza con un recinto che la separava dalla strada che offriva ai bambini uno spazio per giocare. Una fila di colonne doriche separavano il campo di ricreazione dalla strada e gli abeti vennero aggiunti sopra per dare un po' di verde.

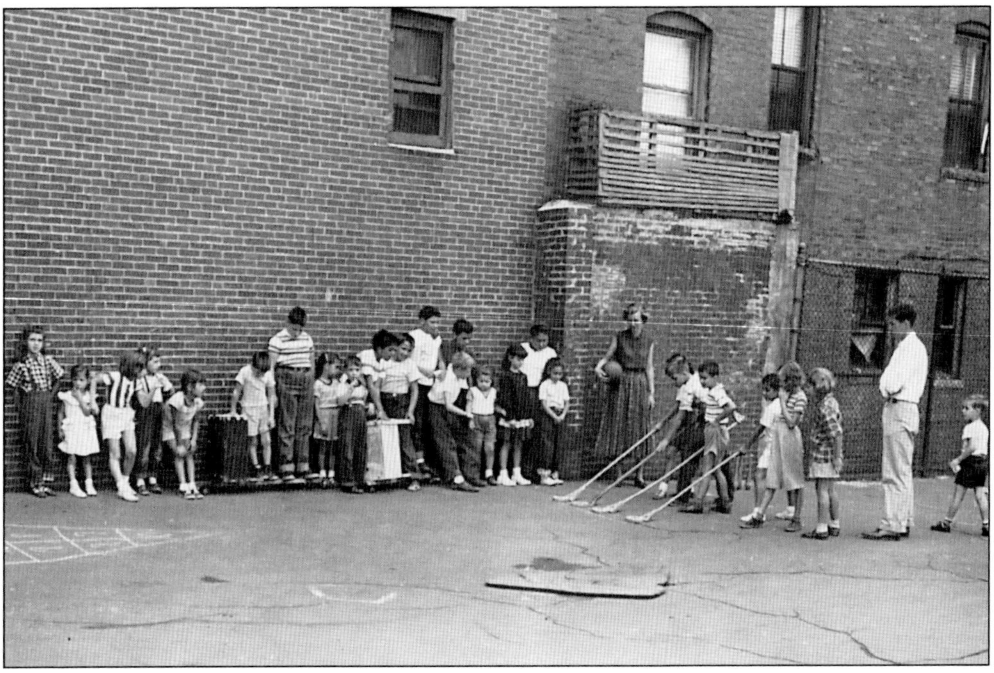

Un gruppo di bambini giocano a "shuffleboard" (una sorta di "mazza e bindolo") in North Bennett Street Playground alla metà degli anni Cinquanta. (Per cortese concessione della Pizzeria Regina North End)

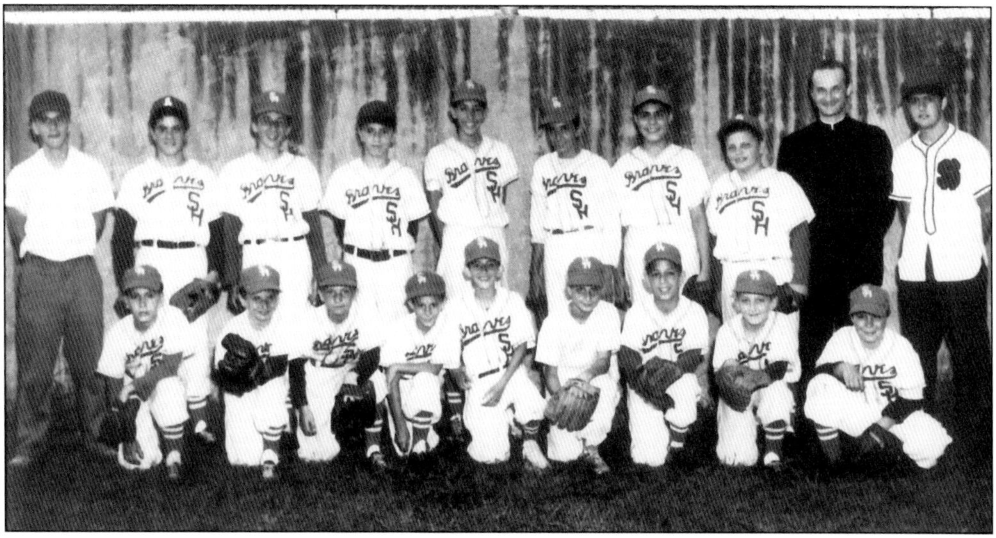

The Sacred Heart Braves era una squadra di baseball composta da ragazzi del North End. Da sinistra a destra: (in prima fila) Dennis Lepore, Rodger Ruggerio, Gaspar Ostuni, Vito Aluia, Charlie Marino, Steve Messina, John Sergi, Carmine "Tilly Rags" De Martino, e Mike Bono; (in seconda fila) Peter Carcia, William Demarco, Sal Carcia, Lenny Lepore, Sammy "Eight Ball" Marino, Domenic "Jr" Santoro, Anthony Pino, John Casali, Padre Jerry della Sacred Heart Church, e Anthony Gaeta. (Per cortese concessione di Vito Aluia)

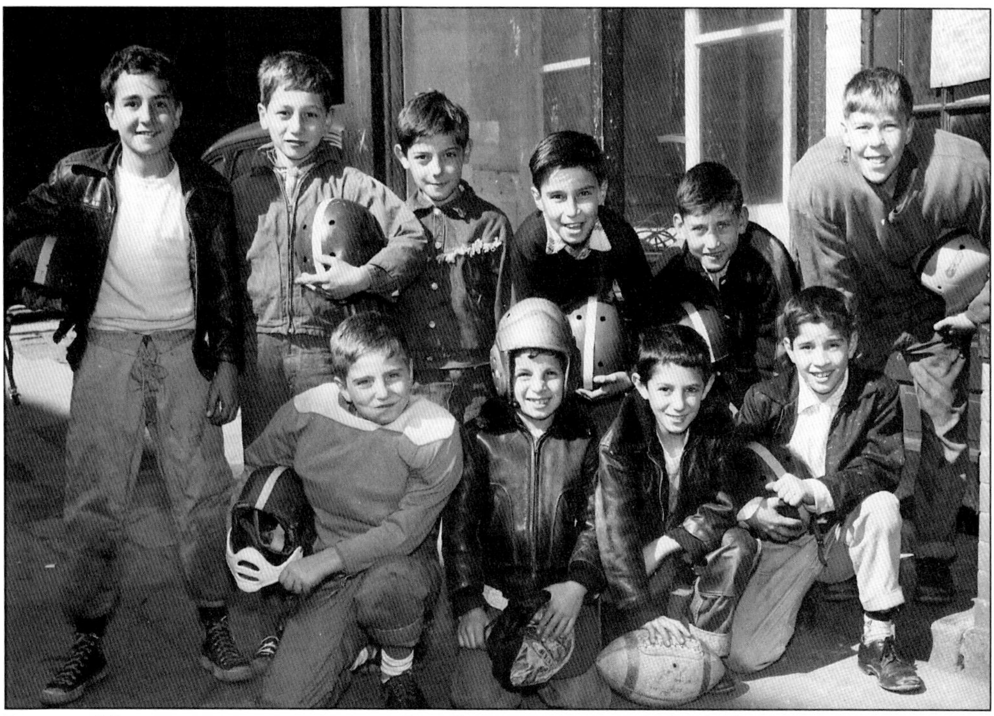

Ragazzi del quartiere posano per una foto dopo una partita di football americano nella North Square. Da sinistra a destra: (in prima fila) Joe Palazzola, Frank Annese, Vito Aluia, e Paul Scola; (in seconda fila) Ritchie Longo, Anthony Indelicato, Donald Zona, Vinny D'Antonio, Albert Firicano, e Ralph Salvati. (Per cortese concessione di Vito Aluia)

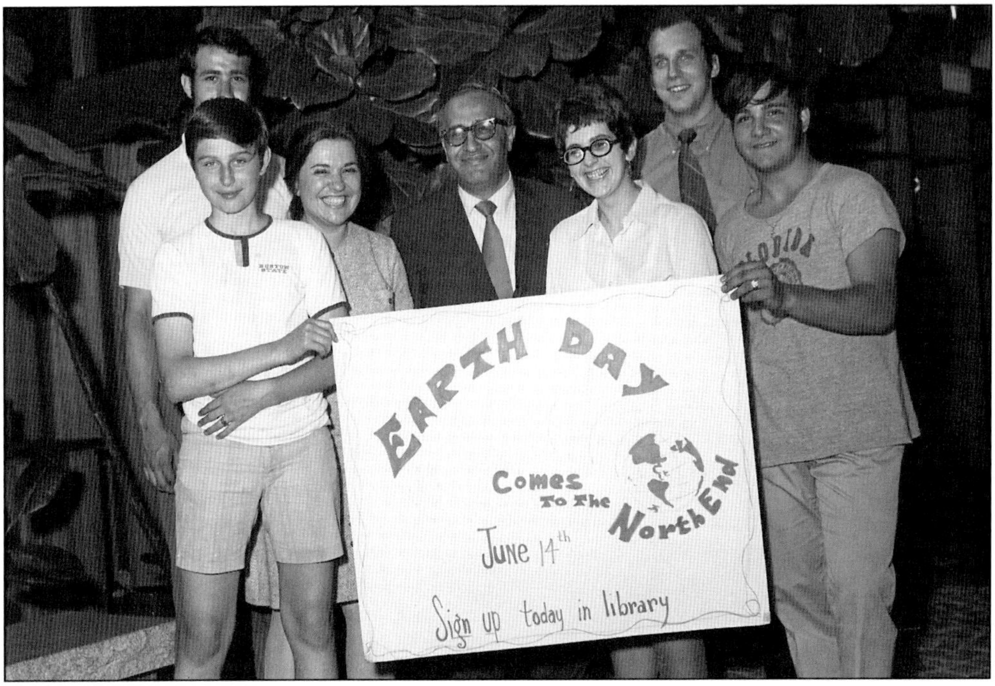

Earth Day, la festa della Terra, venne celebrata nel North End il 14 giugno 1970. Un gruppo di partecipanti alza un cartello che invita i residenti ad iscriversi alle attività organizzate dalla biblioteca, la North End Branch of the Boston Public Library. John Catilo è in prima fila a destra; dietro sono Robert La Rocco e Charlie Falco, direttore del North End Little City Hall. (Per cortese concessione della BPL)

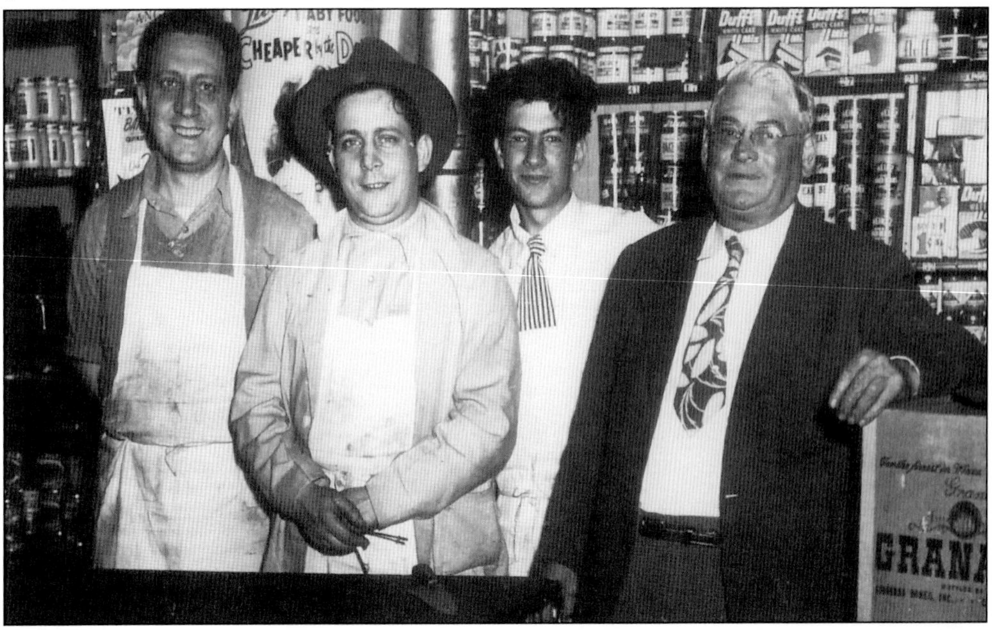

Polcari's Grocery Store si trovava di fronte alla Pizzeria Regina nel North End. Da sinistra a destra sono Charles Bevilacqua, John Polcari Jr., un impiegato non identificato e John Polcari Sr. (Per cortese concessione della Pizzeria Regina North End)

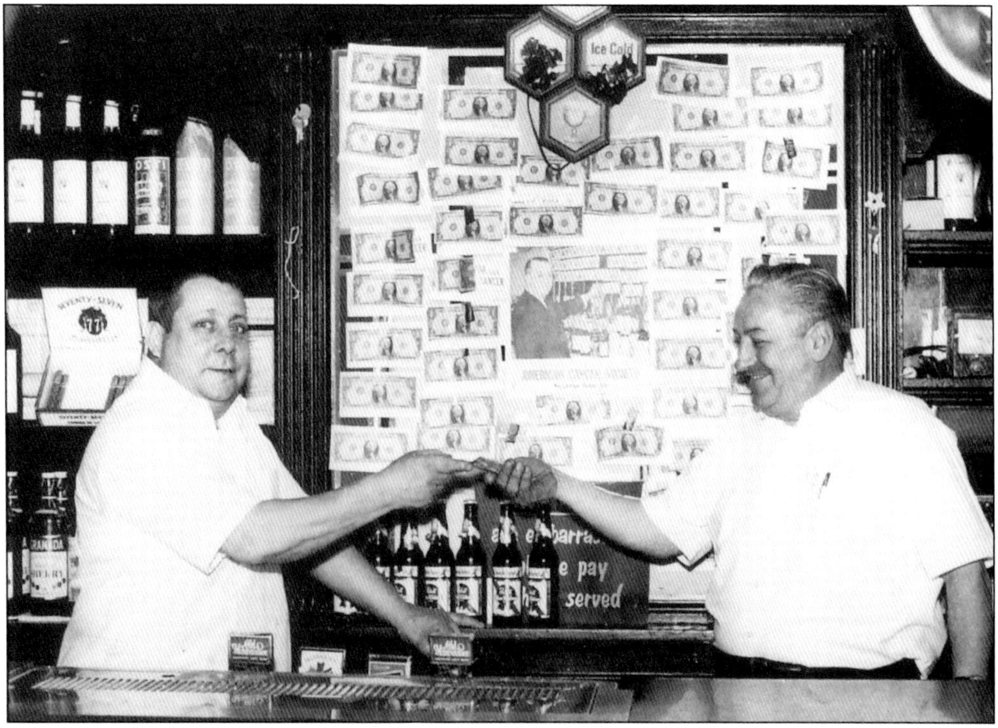

Ogni anno la bottega di Polcari faceva una raccolta di soldi per l'American Cancer Society dai clienti che spesso diventavano più generosi verso l'ora di chiusura. Qui, Dominic Sammarco (a sinistra) e Anthony Polcari espongono un contributo. (Per cortese concessione della Pizzeria Regina North End)

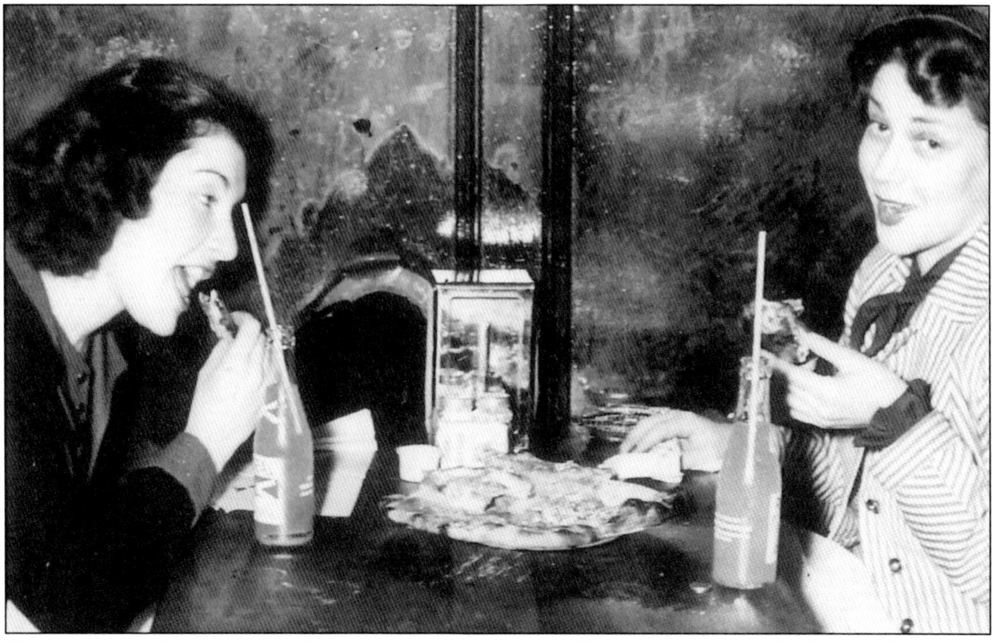

Una pizza margherita e una bibita gassata è sempre stato il pranzo preferito alla Pizzeria Regina fin dal 1926: credetemi sulla parola! (Per cortese concessione della Pizzeria Regina North End)

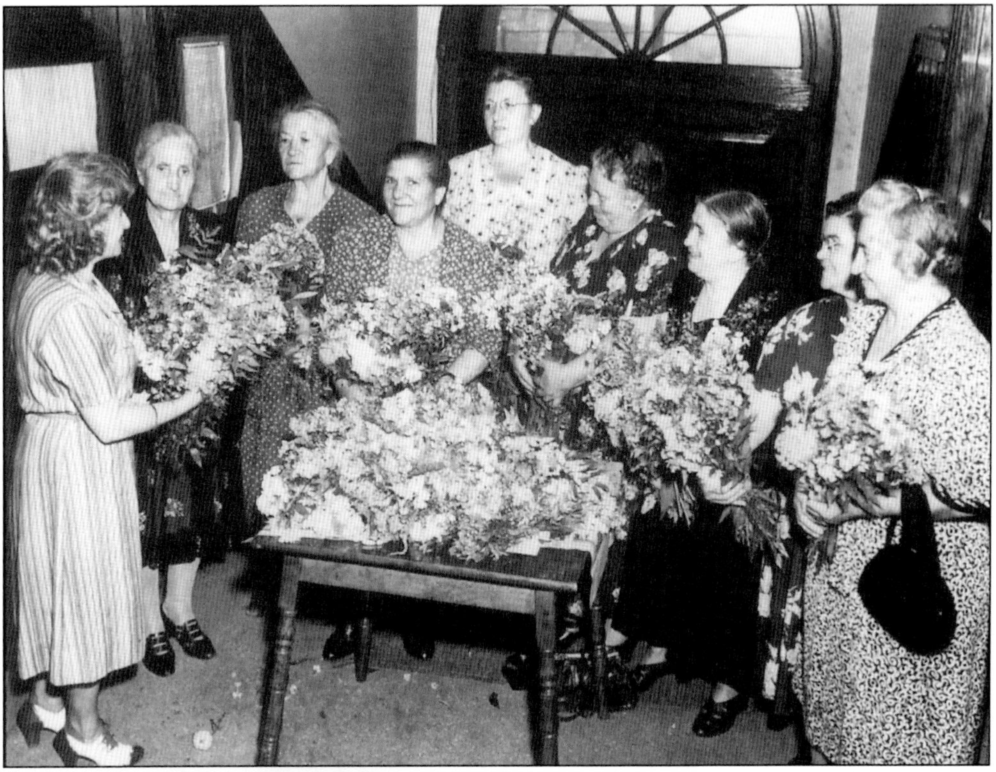

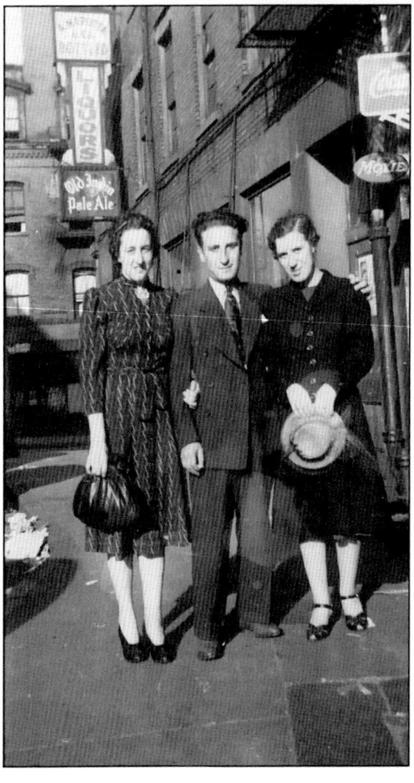

The Grandmother's Club, la Società delle Nonne, posa per una foto nel corridoio del North End Union alla fine degli anni Cinquanta. Non c'è nonna che non meriti un mazzo di fiori! (Per cortese concessione della Pizzeria Regina North End)

In posa per questa fotografia della fine degli anni Cinquanta in North Square sono Kay Scola (a sinistra), Leo Romano e sua sorella Mary Della Soccorsa Aluia. (Per cortese concessione di Vito Aluia)

Sette

Le Feste

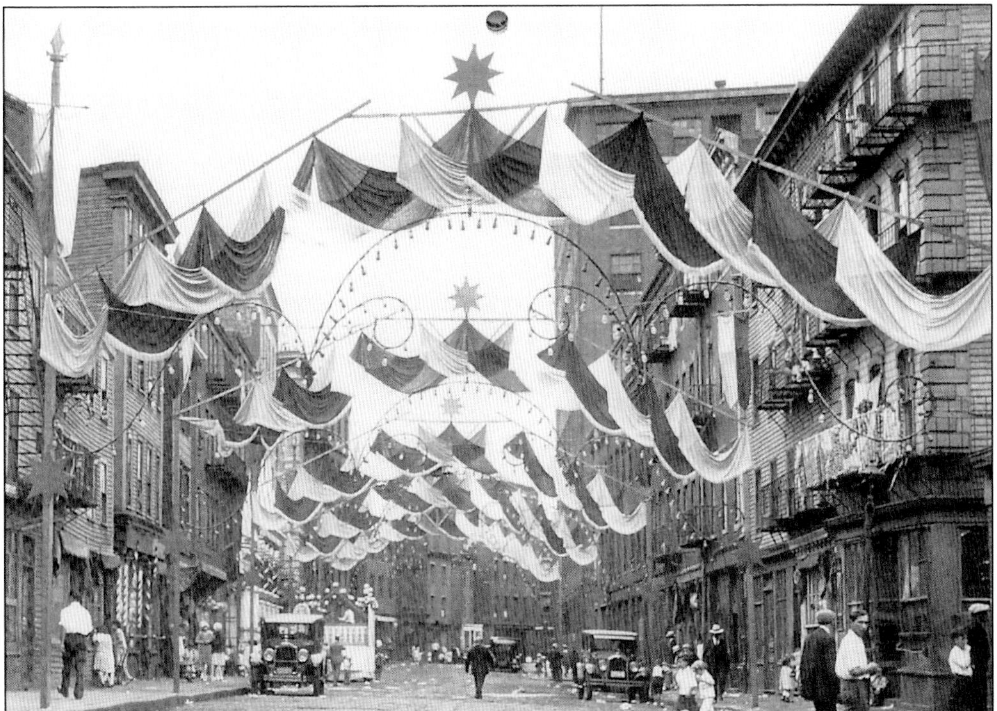

Le feste iniziarono nel North End intorno all'inizio del ventesimo secolo ed venivano organizzate per onorare i santi patroni dei circoli northendiani. Negli anni Trenta, le luci elettriche per la Festa dei Pescatori venivano appese, insieme a bandiere decorative, sugli archi sopra North Street, come si vede in questa foto presa da Fleet Street. La serata era un'occasione tanto di venerazione religiosa che di divertimento, mentre la mattina successiva dava agli spazzini un bel po' di lavoro da fare. (Per cortese concessione della BPL)

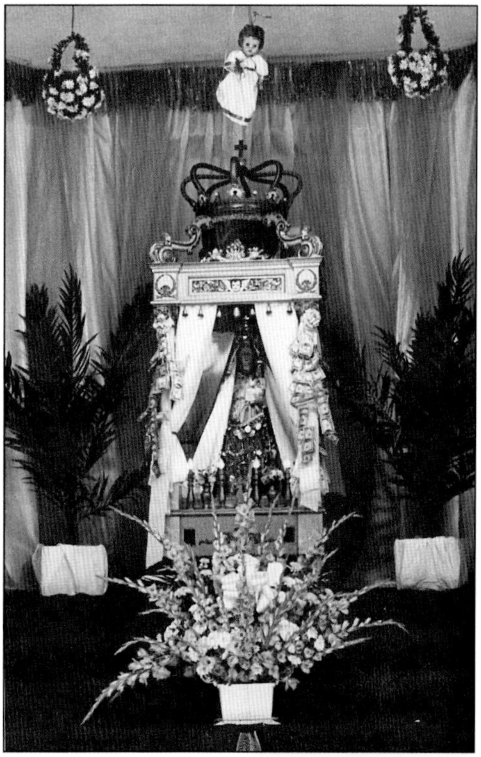

Le statue dei santi, decorate con nastri, erano tenute dentro delle teche e le donazioni in denaro per le opere di carita`venivano attaccate ai nastri. Un angelo si libra sopra al santo in attesa dell'inizio della processione per le strade del North End. (Per cortese concessione della BPL)

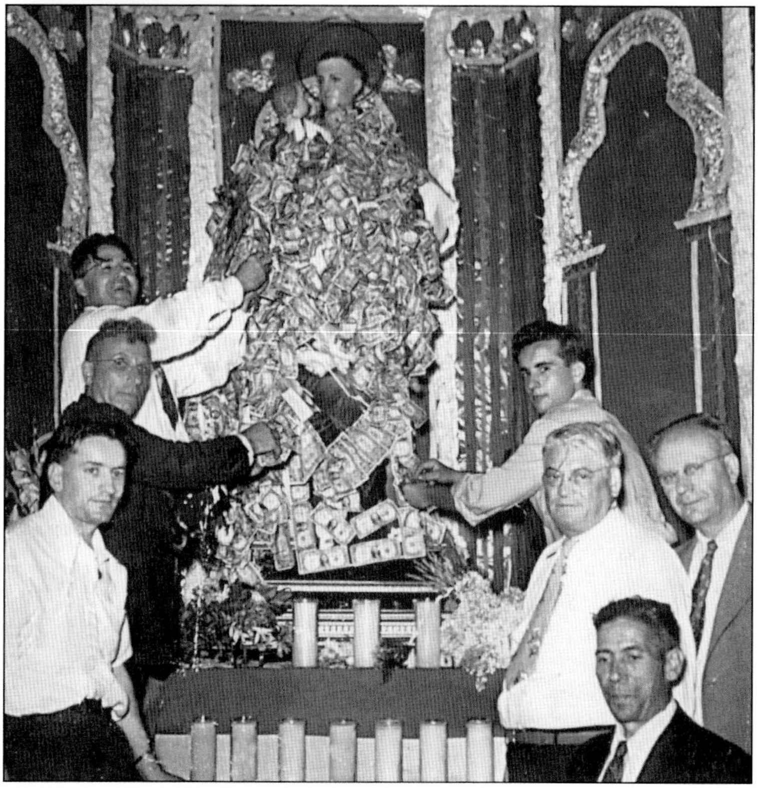

Sono gli anni Cinquanta: alcuni soci del circolo di Sant'Antonio (the Society of Saint Anthony) attaccano donazioni ai nastri che adornano la statua del santo.

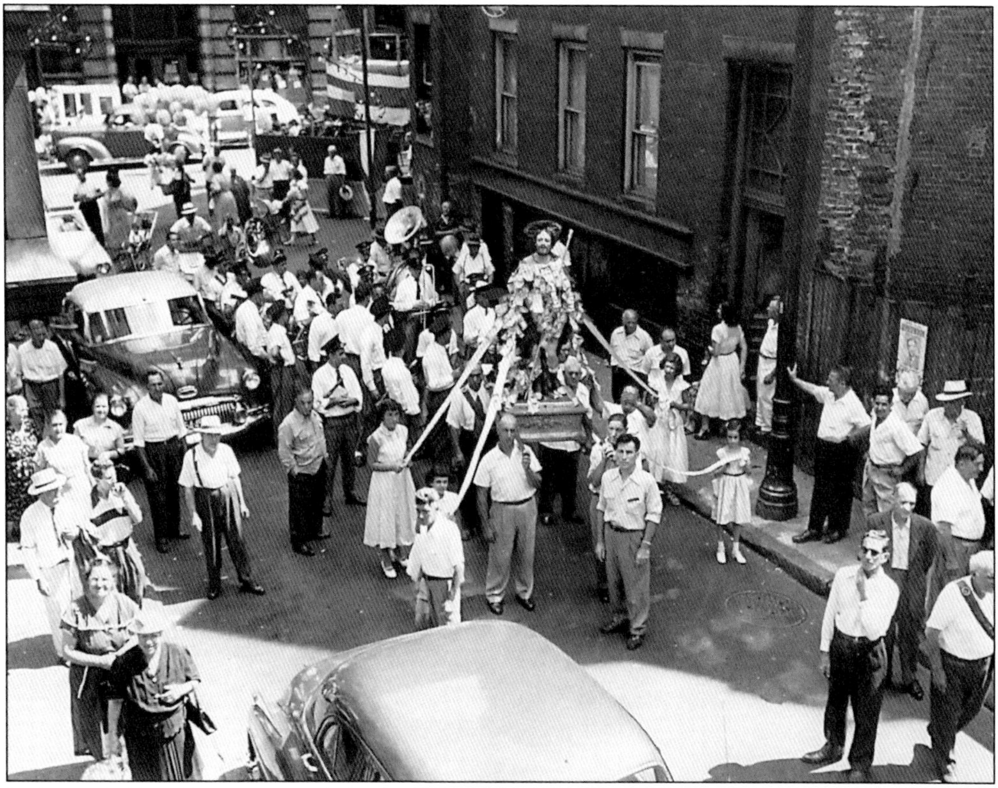

La Festa di San Giuseppe si celebra il 19 marzo. Come appare in questa fotografia degli anni Quaranta, la festa viene celebrata con una processione che passa per il North End. (Per cortese concessione della BPL)

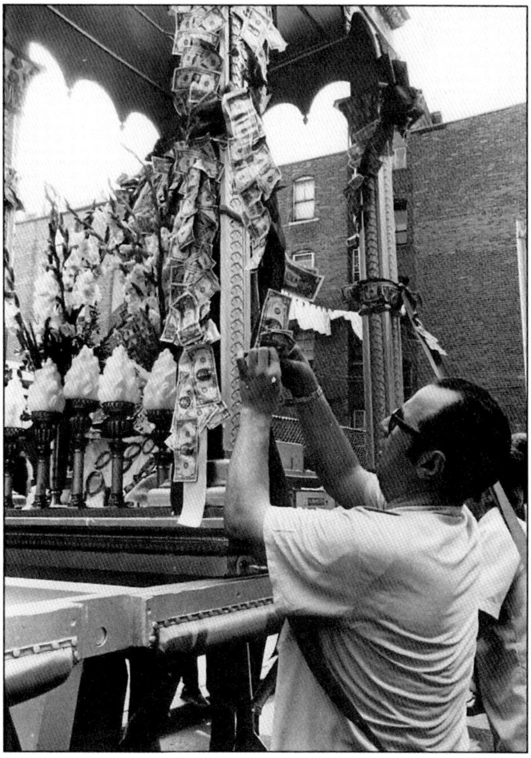

Mentre le statue dei santi vengono portate in giro per le strade, la processione viene spesso fermata in modo che la gente possa attaccare i soldi ai nastri che cadono dalla teca del santo. (Per cortese concessione della BPL)

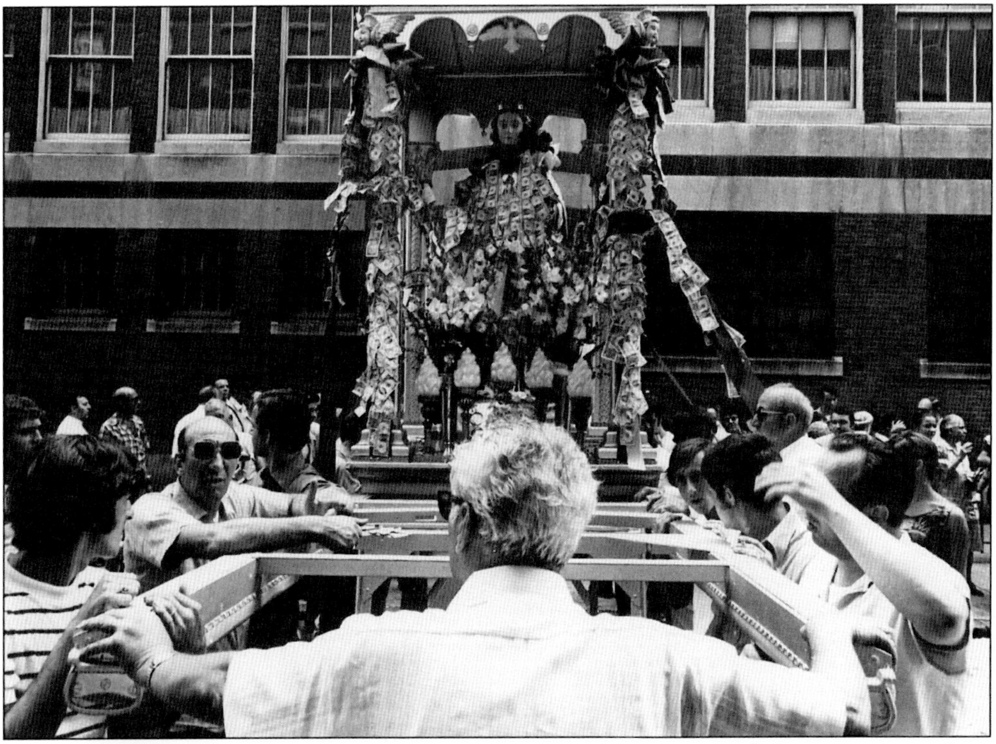

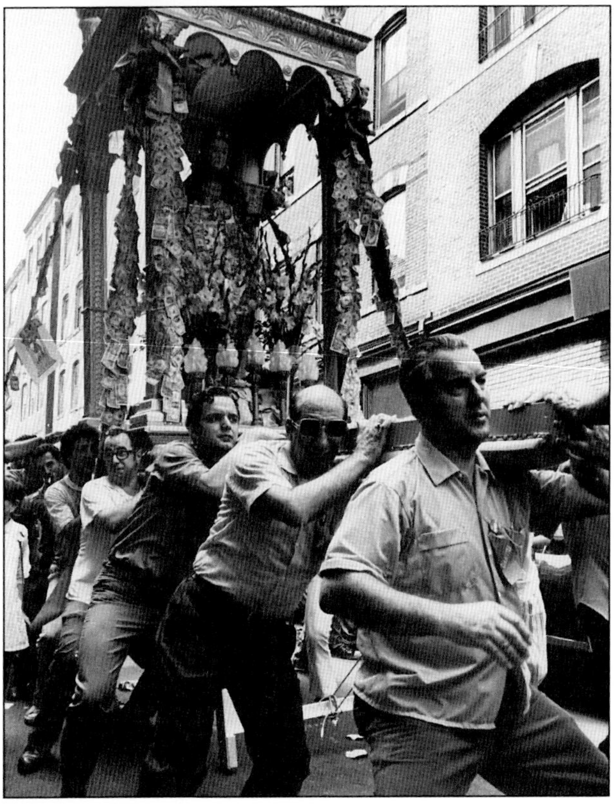

La statua di Sant'Agrippina di Mineo viene fermata davanti al santuario di San Giuseppe in Charter Street. La tradizione dice che la processione debba fermarsi davanti alle case di ogni circolo dove vi sia una statua di altri santi. (Per cortese concessione della BPL)

Un gruppo di uomini regge la teca che contiene la statua di Sant'Agrippina di Mineo alla sua festa del 1971. (Per cortese concessione della BPL)

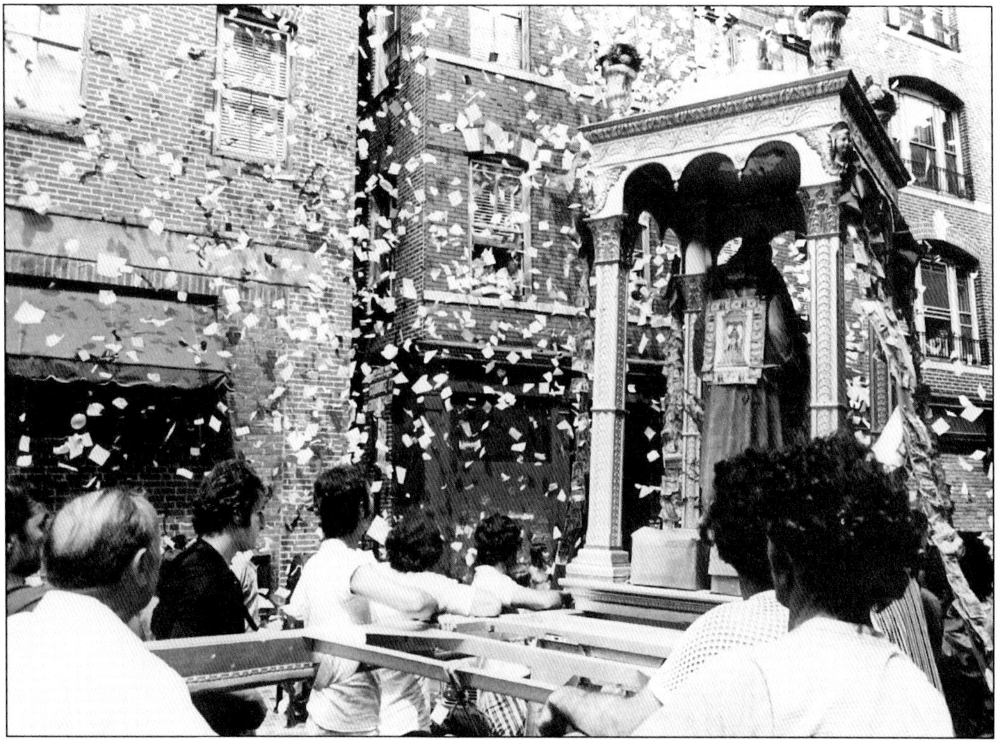

Una cascata di coriandoli viene lanciata sulla processione della statua di Sant'Agrippina di Mineo da gente che guarda dalle finestre sovrastanti una delle strade attraversate dalla processione. (Per cortese concessione della BPL)

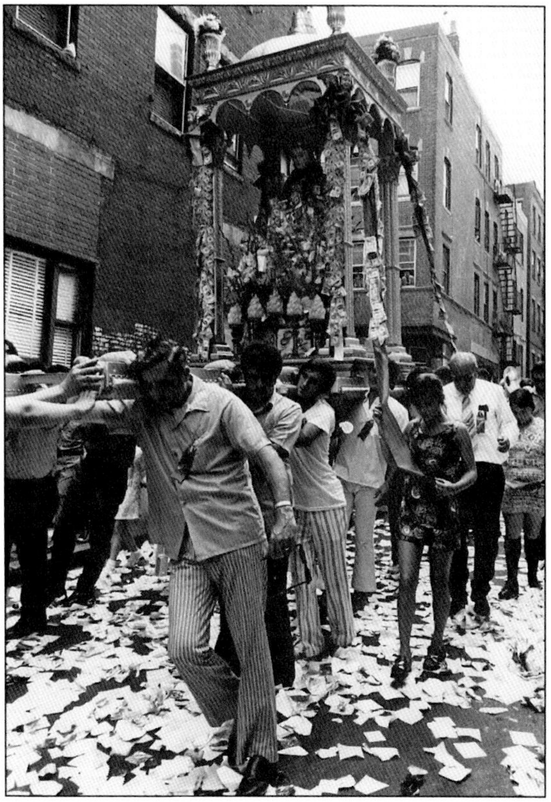

Alcuni uomini portano la teca della santa a spalla durante la processione, mentre giovani ragazze camminano a fianco della statua tenendo in mano i nastri su cui verrano attaccate le donazioni. (Per cortese concessione della BPL)

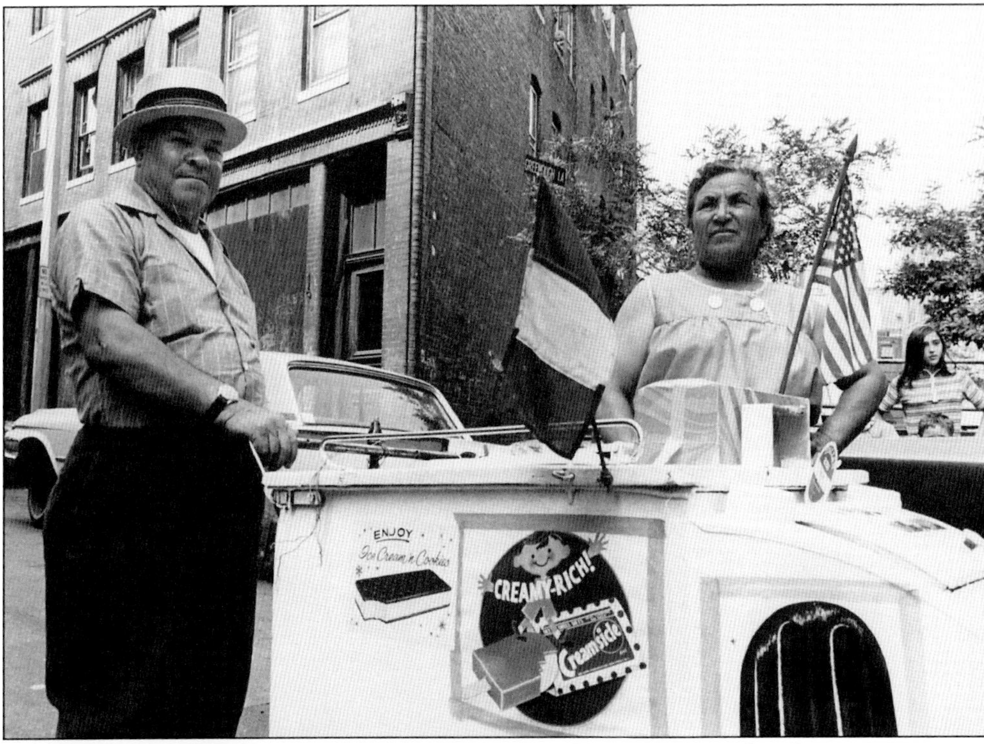

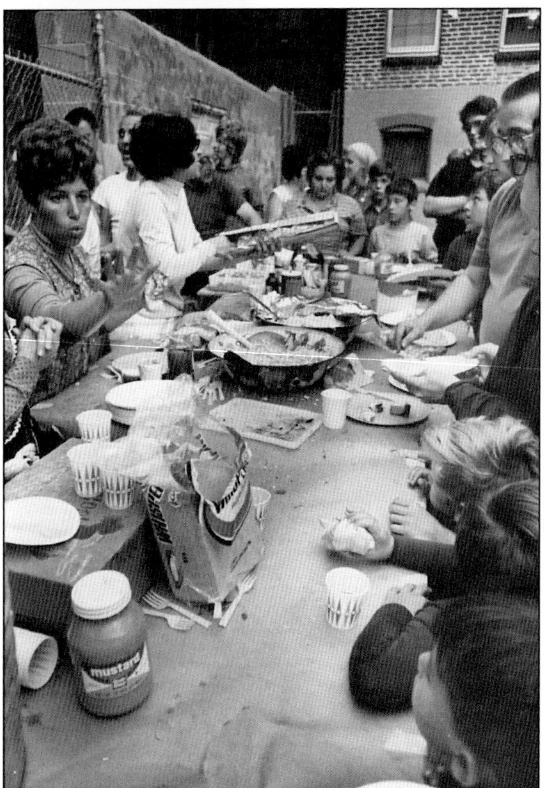

Una coppia vende gelati ai partecipanti alla festa di fronte a Greenough Lane da un carretto di gelati che espone sia la bandiere degli Stati Uniti che il tricolore italiano. (Per cortese concessione della BPL)

Residenti del North End offrono ai partecipanti alla festa "il cibo della festa" come panini ripieni di salsiccia e peperoni, calamari fritti, frittelle, pizza, ed altri cibi tipici di queste feste. (Per cortese concessione della BPL)

Otto

La Grande Alluvione di Melassa

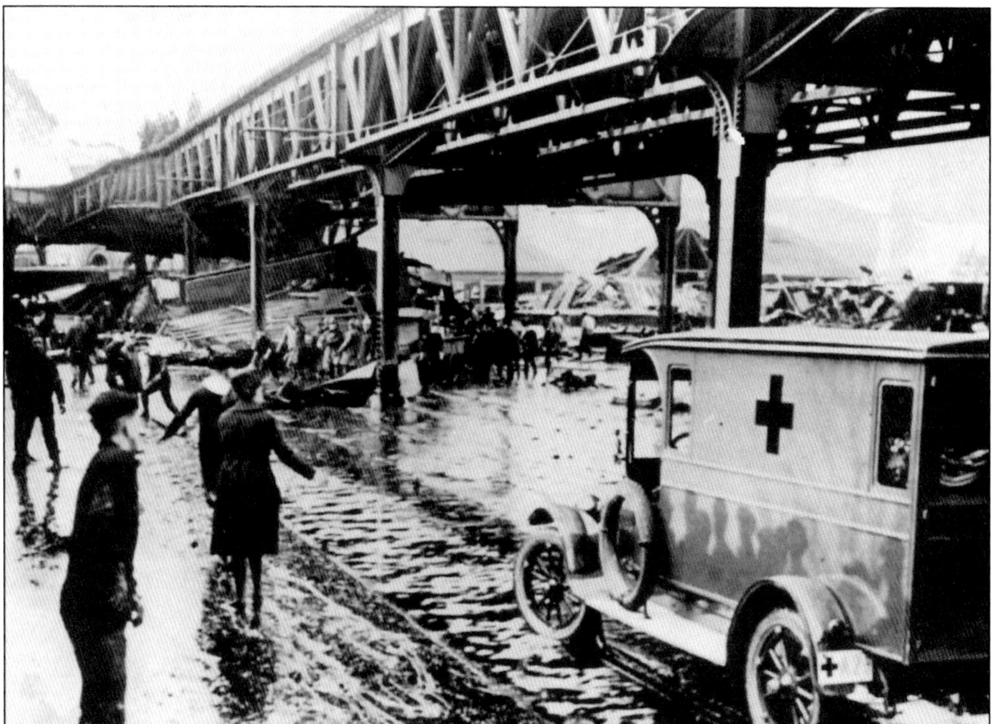

Il 15 gennaio 1919, alle 12 e 30, la più grande alluvione di melassa nella storia ebbe luogo nel North End. I binari della Ferrovia Elevata che collegavano South Station e North Station sopra Commercial Street si storsero all'impatto con l'alluvione di melassa che venne rovesciata da un serbatoio sopraelevato dell'United Liquor Company. Nella foto in alto, un'ambulanza della Croce Rossa arriva sulla scena del disastro mentre la gente cerca disperatamente di assistere le persone che erano state travolte dai rottami. Ventun morti verranno rinvenuti fra i ruderi di edifici, macchine, e pezzi di metallo, uccisi dai due milioni di galloni (circa dieci milioni di litri) di melassa. (Per cortese concessione del *Boston Globe*)

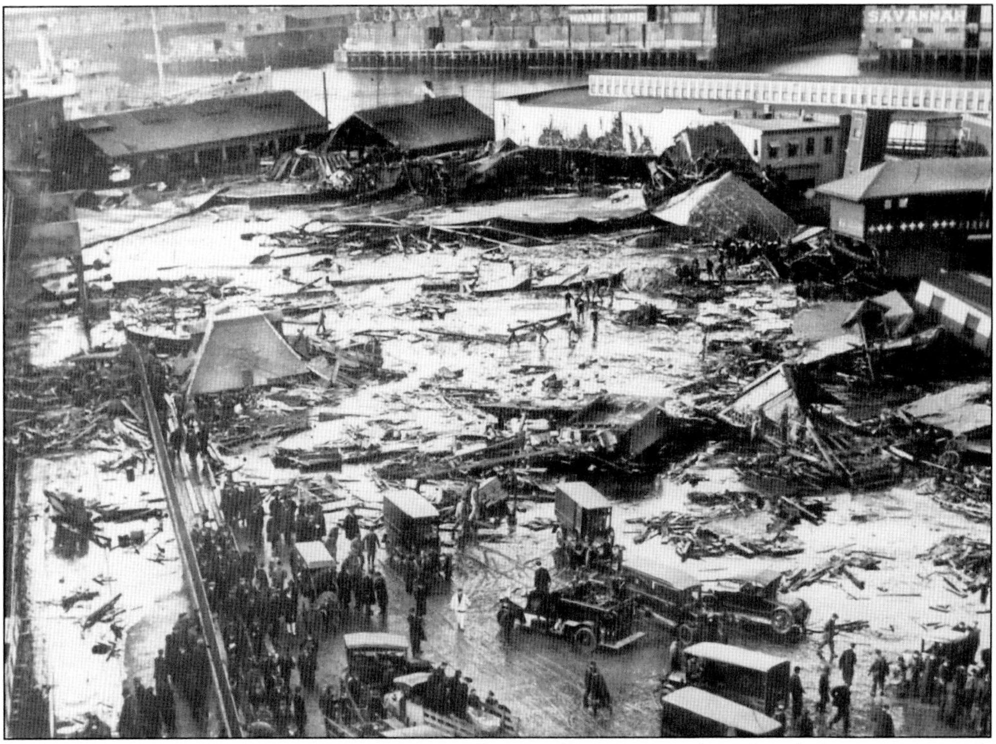

L'area di fronte a Copp's Hill divenne una distesa di capanne ed edifici di legno, recinti di ferro e rottami che furono trascinati verso le rive del fiume Charles dalla forza della melassa precipitata sulla zona. (Per cortese concessione del *Boston Globe*)

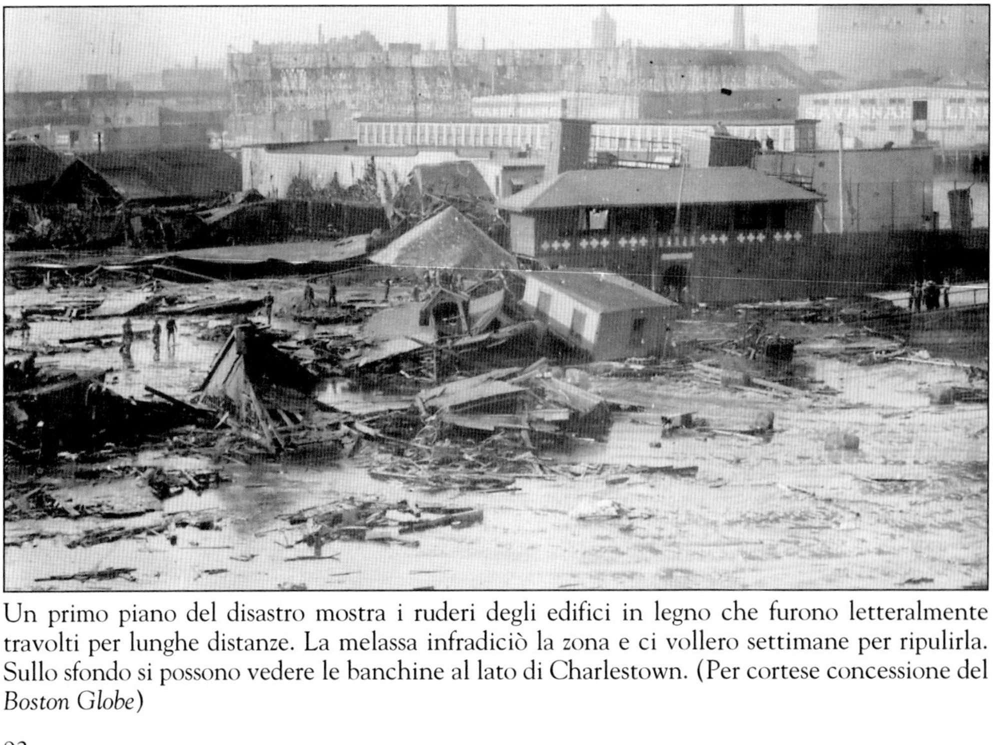

Un primo piano del disastro mostra i ruderi degli edifici in legno che furono letteralmente travolti per lunghe distanze. La melassa infradiciò la zona e ci vollero settimane per ripulirla. Sullo sfondo si possono vedere le banchine al lato di Charlestown. (Per cortese concessione del *Boston Globe*)

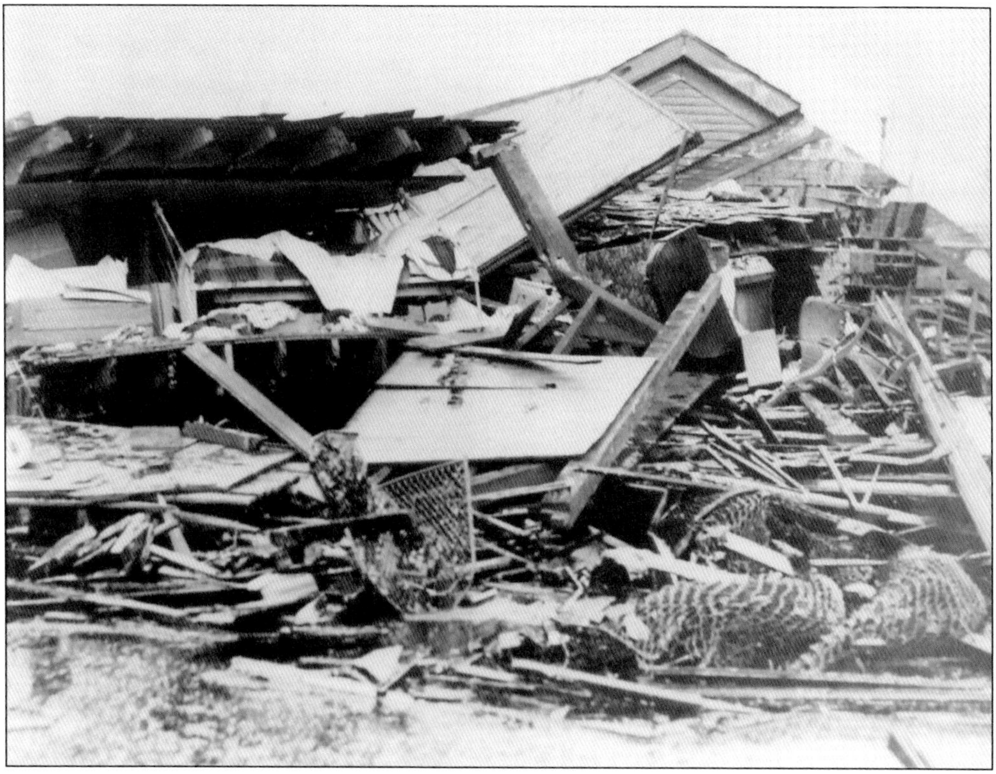

Pezzi di legno, fil di ferro, metallo e tutto ciò che l'alluvione incontrò lungo il suo percorso, crearono montagne di rottami. (Per cortese concessione del *Boston Globe*)

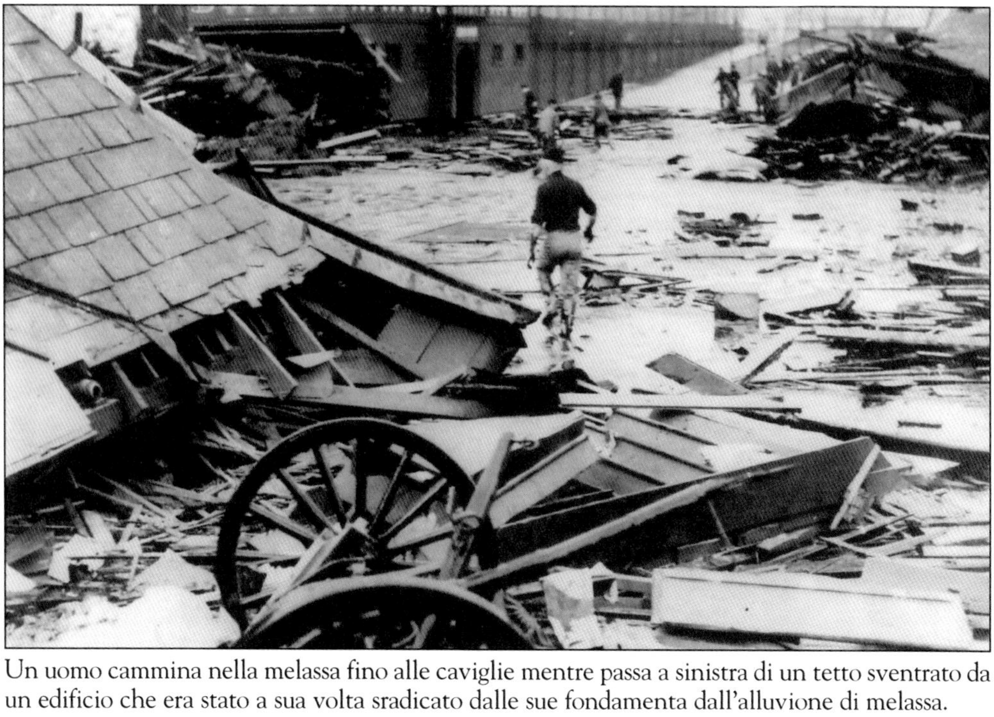

Un uomo cammina nella melassa fino alle caviglie mentre passa a sinistra di un tetto sventrato da un edificio che era stato a sua volta sradicato dalle sue fondamenta dall'alluvione di melassa.

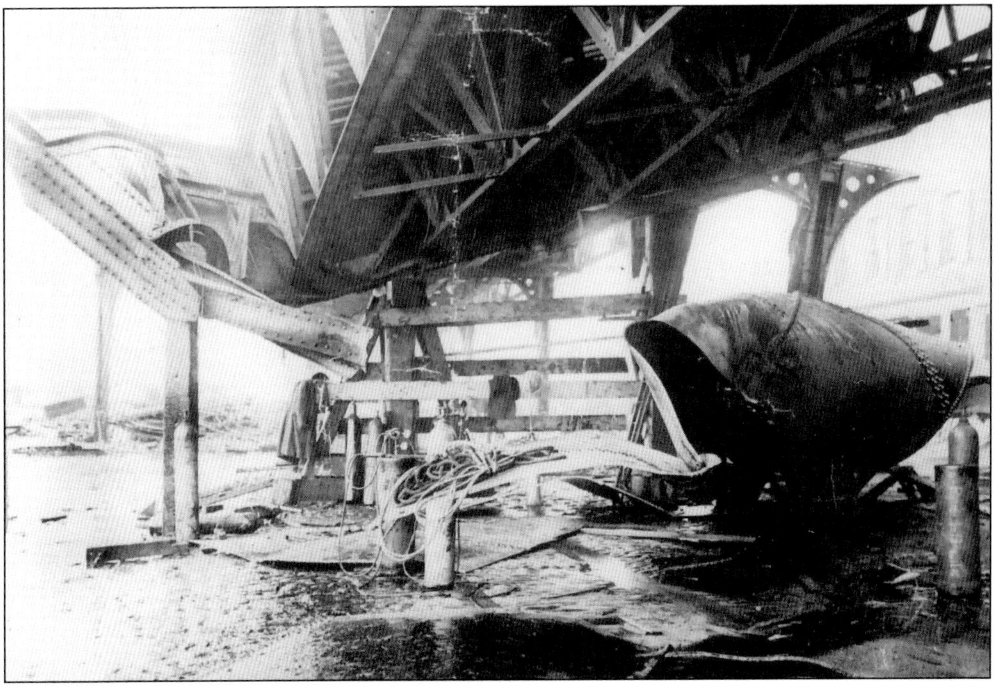

Il ferro accartocciato di un supporto dei binari elevati sopra Commercial Street offre un esempio della violenza dell'alluvione di melassa. Centinaia di operai lavorarono ventiquattr'ore su ventiquattro per una settimana per rimuovere i rottami. (Per cortese concessione del *Boston Globe*)

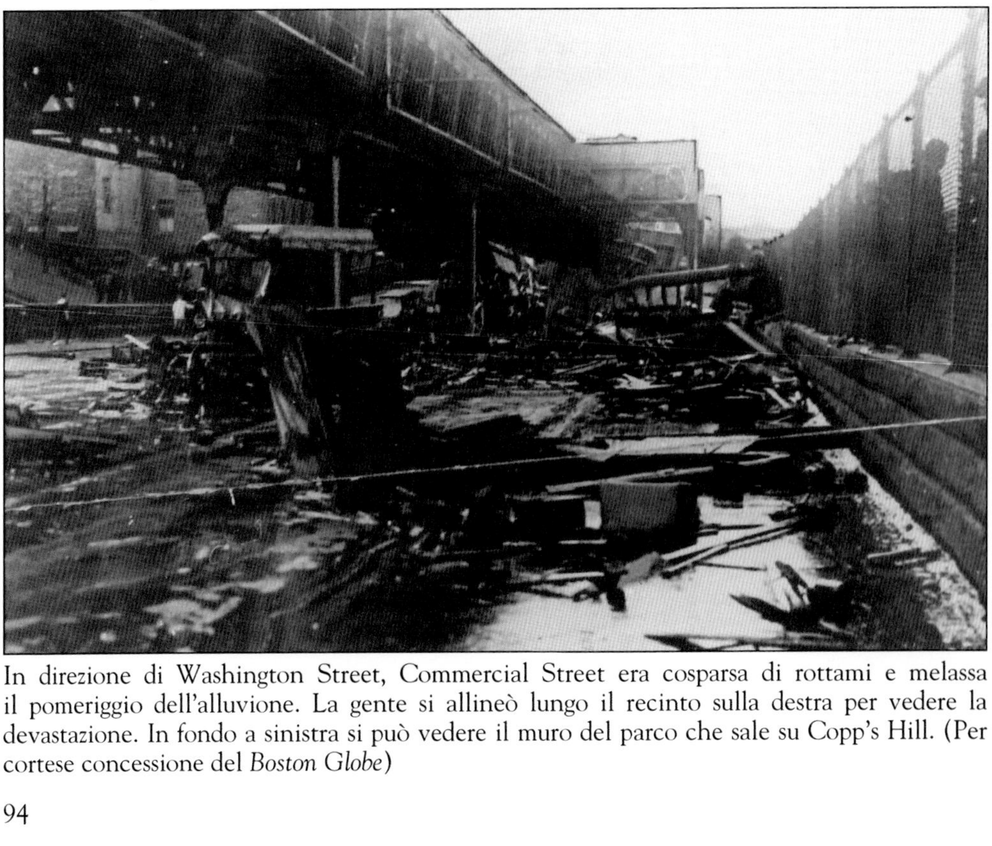

In direzione di Washington Street, Commercial Street era cosparsa di rottami e melassa il pomeriggio dell'alluvione. La gente si allineò lungo il recinto sulla destra per vedere la devastazione. In fondo a sinistra si può vedere il muro del parco che sale su Copp's Hill. (Per cortese concessione del *Boston Globe*)

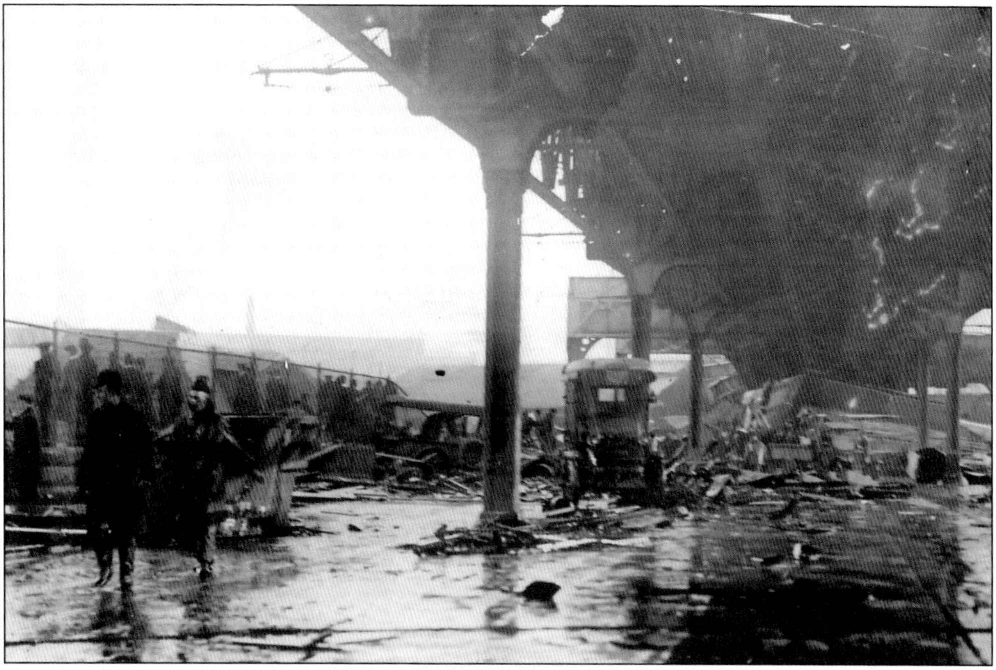

Guardando verso Commercial Street, la gente a sinistra osserva sbalordita i rottami sotto i binari elevati. (Per cortese concessione del *Boston Globe*)

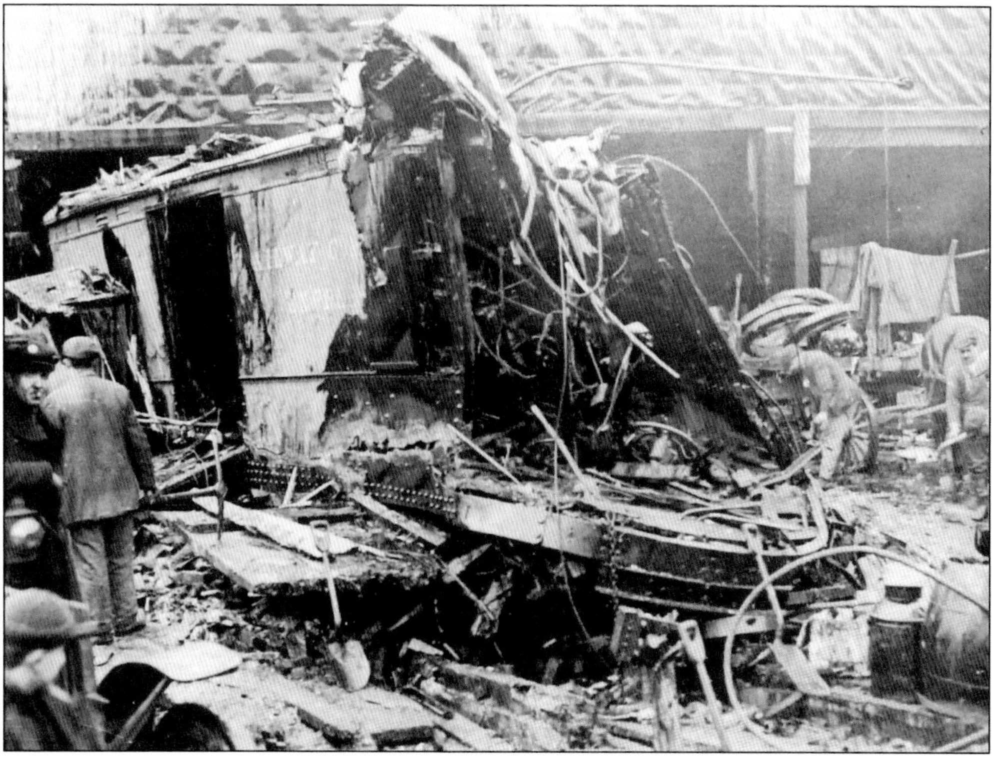

Alcuni uomini cercano tra i rottami dopo l'alluvione di melassa. (Per cortese concessione del *Boston Globe*)

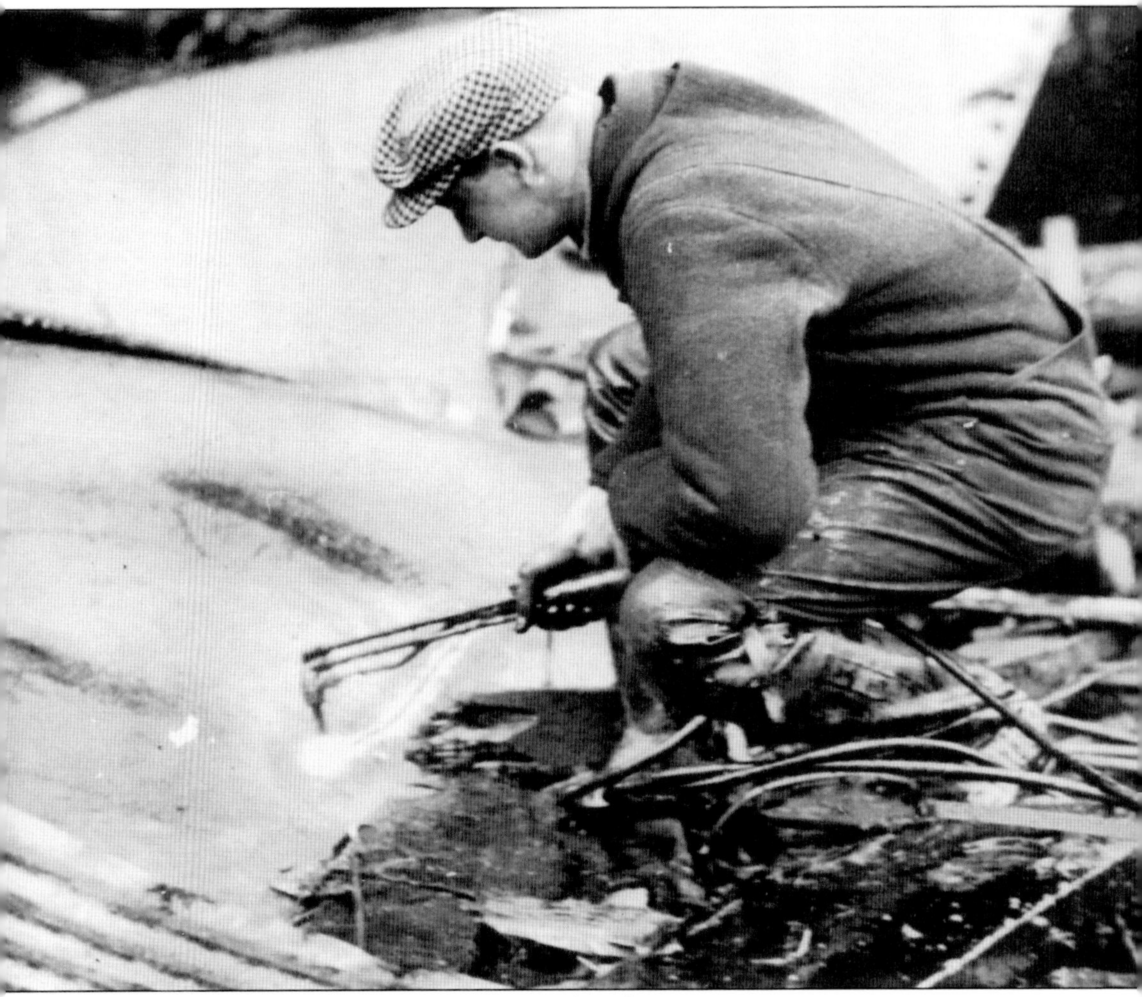

Un uomo si china verso il terreno inondato di melassa. Verranno rimossi rottami per quattro settimane. Captain James Gordan Buchanan, del corpo dei vigili del fuoco di Boston, suggerì di pompare acqua di mare e di scaricarla con le manichette dei pompieri sopra l'intera zona per togliere la melassa. Comunque, settantacinque anni dopo la Grande Alluvione di Melassa, c'è chi dice che, nei caldi pomeriggi d'estate, si possa ancora sentire il profumo dolce di melassa. (Per cortese concessione del *Boston Globe*)

Nove

Stazioni, Treni e Carrozze

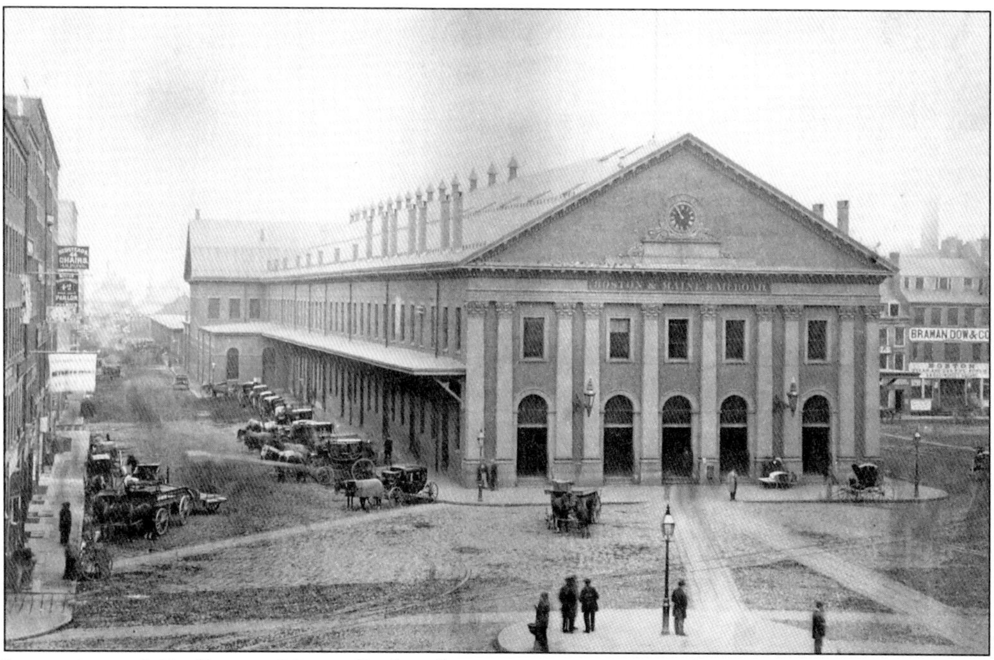

La stazione della Boston-Maine Railroad si trovava in Haymarket Square. Anche essa fu progettata nello stile popolare ed elegante Greek Revival. Sulla sinistra, "hacks," o tassisti, aspettano i passeggeri. (Per cortese concessione della BPL)

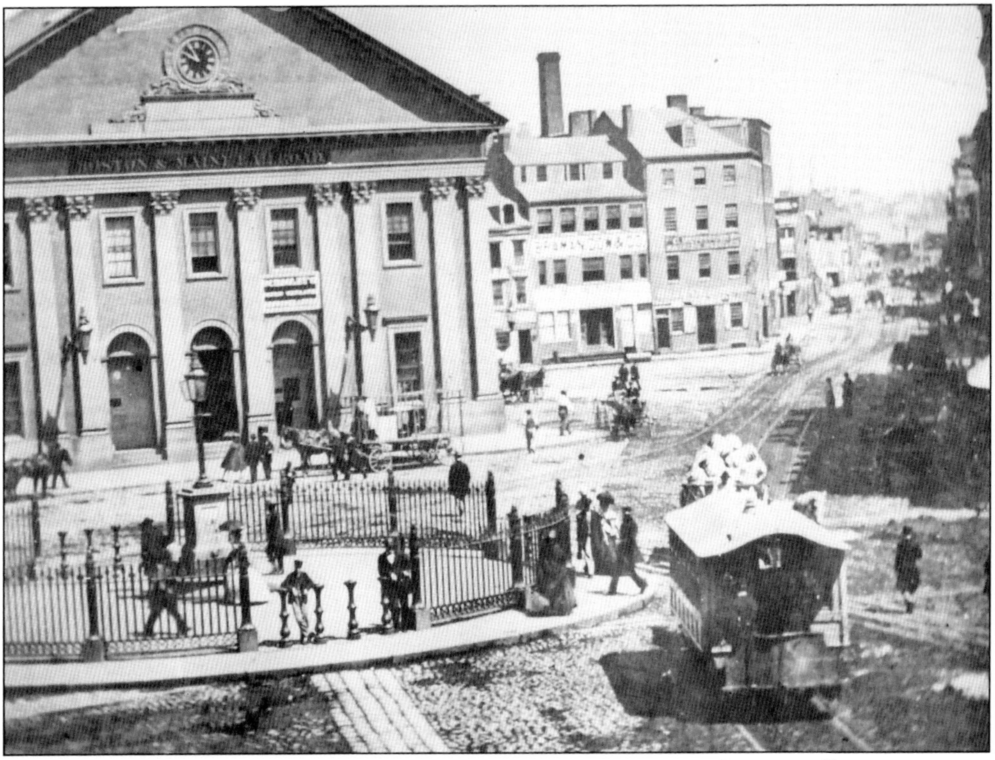

Davanti alla stazione di Boston-Maine c'era una recinzione rotonda in ferro battuto con un lampione a gas nel centro. Un tram a cavalli passa sulla destra. (Per cortese concessione di Vito Aluia)

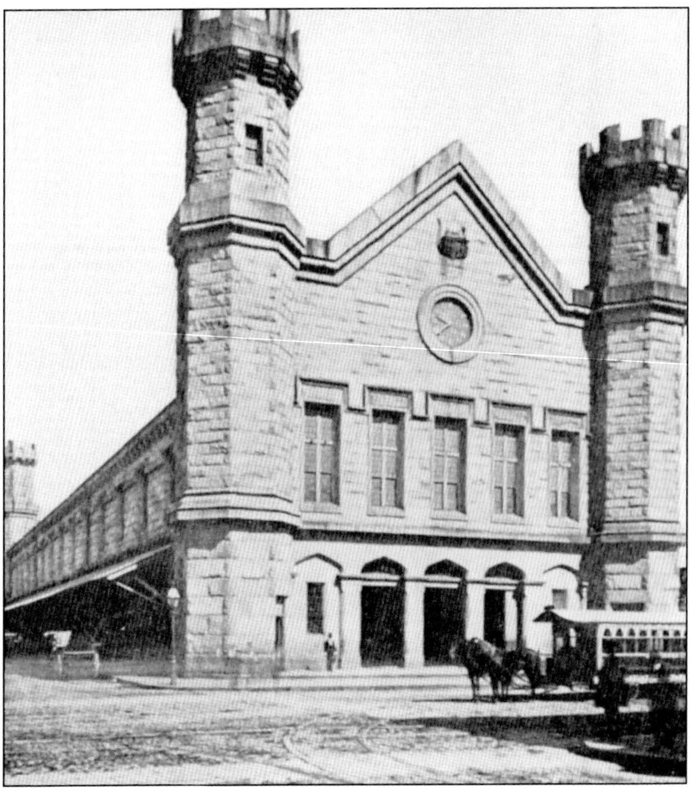

La Fitchburg Railroad Station si trovava in Causeway Street e collegava Boston a Fitchburg, Massachusetts, attraverso il Hoosic Tunnel. Questo bellissimo scalo ferroviario in granito, fu progettato da George Dexter e venne costruito nel 1847.

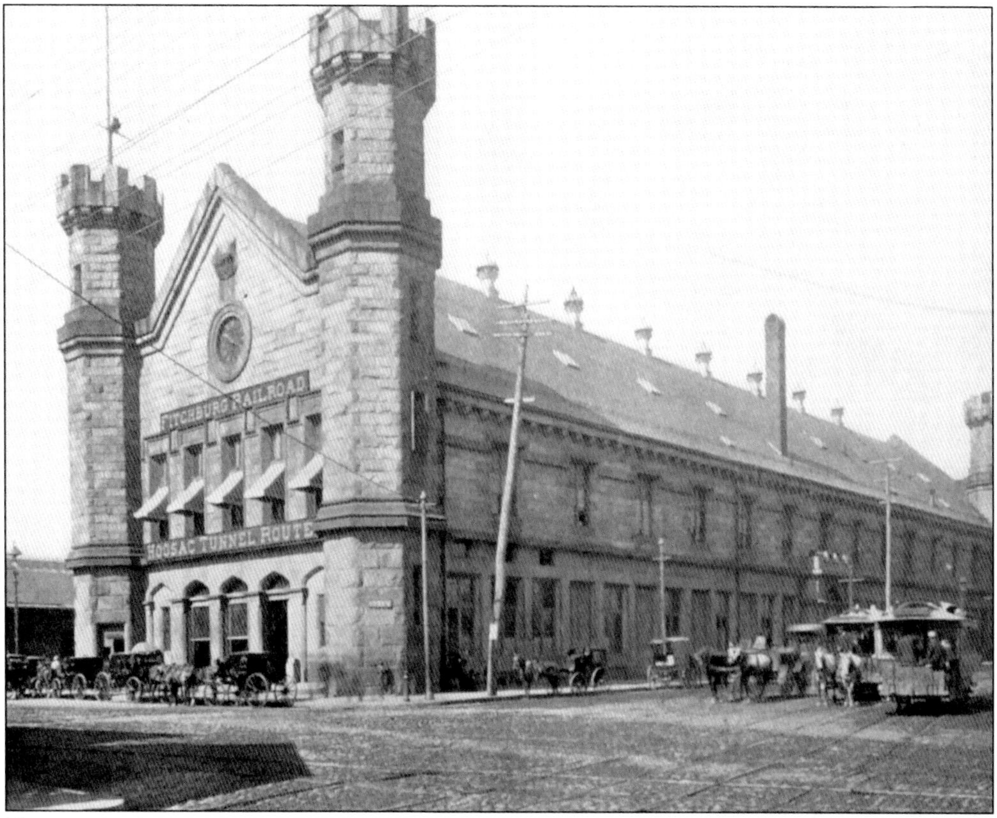

Nonostante fosse stata costruita come stazione di treni, il Fitchburg Railroad Depot venne usato anche come sala da concerti quando Jenny Lind, la cosiddetta "Sweedish Nightingale", venne a Boston. Poiché erano stati venduti troppi biglietti per i posti disponibili, centinaia di persone dovettero essere mandate via; per accontentare i suoi ammiratori (e salvare la reputazione del promotore dello spettacolo) Jenny Lind cantò da una delle torri merlate per la gioia dei suoi ammiratori ed il sollievo del promotore.

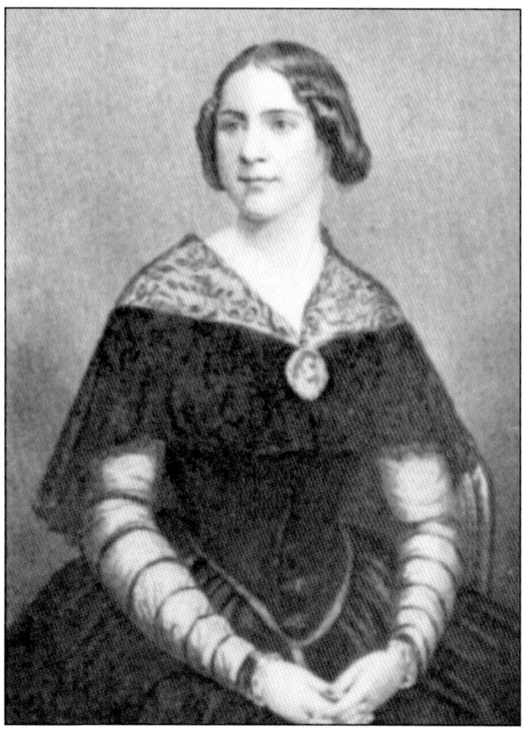

Jenny Lind fu condotta in America nel 1850 dal noto Phineas T. ("P. T.") Barnum, e fu soprannominata "The Sweedish Nightingale", "l'Usignolo Svedese." Si diceva di lei che "aveva un'esecuzione quasi illimitata, cantava con grande serietà, e faceva tutto con stile estremamente fine." Nel 1853, sposò il suo accompagnatore musicale, Otto Goldschmidt, nella casa di Samuel G. Howe in Louisburg Square.

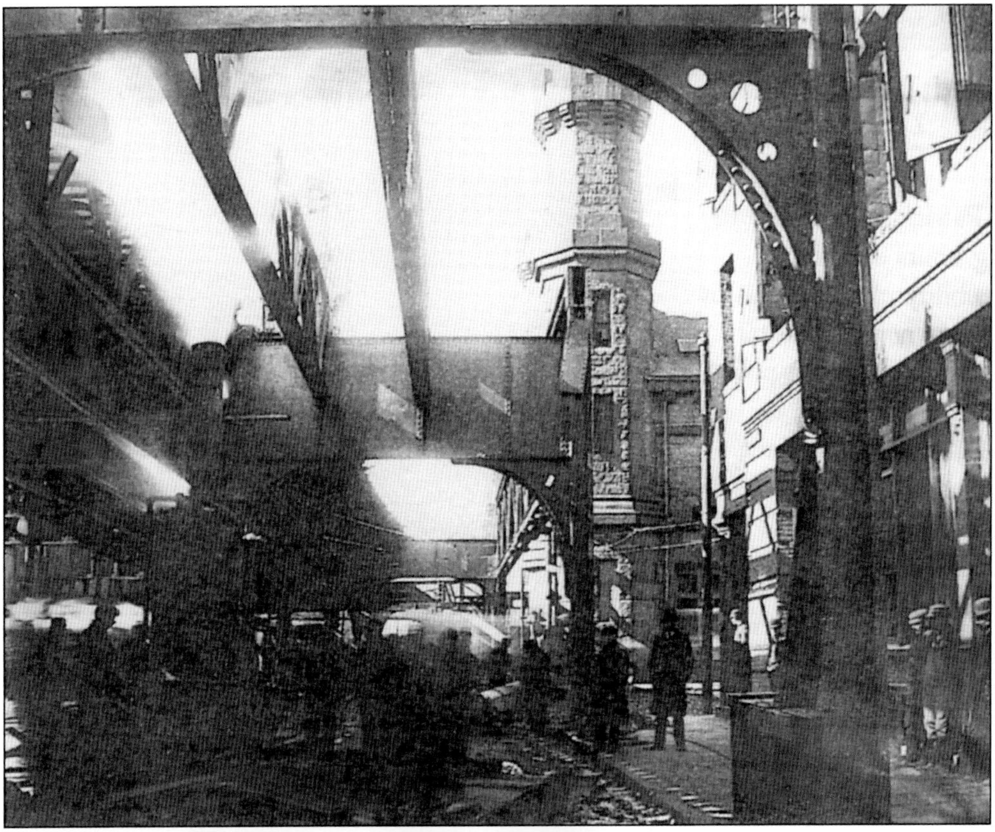

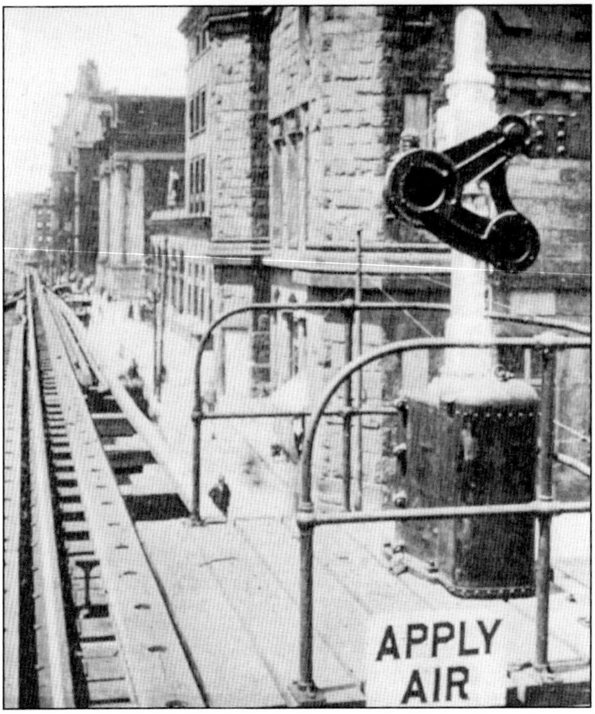

All'inizio del ventesimo secolo, la Ferrovia Elevata era in costruzione per collegare Roxbury a Charlestown. Qui si vedi lavori alla struttura di sostegno per la North Station in Causeway Street. Sullo sfondo a destra si intravvede una delle torri merlate del Fitchburg Depot È interessante ricordare che la torre da cui Jenny Lind cantò venne mantenuta quando lo scalo ferroviario venne distrutto e fu in seguito eretta a Truro, Cape Cod, in omaggio a lei.

Un segnale avvisava i treni sulla Ferrovia Elevata a frenare o a procedere con cautela per la curva pericolosa dei binari della North Station. Nessun rumore può eguagliare lo stridore delle ruote del treno mentre serpeggiava lungo la doppia curva della ferrovia in questo punto.

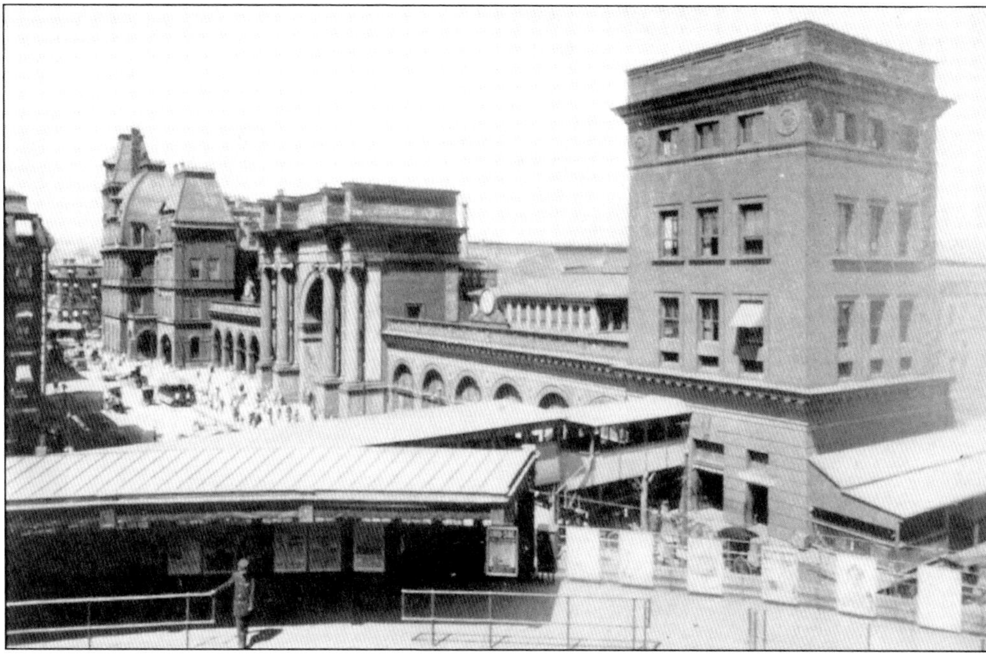

La North Station, soprannominata "Union Station," fu costruita nel 1893 in Causeway Street a ovest di Fitchburg Railroad Depot. Questa enorme struttura fu progettata da Shepley, Rutan, e Coolidge, e venne in seguito sostituita dai Boston Gardens che avevano un'entrata per i passeggeri che usavano i treni alla North Station.

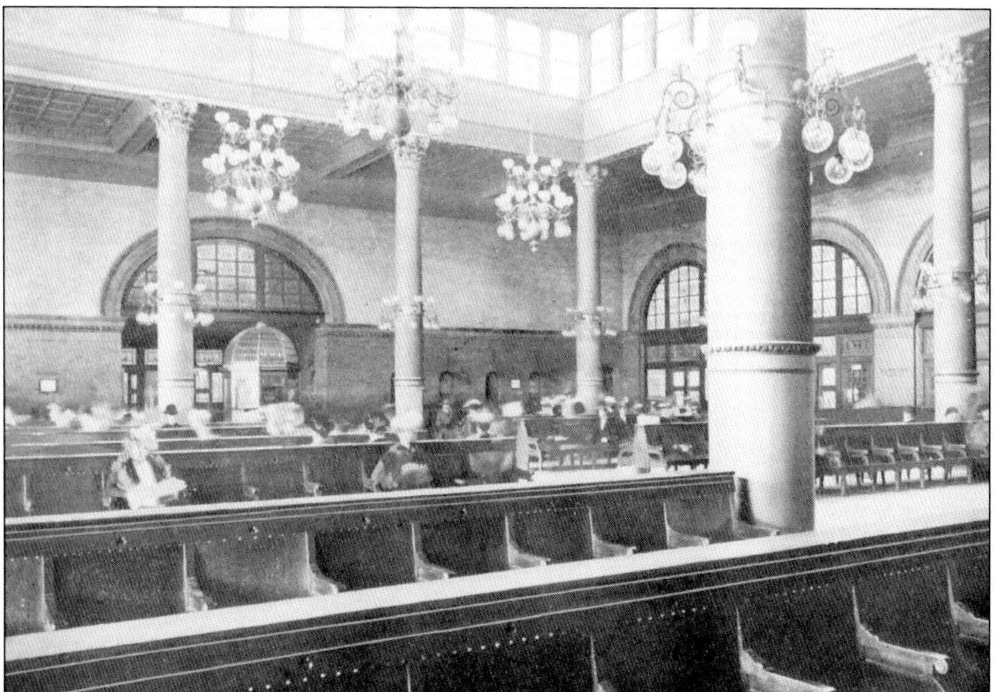

La grande sala d'aspetto della North Station aveva panche di quercia imbottite di pelle per i passeggeri che aspettavano i treni.

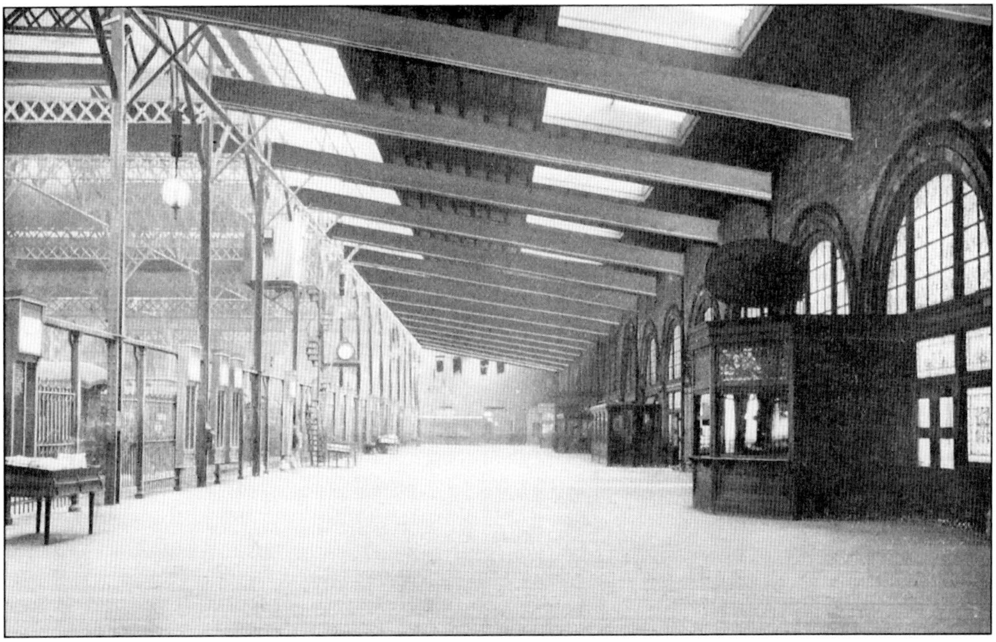

La sala centrale della North Station aveva un ampio pavimento di legno che conduceva dalla sala d'aspetto al binario dove i passeggeri prendevano il treno.

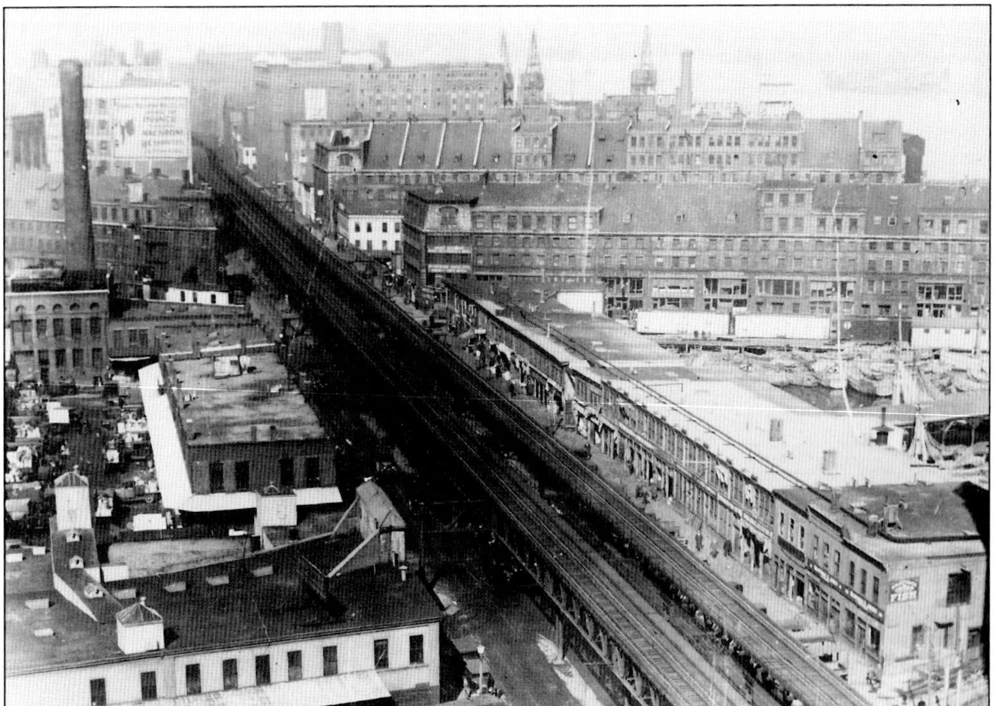

La Ferrovia Elevata aveva un raccordo ferroviario che collegava la South Station alla North Station attraversando Atlantic Avenue e Commercial Street nel North End. Questa linea a doppi binari attraversava il quartiere densamente popolato del North End fino alla Seconda Guerra Mondiale. (Per cortese concessione di Vito Aluia)

Dieci

Una Sezione della Biblioteca

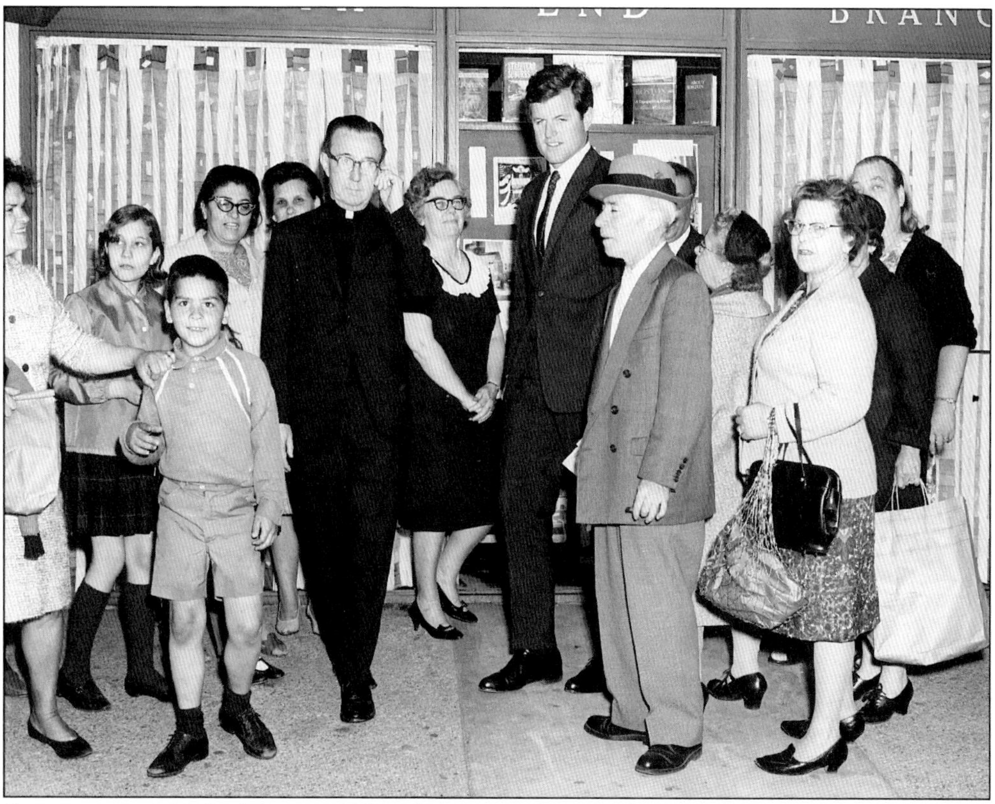

Il primo giugno 1967, il Senator Edward M. Kennedy visitò la North End Branch of the Boston Public Library (la sezione North End della Biblioteca Pubblica di Boston) per vedere una mostra sulla storia del North End. "Honey Fitz" (suo nonno materno), Sindaco John F. Fitzgerald, e Rose Fitzgerald Kennedy (la madre del senatore) erano originari del North End ed erano stati un tempo parrocchiani della Saint Stephen's Church in Hanover Street. Il Reverendo Sullivan di St. Stephen's Church e la bibliotecaria Mrs. Geraldine Herrick sono fotografati qui mentre accolgono il Senatore Kennedy. (Per cortese concessione della BPL)

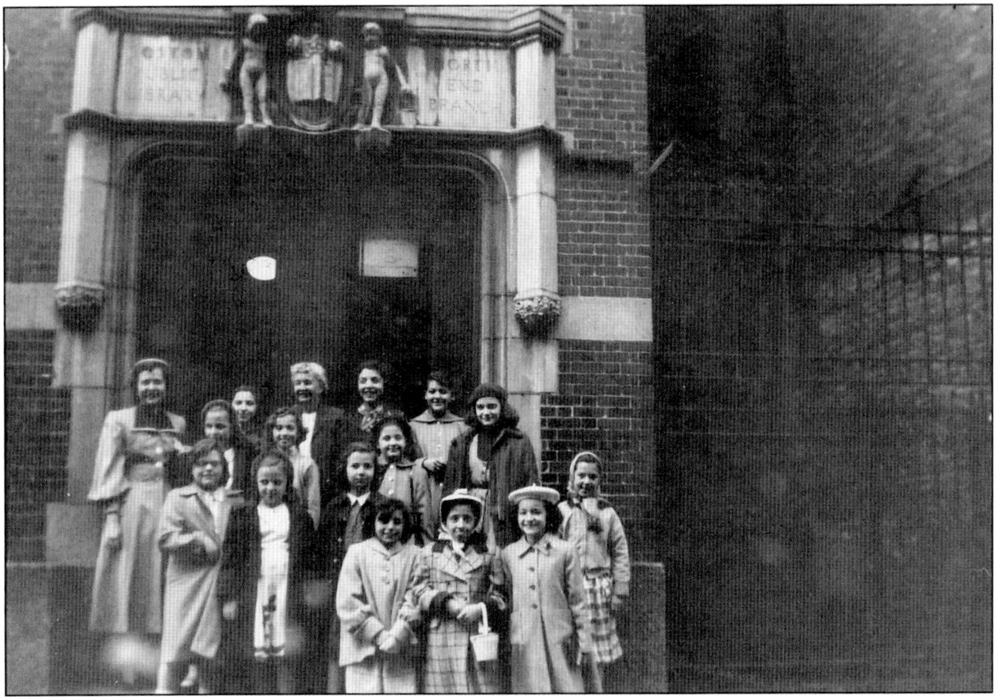

Un gruppo di giovani ragazze si mette in posa sulle scale della vecchia biblioteca in North Bennet Street. L'edificio della biblioteca era in origine la First Methodist Church e divenne in seguito la chiesa portoghese di Saint John the Baptist al numero 3A di North Bennet Street. Insieme alle ragazze sulle scale sono Miss Ellen Peterson e Mrs. Dorothy Becker. (Per cortese concessione della BPL)

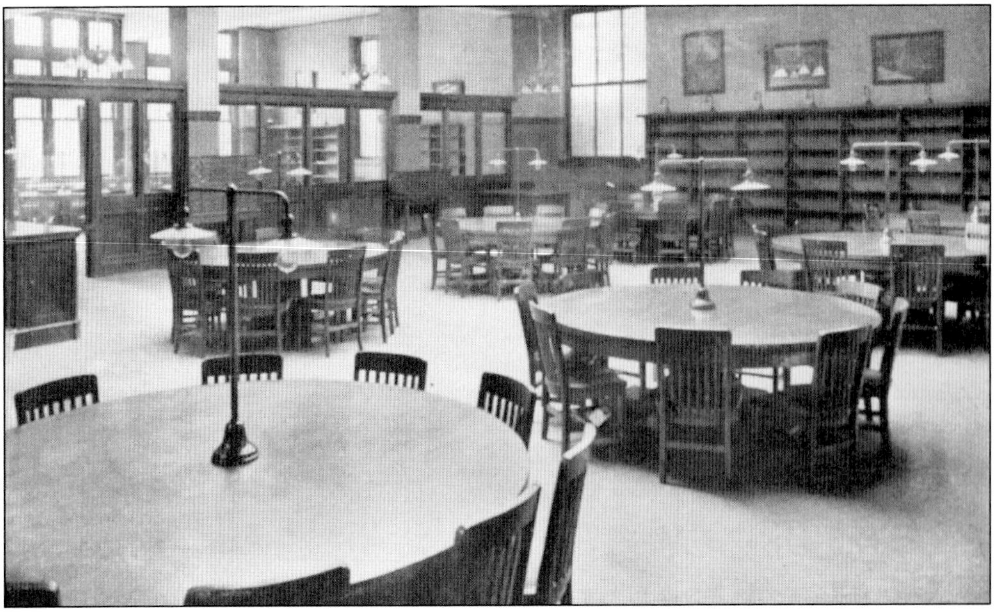

La Sala di Lettura per Bambini della North End Branch of the Boston Public Library in North Bennet Street era una stanza ampia con tavoli e sedie dove i giovani lettori potevano studiare il pomeriggio dopo scuola. (Per cortese concessione della BPL)

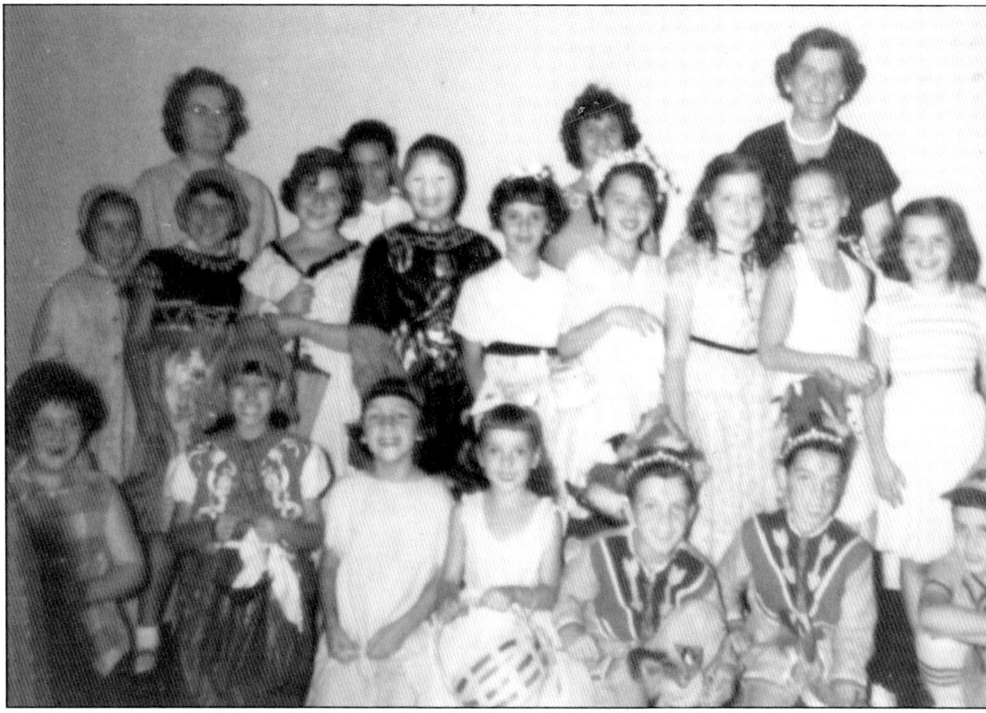

Il Summer Reading Club, un club estivo di lettura, organizzò nel 1955 una festa di "fine estate" alla biblioteca. (Per cortese concessione della BPL)

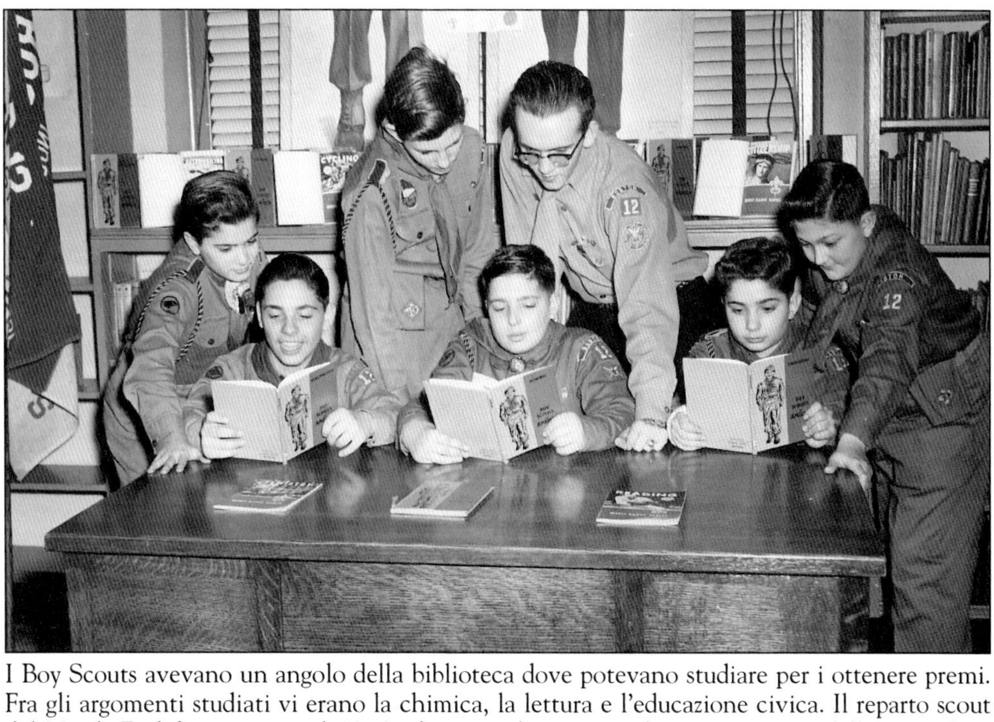

I Boy Scouts avevano un angolo della biblioteca dove potevano studiare per i ottenere premi. Fra gli argomenti studiati vi erano la chimica, la lettura e l'educazione civica. Il reparto scout del North End fu istituito nel 1916 ed è considerato uno dei primi reparti della città. (Per cortese concessione della BPL)

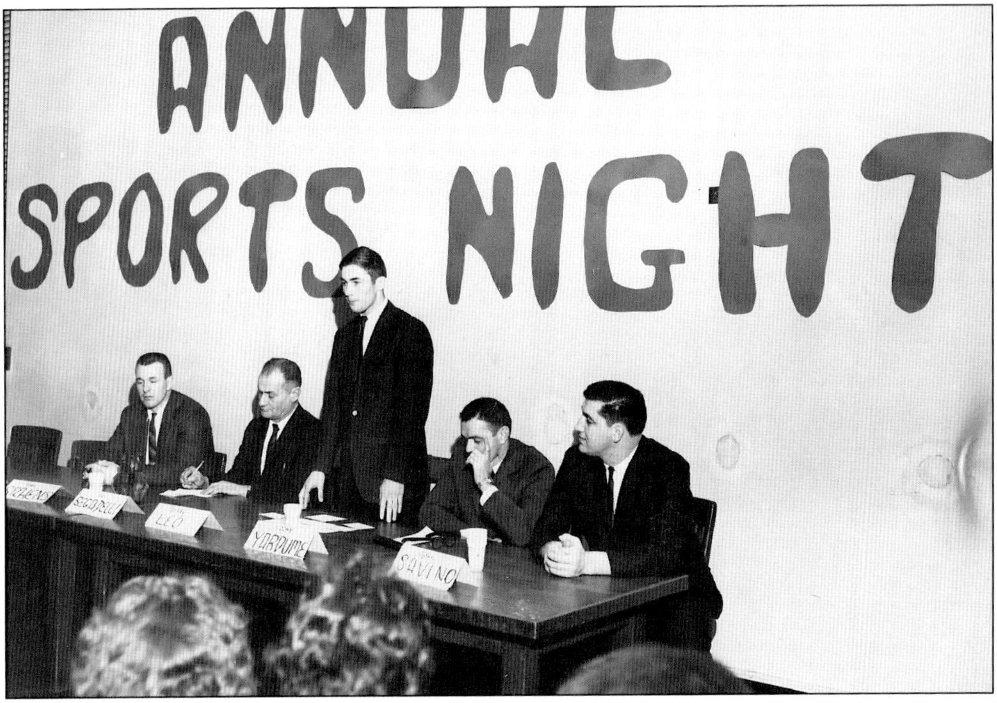

Ogni anno, la biblioteca del North End ospitava una "Serata dello Sport." Qui, (?) Leo viene applaudito dagli spettatori mentre i signori Stephens, Segadelli, Yardume e Savino siedono al tavolo centrale. (Per cortese concessione della BPL)

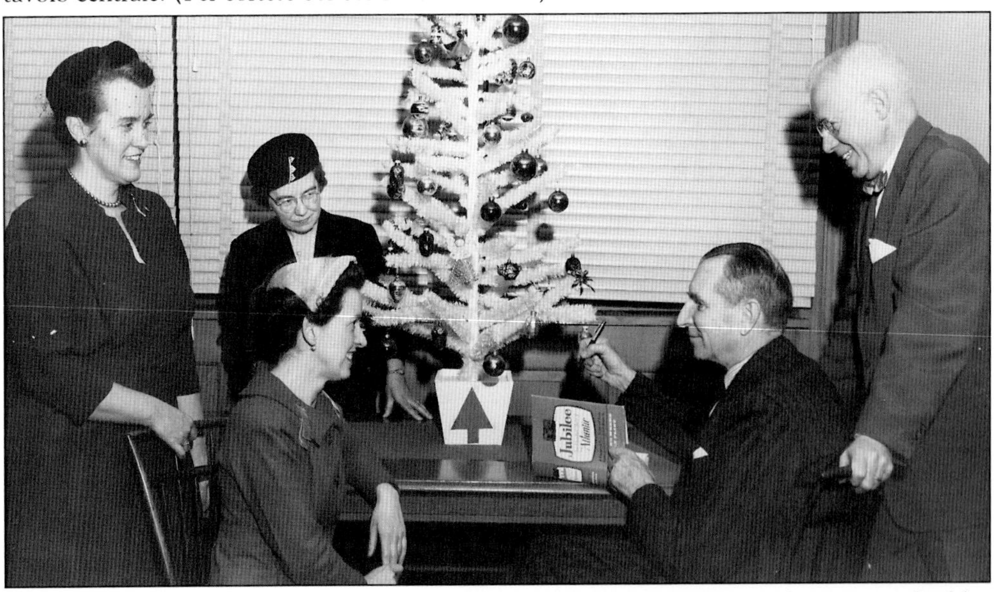

Durante le vacanze di Natale del 1957, la signorina Pietrina Maravigna donò copie dei libri *Jubilee – One Hundred Years of the Atlantic Monthly* e *The Italians in America* alla North End Library. Da sinistra a destra sono Emily Flint (seconda curatrice della rivista *Atlantic Monthly* e co-curatrice di *Jubilee*), la bibliotecaria Geraldine Herrick (in piedi), la signorina Pietrina Maravigna, Edward Weeks (co-curatore di *Jubilee*), e Milton Lord (direttore della Boston Public Library). (Per cortese concessione della BPL)

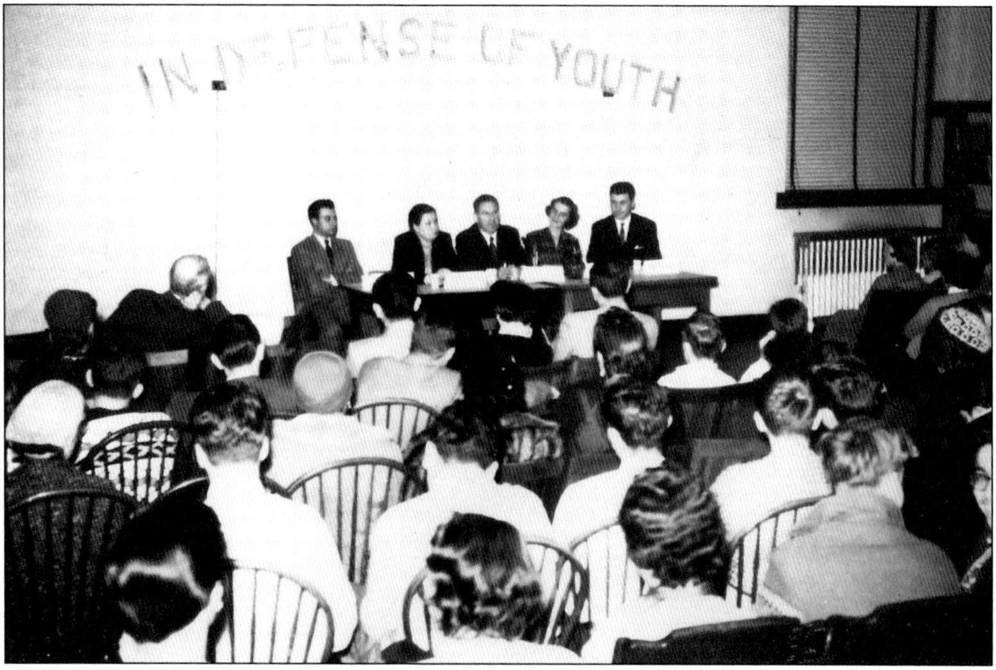

Il programma "In Defense of Youth," (Per la Difesa della Gioventù), si tenne alla North End Public Library nel 1957. Con particolare attenzione per il futuro della gioventù di Boston, queste riunioni si tennero in varie sezioni della biblioteca di Boston per accogliere un pubblico sempre più vasto. (Per cortese concessione della BPL)

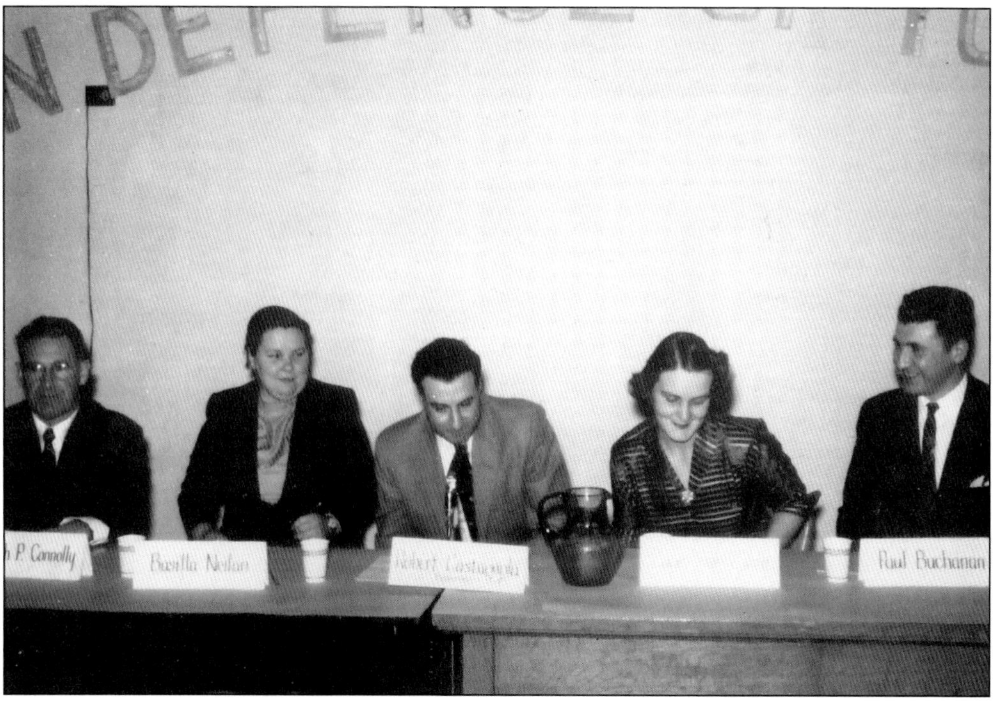

Tra coloro che parteciparono al programma c'erano Joseph P. Connelly, Basilla Neilson, Robert Castugnola, Jane Manthorne, e Paul Buchanan. (Per cortese concessione della BPL)

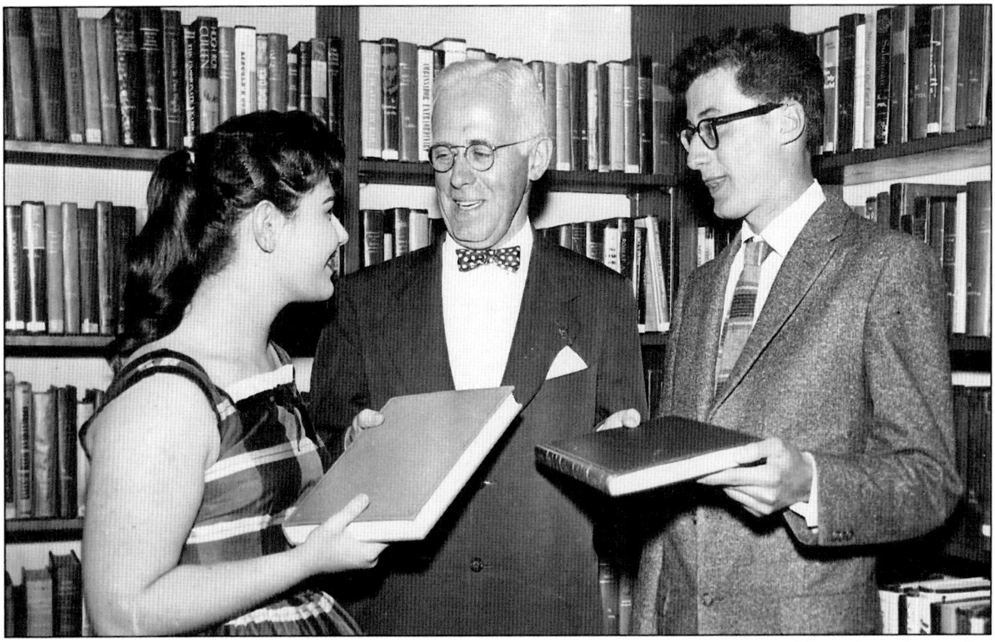

Il "Mary U. Nichols Fund" fu creato nel 1949 "allo scopo di acquisire libri di valore che verranno ogni anno dati in premio al ragazzo e alla ragazza che otterranno i migliori risultati al corso di inglese nel loro ultimo anno di liceo." Nella foto Milton Lord, direttore della Boston Public Library, consegna i premi del Nichols Book Prize per l'anno 1958 a Sandra De Luca e ad Anthony Segadelli. (Per cortese concessione della BPL)

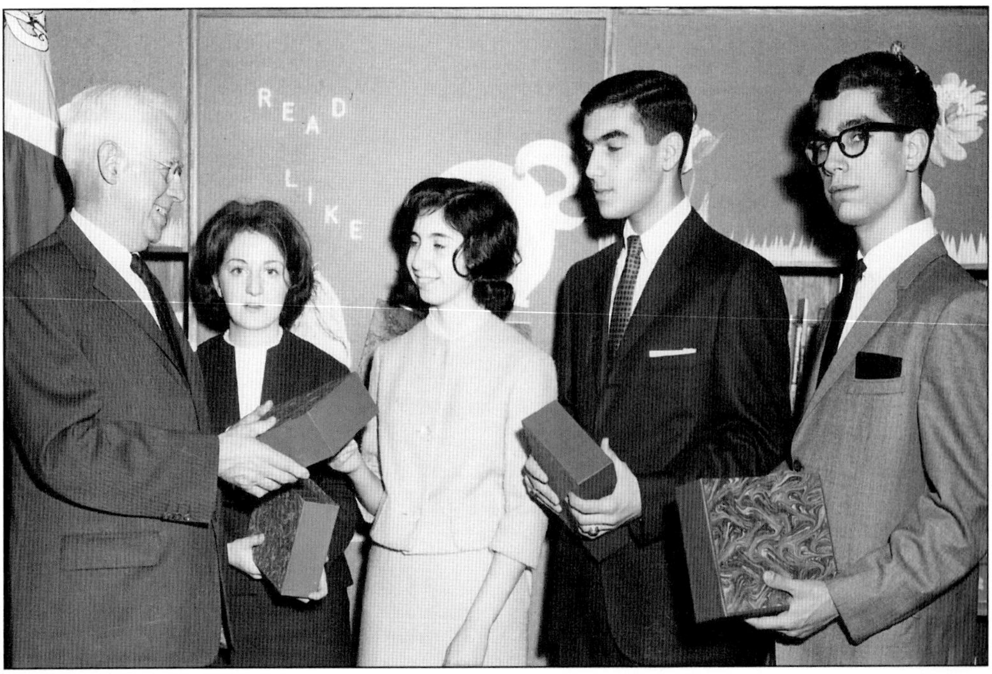

Il 5 maggio 1965, Milton Lord consegnò i libri ai premiati del Nichols Book Prize per gli anni 1964 e 1965: Roberta Lombardozzi (1964), Angela e Robert Dello Russo (1965), e Domenico Stagno (1964). (Per cortese concessione della BPL)

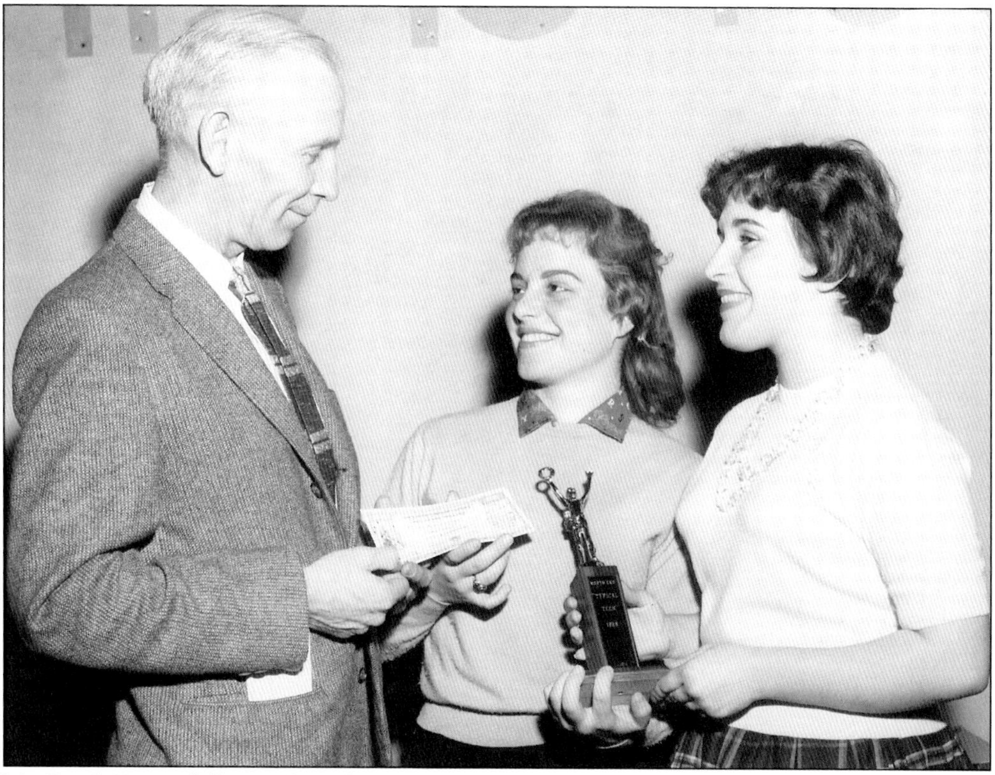

Mr. Frank Havey della North End Union consegna un buono del tesoro ed un trofeo a Maryanne Silano (destra) e ad una ragazza non identificata. (Per cortese concessione della BPL)

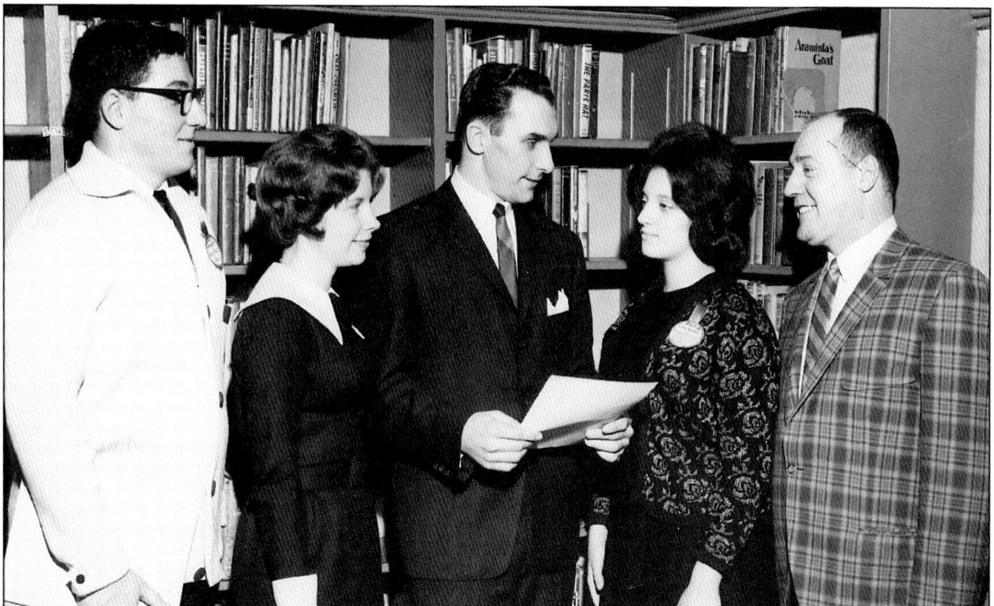

Alcuni membri del Young Adults Group si incontrano nei primi anni Sessanta alla North End Library. Modelli esemplari per gli altri studenti del quartiere, questo gruppo aveva un importante ruolo nel programma "In Defense of Youth." (Per cortese concessione della BPL)

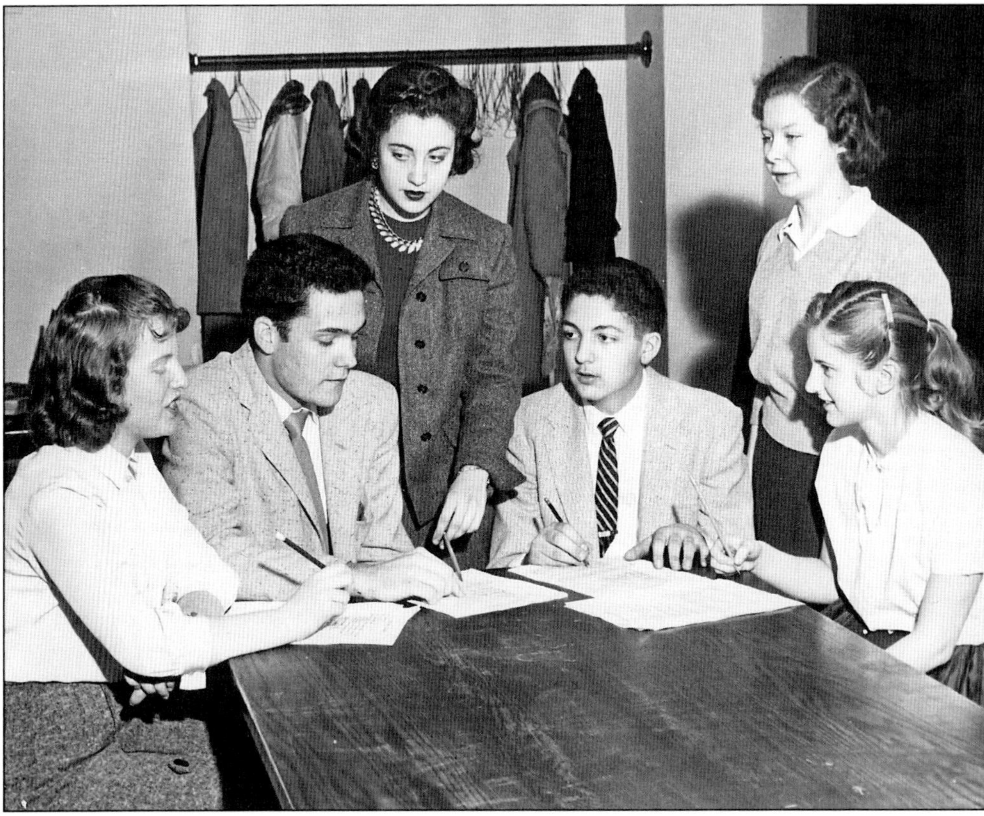

The Young Adults Group organizza una serata musicale con Danny Kaye che avrà luogo alla Copley Square Library. (Per cortese concessione della BPL)

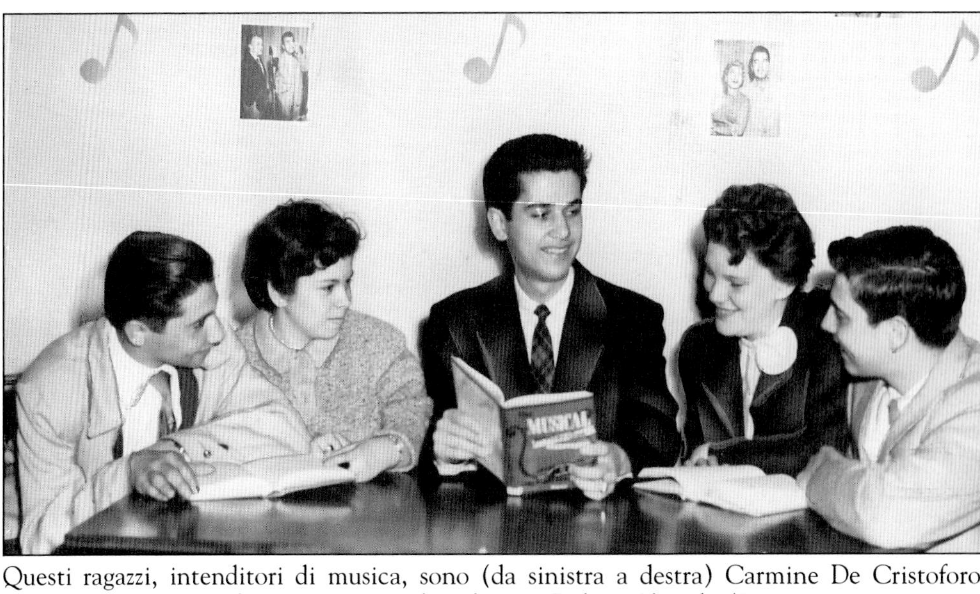

Questi ragazzi, intenditori di musica, sono (da sinistra a destra) Carmine De Cristoforo, Patricia Sasso, Bernard De Sinono, Emily Salvati, e Robert Church. (Per cortese concessione della BPL)

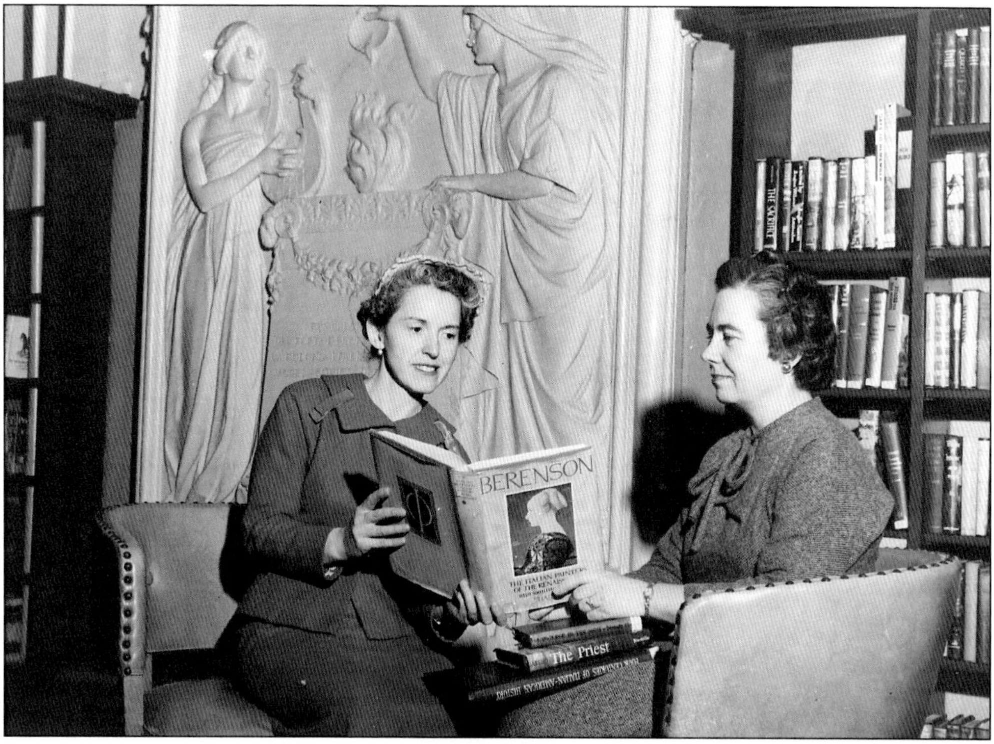

Pietrina Maravigna e Geraldine Herrick discutono il libro *Berenson*, che era appena stato donato alla North End Library dalla signorina Maravigna. (Per cortese concessione della BPL)

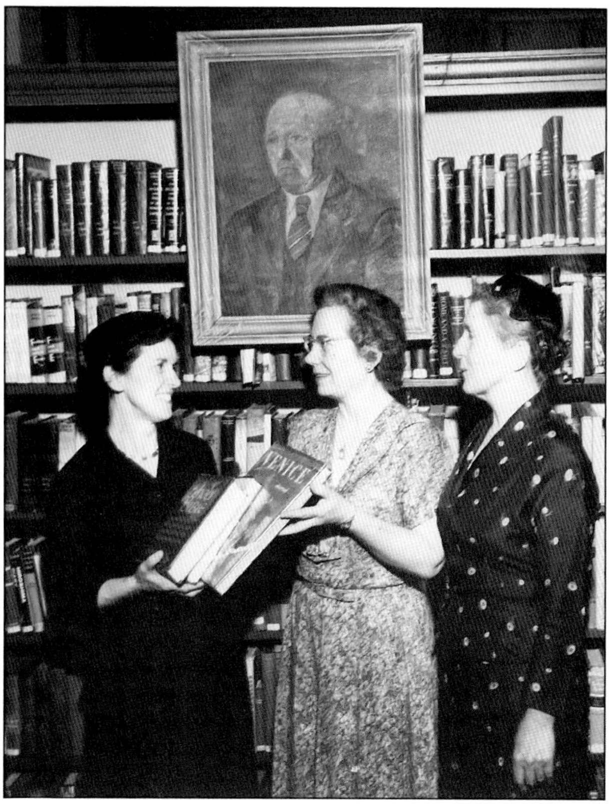

Le signorine Pietrina e Maria Maravigna con la bibliotecaria Geraldine Herrick espongono una serie di libri donati quel giorno alla biblioteca nel 1959. Dietro di loro è appeso il ritratto del signor Maravigna, dipinto da sua figlia Maria. (Per cortese concessione della BPL)

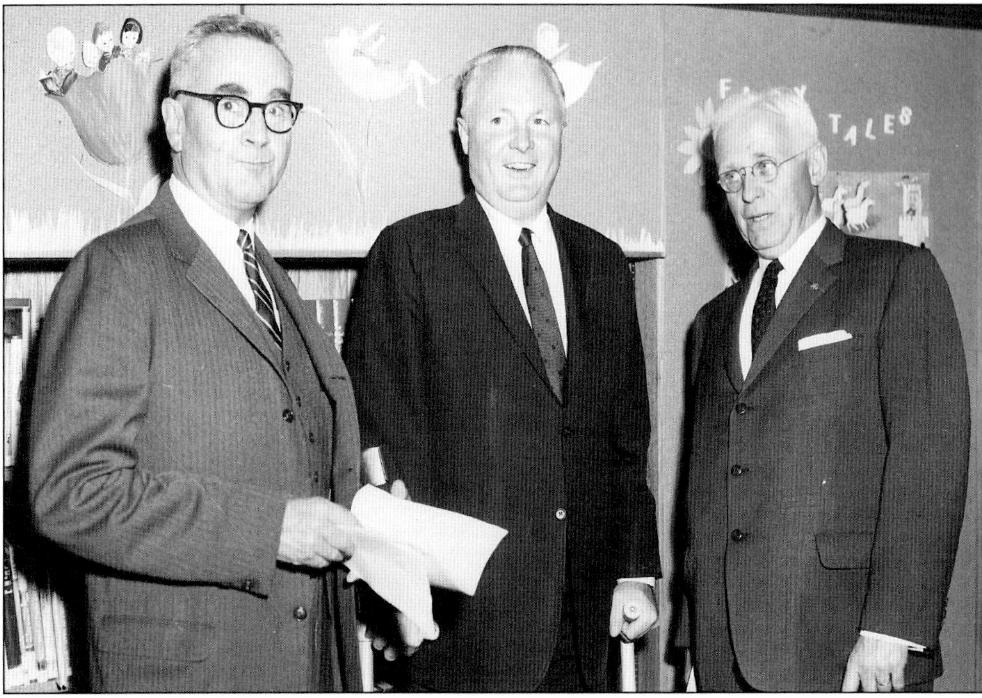

Il 5 maggio, 1965, la North End Branch of the Boston Public Library fu visitata dai seguenti rappresentanti della città: da sinistra a destra, Augustin Parker (presidente del consiglio di amministrazione della BPL), il sindaco per la città di Boston John F. Collins, e Milton Lord, direttore della BPL. (Per cortese concessione della BPL)

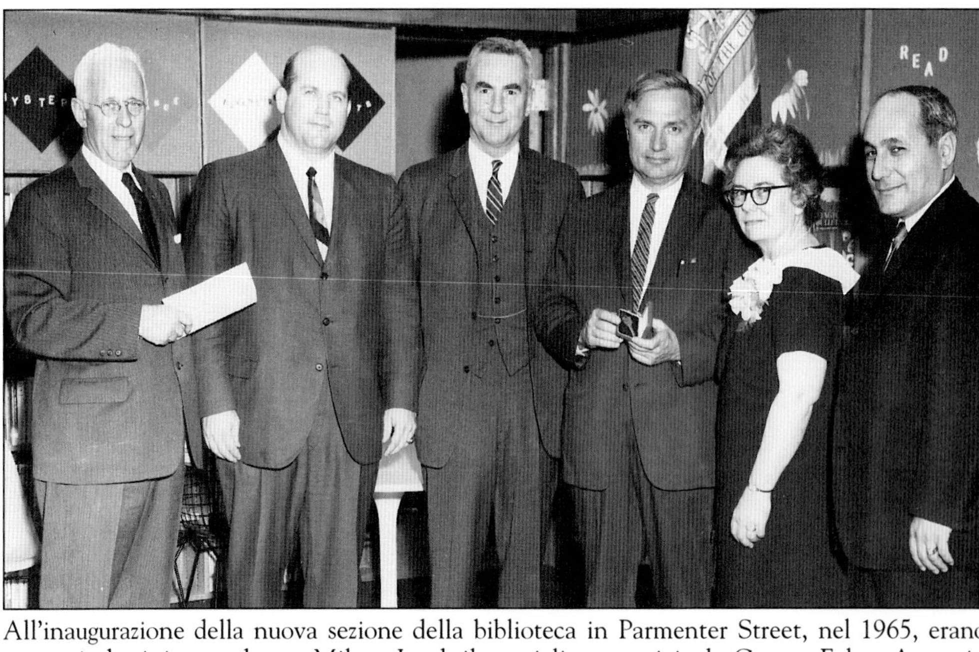

All'inaugurazione della nuova sezione della biblioteca in Parmenter Street, nel 1965, erano presenti, da sinistra a destra: Milton Lord, il consigliere municipale George Foley, Augustin Parker, Carl Koch architetto del nuovo edificio bibliotecario, Geraldine Herrick ed il consigliere municipale Frederick Langone. (Per cortese concessione della BPL)

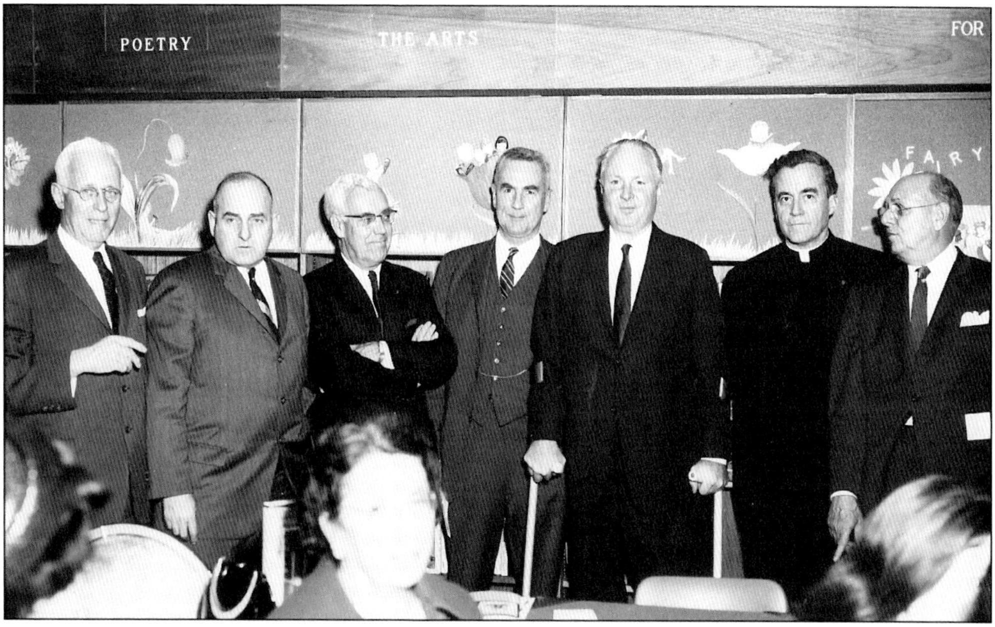

Altri personaggi pubblici presenti alla cerimonia erano, da sinistra a destra: Milton Lord, Lenahan O'Connell, Erwin Canham, Augustin Parker, il Sindaco John Collins, Monsignor Edward Murray, e Sidney Rabb. (Per cortese concessione della BPL)

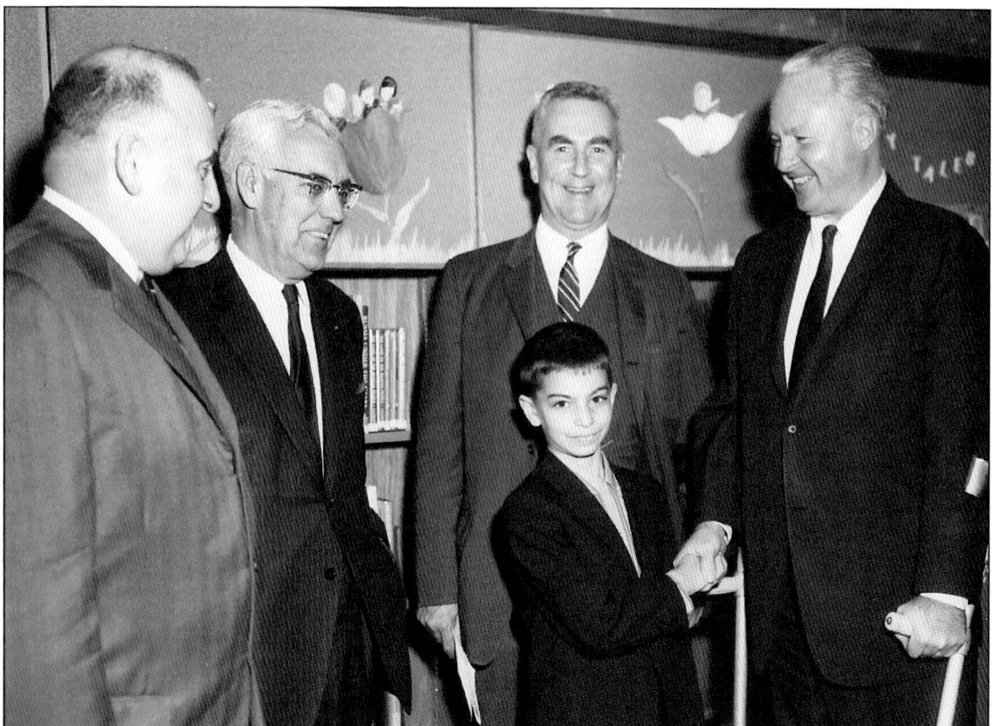

Il sindaco John F. Collins saluta un futuro elettore all'inaugurazione della biblioteca circondato da Lenahan O'Connell, ESQ., Erwin Canham, e Augustine Parker. (Per cortese concessione della BPL)

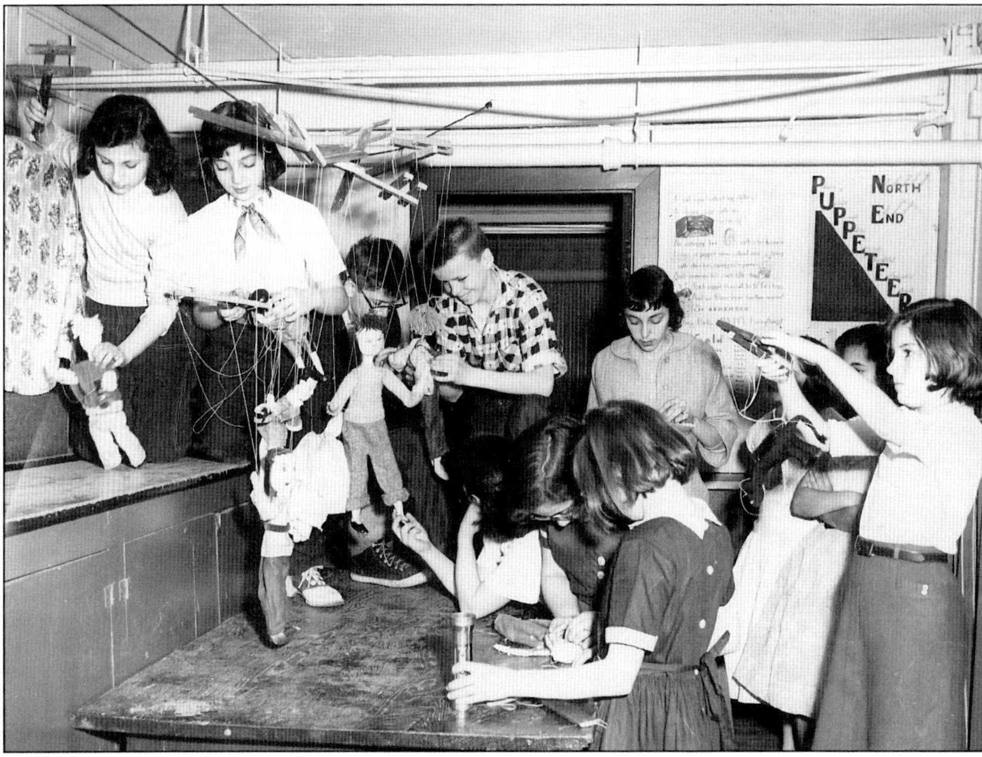

I North End Puppeteers (i Burattini del North End) si organizzarono nel 1946 alla North End Library. Qui, i membri del gruppo preparano uno spettacolo di Marionette nello scantinato della biblioteca in North Bennet Street. (Per cortese concessione della BPL)

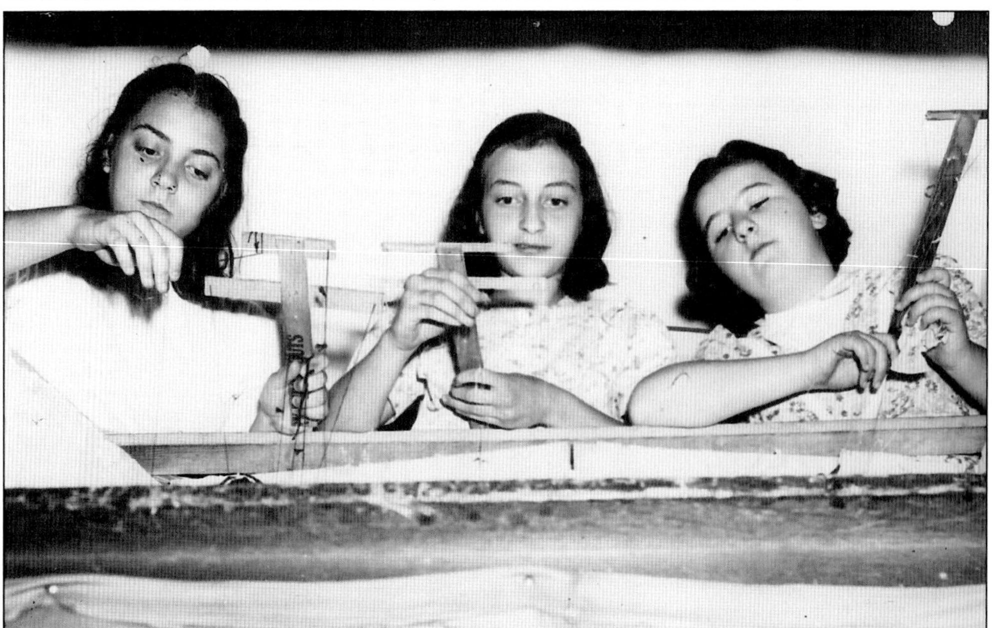

Tre amiche mostrano la loro l'abilità e talento nel manipolare i fili delle marionette da sopra il palco.

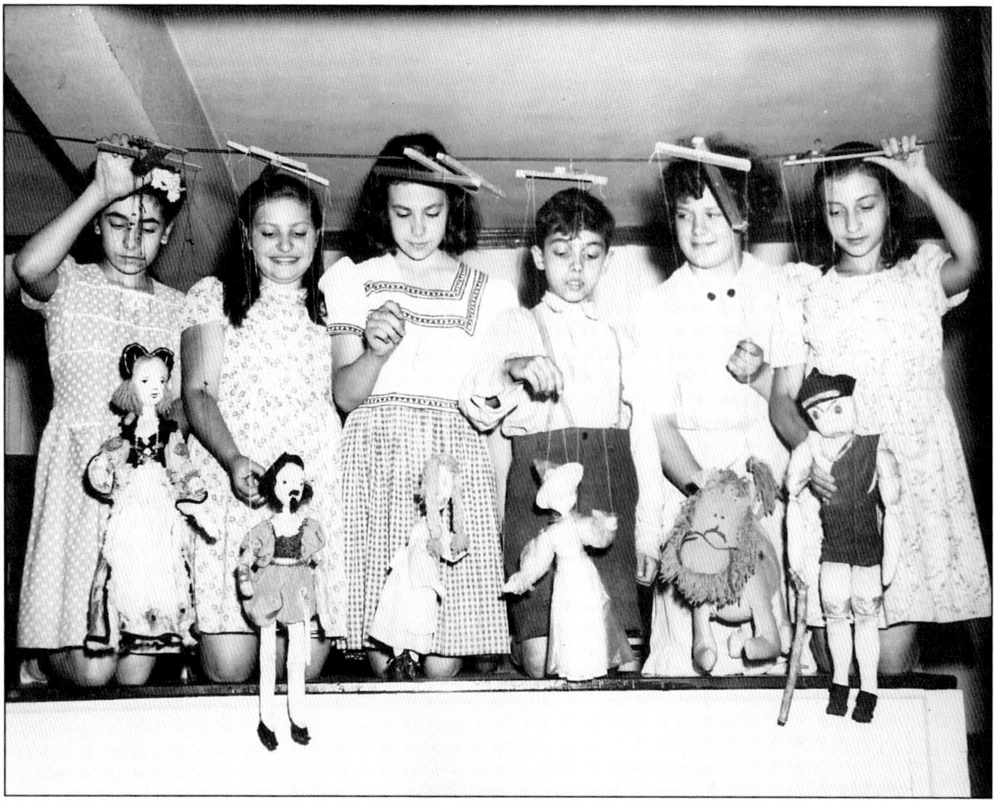

Le marionette erano fatte a mano dai bambini, talvolta con l'aiuto dei loro genitori, dopo aver scelto la commedia da rappresentare. Qui le "maestre burattinaie" mostrano i loro personaggi. (Per cortese concessione della BPL)

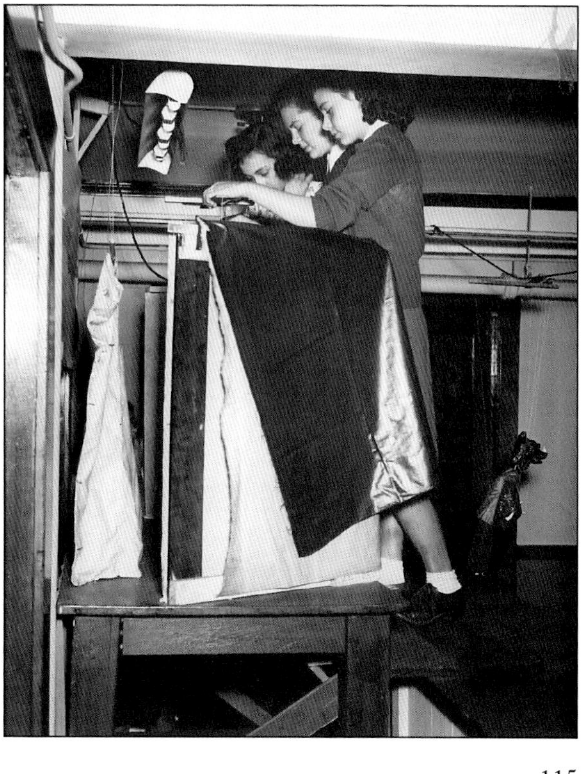

Il fascino di uno spettacolo di marionette da dietro le quinte. Queste tre amiche sembrano godere il successo che le loro marionette riscuotono fra gli spettatori. (Per cortese concessione della BPL)

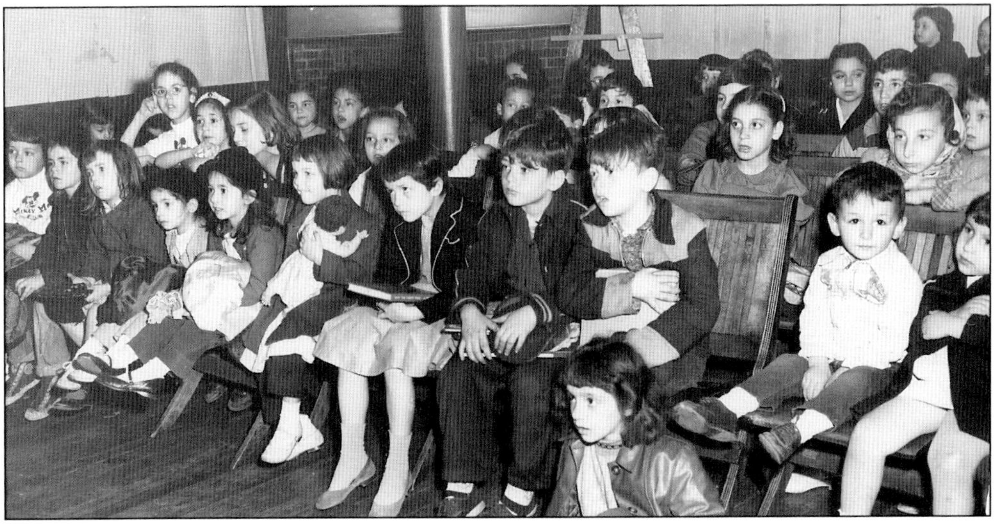

Un pubblico ipnotizzato fisso il palco mentre le marionette interpretano una commedia negli anni Sessanta nella North End Library. Gli spettacoli includevano alcune famose favole come *Pinocchio* e *Hansel e Gretel.* (Per cortese concessione della BPL)

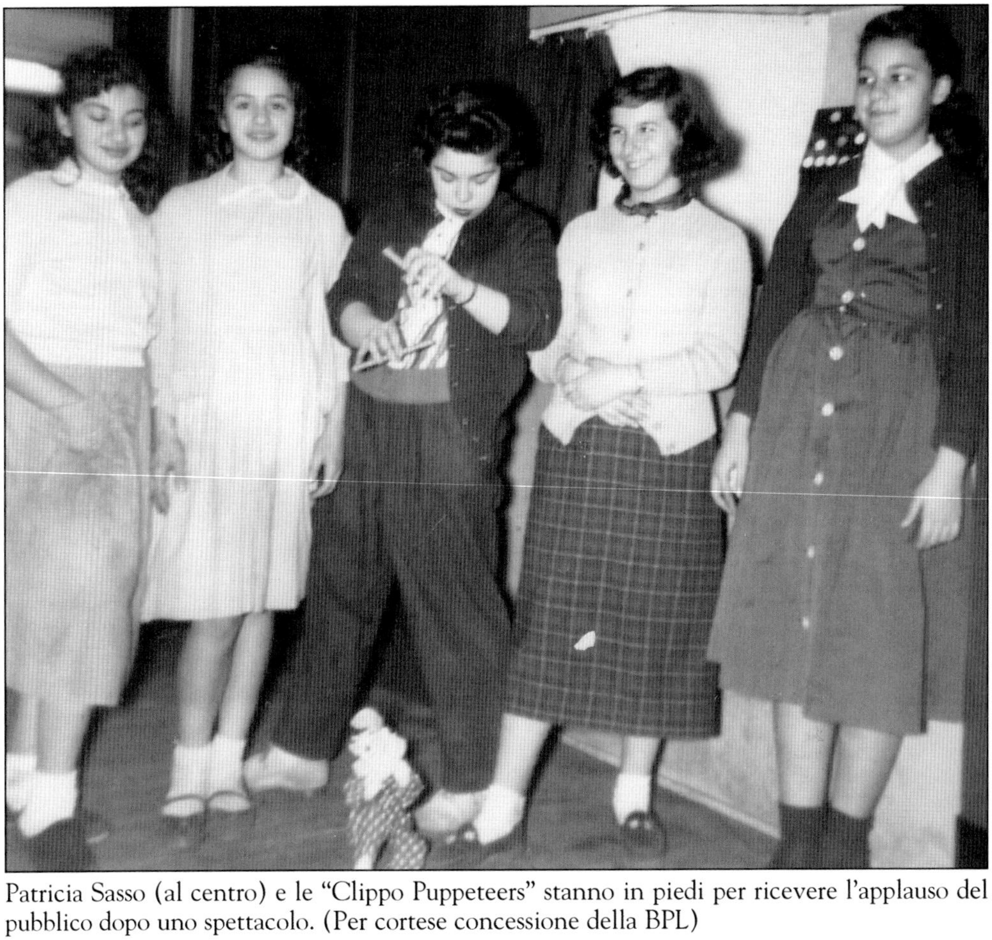

Patricia Sasso (al centro) e le "Clippo Puppeteers" stanno in piedi per ricevere l'applauso del pubblico dopo uno spettacolo. (Per cortese concessione della BPL)

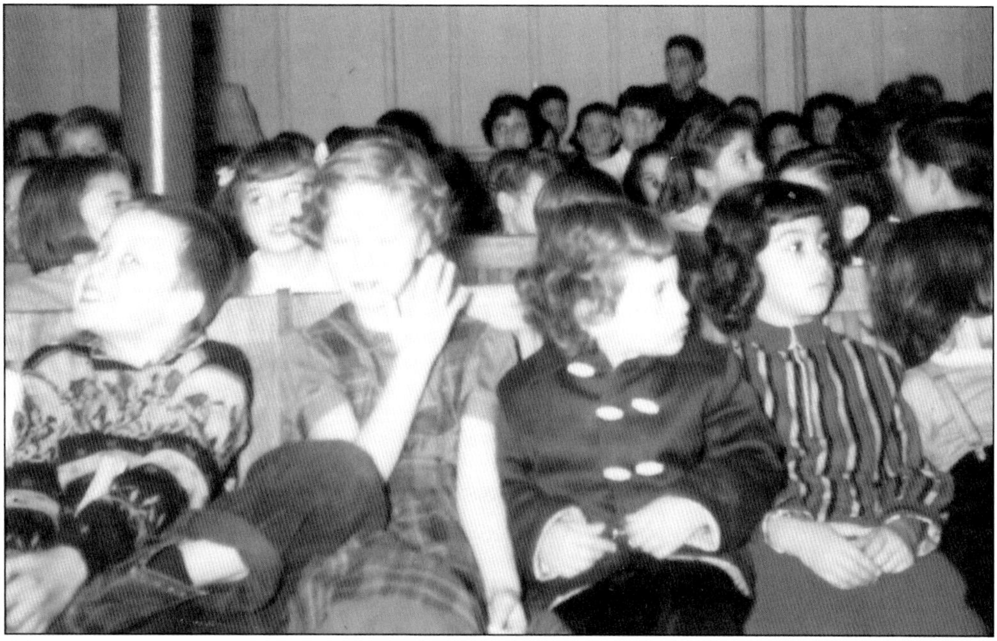

Gli spettatori qui aspettano con ansia l'inizio di uno spettacolo di marionette. La gioia e lo stupore dei bambini si possono leggere nei loro occhi! (Per cortese concessione della BPL)

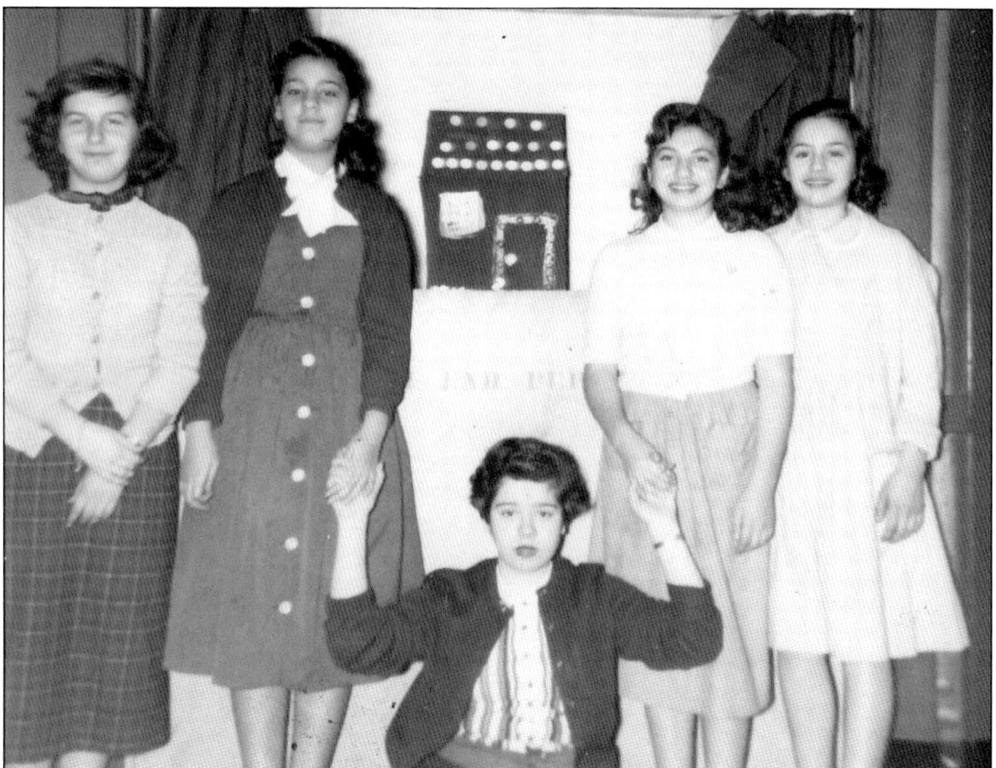

Patricia Sasso si inchina insieme alle altre "Clippo Puppeteers." (Per cortese concessione della BPL)

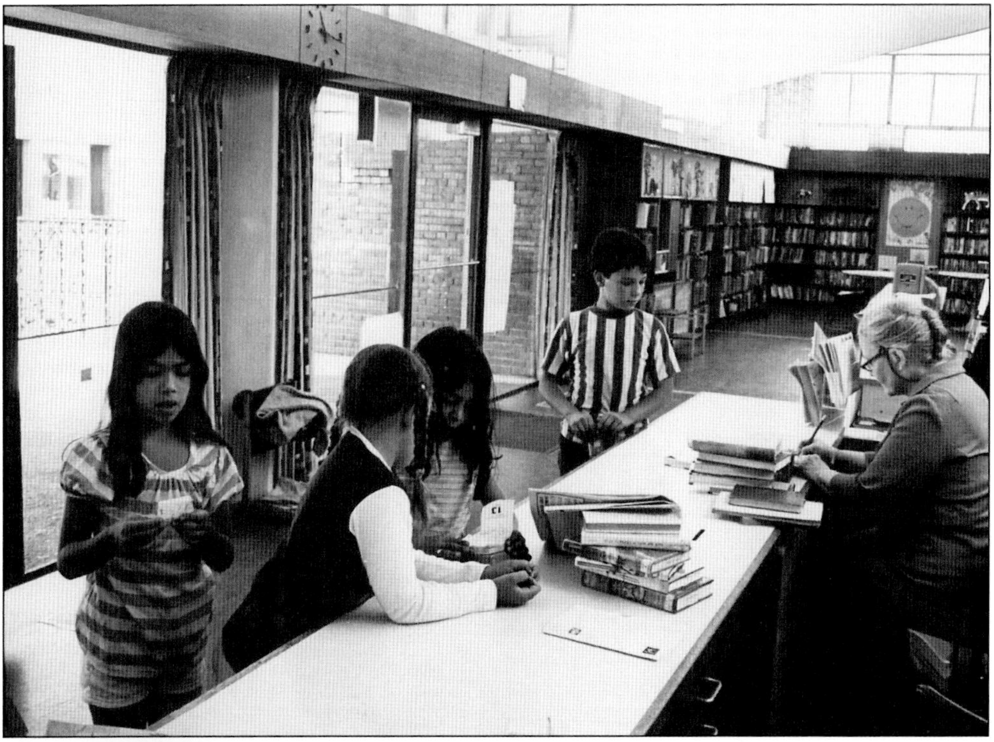

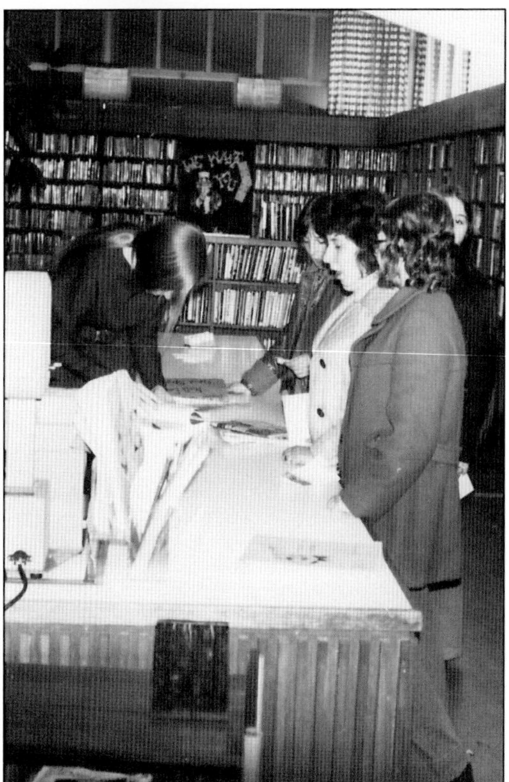

Un gruppo di bambini prende in prestito dei libri dalla biblioteca nel 1971. (Per cortese concessione della BPL)

Nell'autunno del 1965, tre ragazze prendono in prestito dei libri scelti dagli scaffali ben organizzati che erano stati riempiti all'epoca dellapertura della nuova sede della biblioteca la primavera precedente.

La bibl;ioteca organizzò una gra varietà di attività per i residenti del quartiere. Tra queste vi era "Hair and Makeup Styles," (Stili per l'acconciatura e per il trucco). Un'istruttrice descrive e dimostra varie pettinature alle signorine presenti in modo che queste possano poi provarle a casa. (Per cortese concessione della BPL)

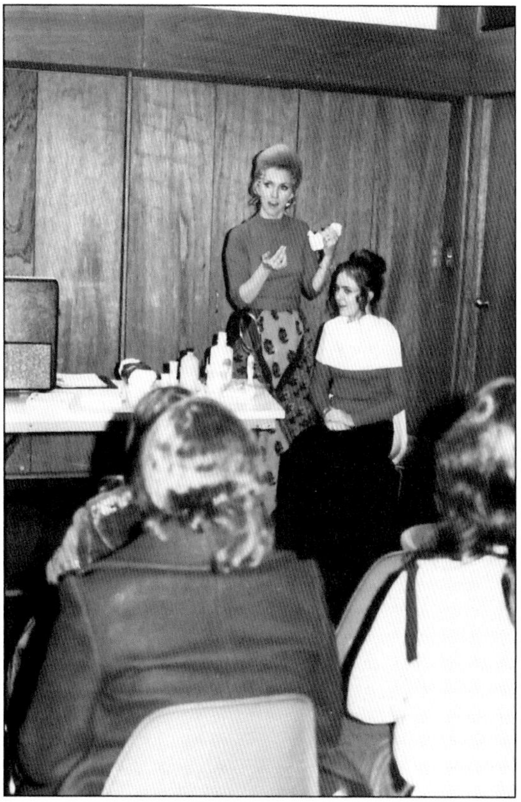

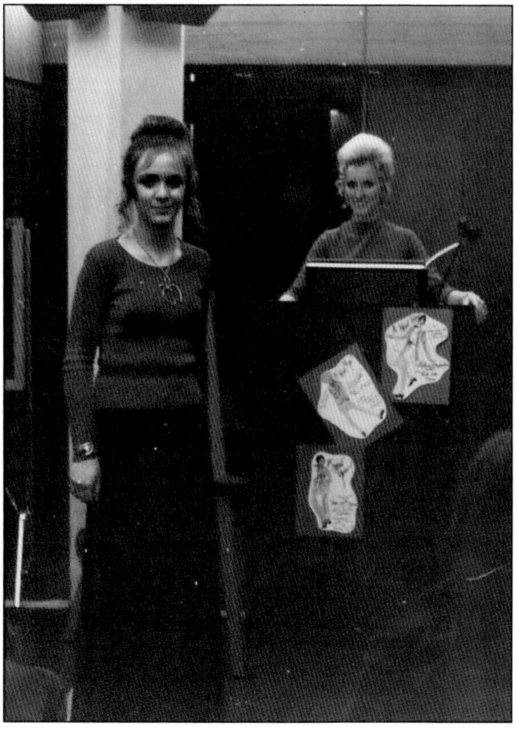

L'istruttrice fiera e sorridentepresenta la modella che sfoggia davanti al pubblico la sua nuova acconciatura "hip", molto simile a quella dell'istruttrice. (Per cortese concessione della BPL)

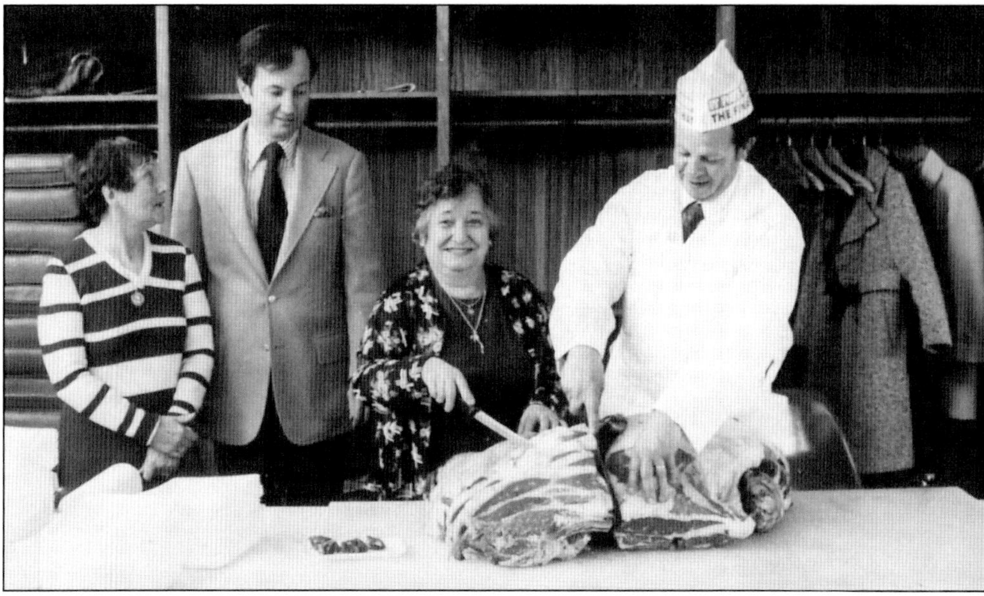

Un seminario di successo dei "Tuesday Topics" (Argomenti del Martedì) era il "Make No Mis Steaks" (un gioco di parole su "misteak" – sbaglio, e "steak" – bistecca , con una frase che dice praticamente "Non Fare Nessun Sbaglio sul Taglio"). Nel 1976, un macellaio del First National Supermarket fu invitato a dimostrare vari metodi per affettare la carne di fronte ad un pubblico avido. Da sinistra, Anna Repucci, Ted Harrigan (del First National Supermarket), Josephine Tranquillo, e Vincent Strazzulo (del First National Supermarket). (Per cortese concessione della BPL)

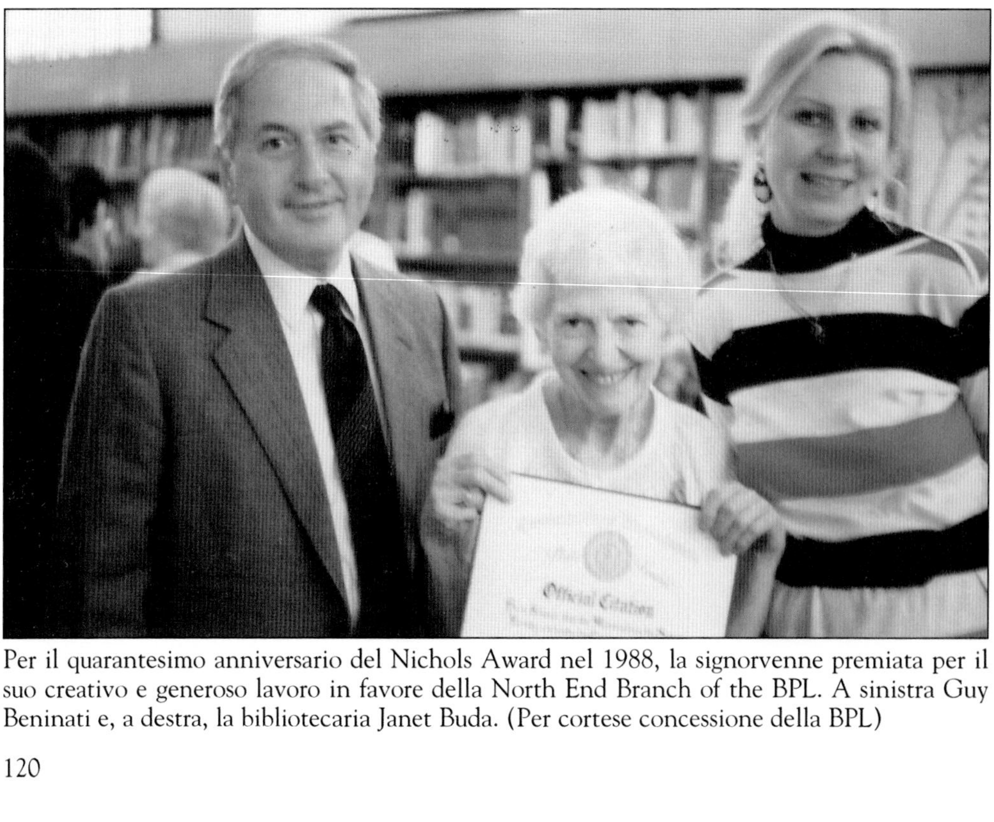

Per il quarantesimo anniversario del Nichols Award nel 1988, la signorvenne premiata per il suo creativo e generoso lavoro in favore della North End Branch of the BPL. A sinistra Guy Beninati e, a destra, la bibliotecaria Janet Buda. (Per cortese concessione della BPL)

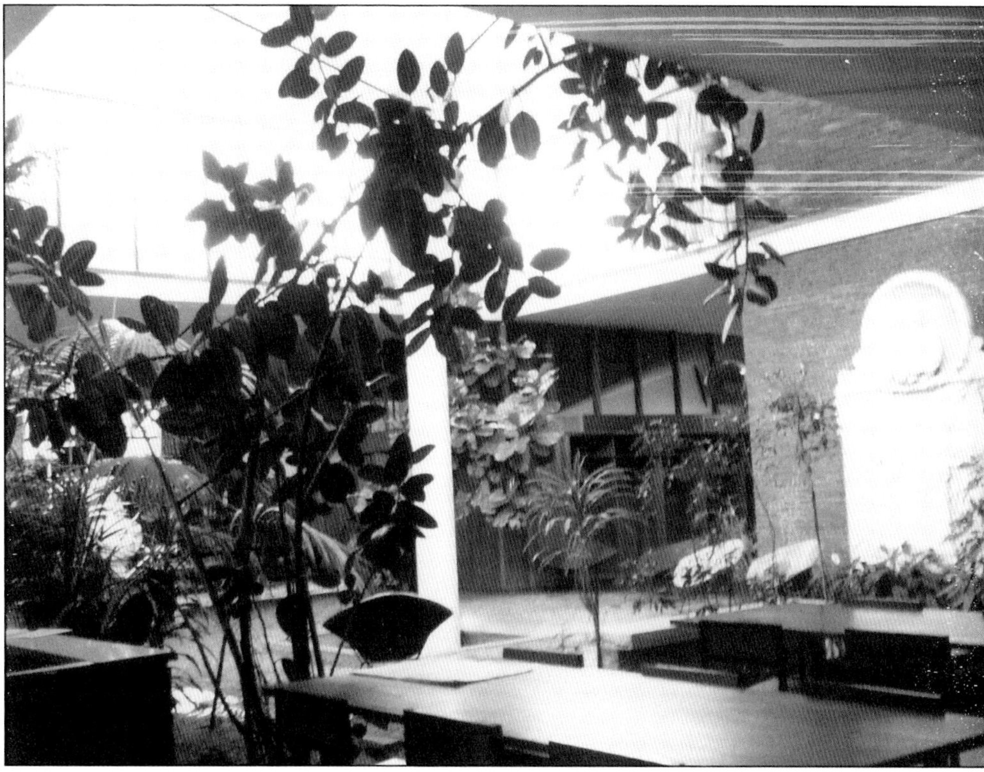

All'interno della sezione della biblioteca in Parmenter Street c'è un cortile con un giardino tropicale che fiorisce rigogliosamente nell'area piena di sole. Una piastra di marmo bianco che commemora Cristoforo Colombo è affissa al muro di mattoni e una vasca piena d'acqua crea un giardino in stile mediterraneo piacevole tutto l'anno. (Per cortese concessione della BPL)

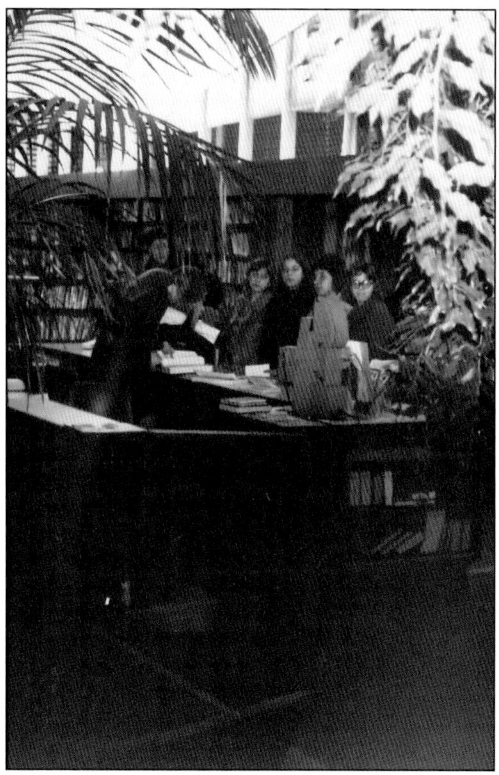

Da dietro le foglie di palma e le rigogliose piante tropicali che crescono nel cortile della biblioteca si possono intravvedere le trasazioni dei prestiti di libri. (Per cortese concessione della BPL)

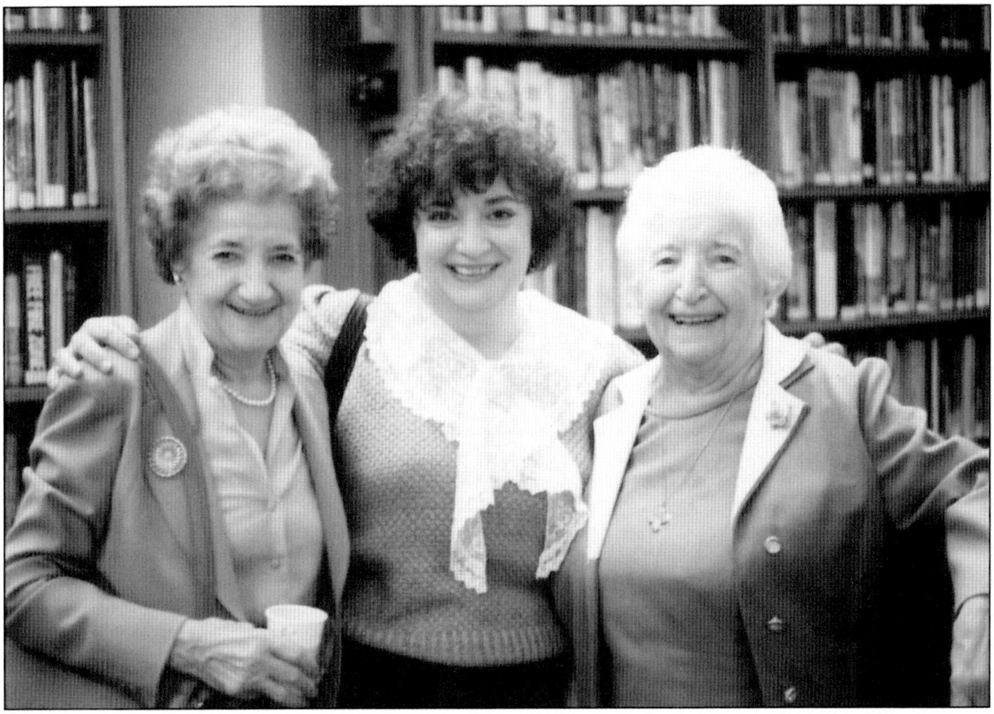

Tre amiche sorridono per una foto durante il Nichols Award Program nel 1988. (Per cortese concessione della BPL)

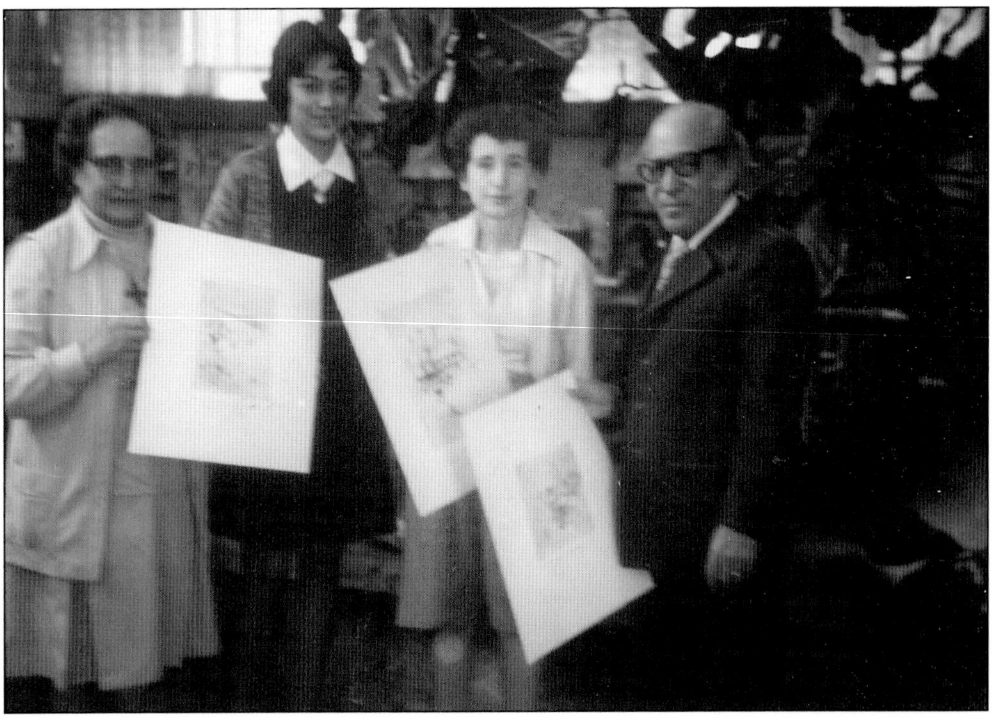

Nel novembre del 1976, ci fu una cerimonia di premiazione per Suor Mary Pierozzi, Paula Jocline, e Rhoda Blacker presieduta da Peter Tardo. (Per cortese concessione della BPL)

NORTH END BRANCH
of the
BOSTON PUBLIC LIBRARY
cordially invites you to attend
the first annual awarding of the
MARY U. NICHOLS BOOK PRIZES
on
Thursday evening, June 2, 1949
at eight o'clock

3A North Bennet Street
Boston, Massachusetts

ELLEN C. PETERSON
Branch Librarian.

Copia di un invito per il primo Nichols Book Prize, un premio dato annualmente allo studente che otteneva i migliori risultati in inglese nell'ultimo anno di liceo. Il fondo fu stabilito nel 1949 in onore di Mary U. Nichols, una ex-bibliotecaria della North End Library. (Per cortese concessione della BPL)

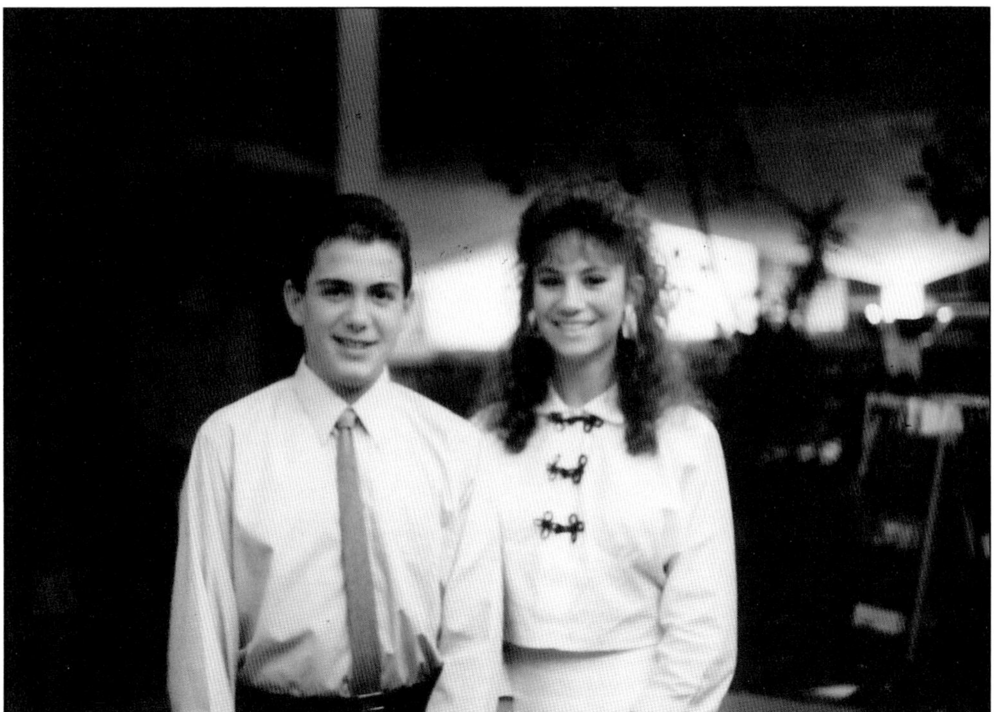

I vincitori del Nichols Book Prize nel 1988 furono Laureen Murphy e Joseph Bova. (Per cortese concessione della BPL)

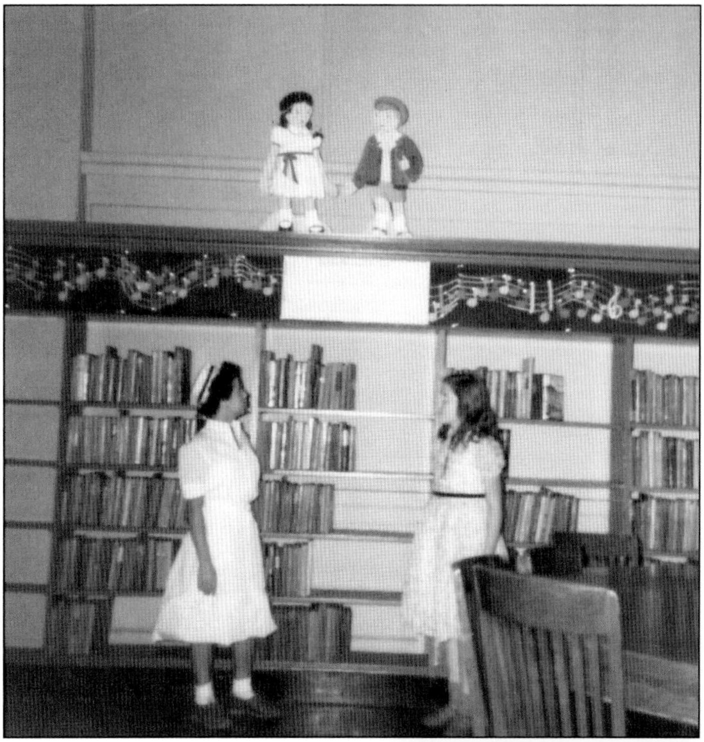

Santina Coco e Loretta Mancini di fronte agli scaffali nella Sala di Lettura per Bambini nel 1955. (Per cortese concessione della BPL)

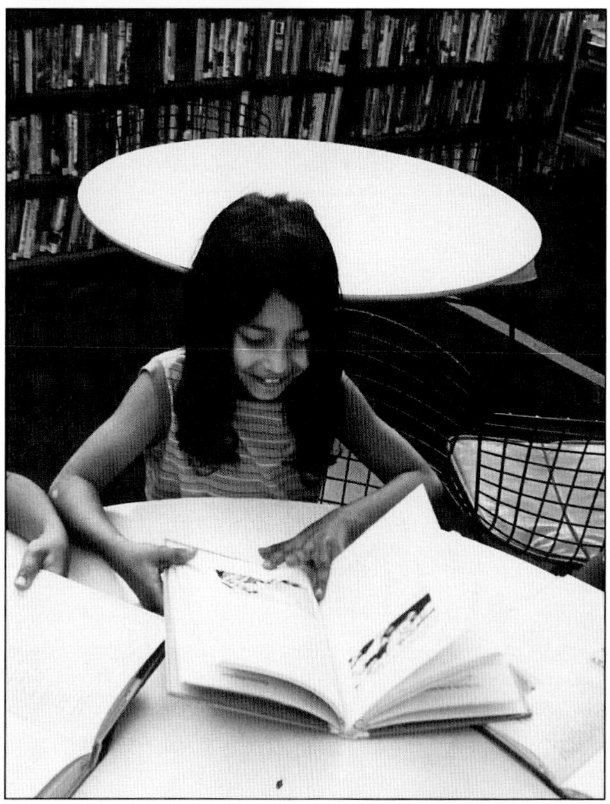

Una ragazzina sfoglia uno delle migliaia di libri disponibili alla North End Branch of the BPL. (Per cortese concessione della BPL)

La generosissima Pietrina Maravigna aveva l'abitudine di donare libri alla North End Library per Natale. Geraldine Herrick, bibliotecaria della sezione è fotografata qui insieme alla signorina Maravigna negli anni Cinquanta mentre riceve uno dei libri. (Per cortese concessione della BPL)

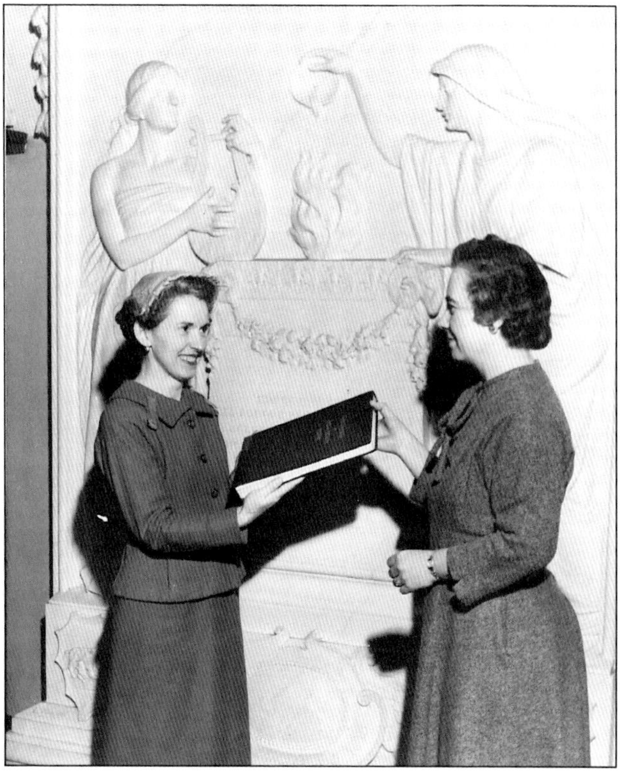

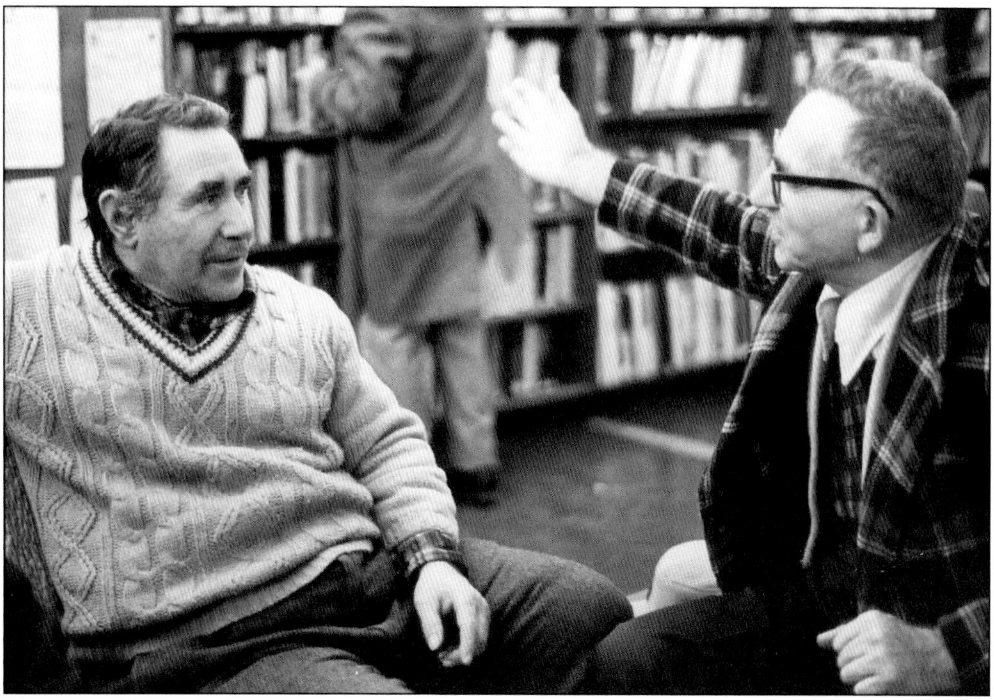

Due vicini di casa discutono animatamente nella biblioteca. (Per cortese concessione della BPL)

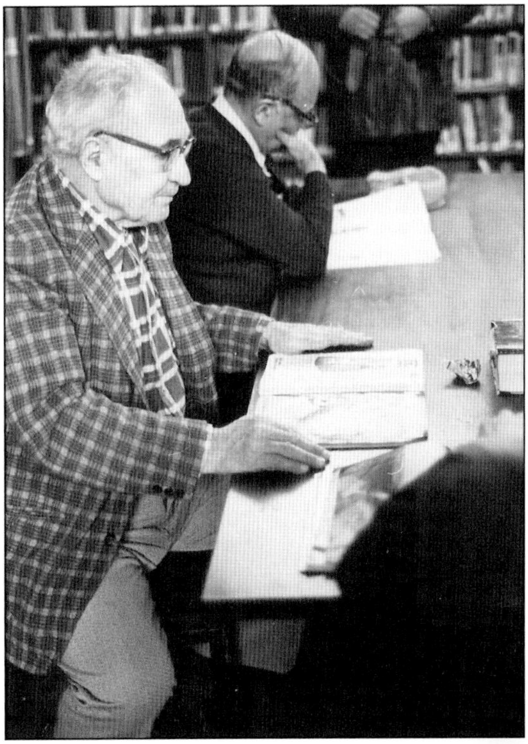

La North End Library è frequentata da persone di diverse età e con diverse esigenze. Che sia comunque per leggere libri e giornali, per programmare investimenti, o per informarsi sulle ultime notize del quartiere, tutti possono essere certi di trovare gentile ed amichevole assistenza da parte del personale della biblioteca. (Per cortese concessione della BPL)

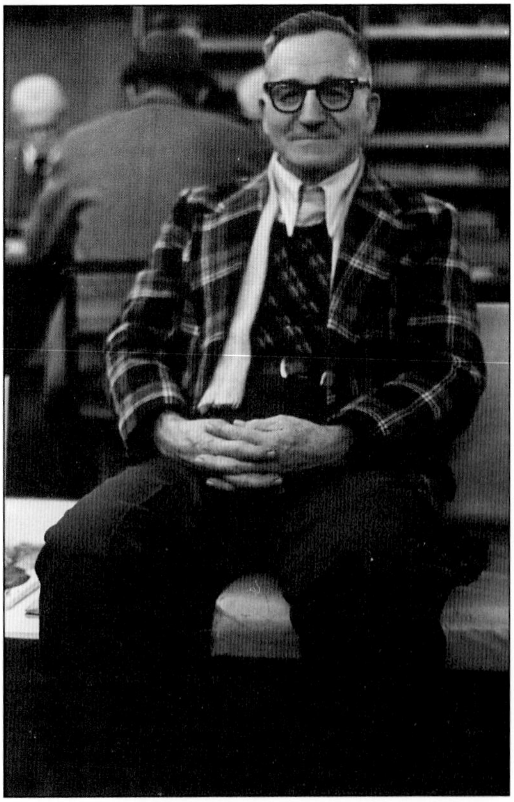

Pensionato, ma non dimenticato, quest'uomo era un regolare frequentatore della biblioteca negli anni Settanta. (Per cortese concessione della BPL)

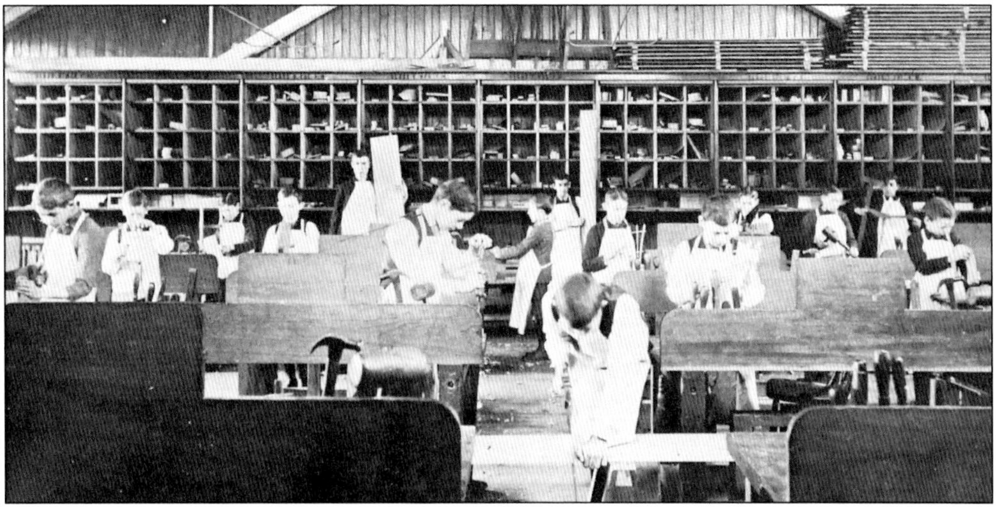

Questa fotografia dell'inizio del ventesimo secolo mostra una classe di falegnameria nella North Bennet Street Industrial School, con gli allievi ai loro banchi da falegname. Gustaf Larsson aveva introdotto lo "Sloyd," un metodo svedese di educazione che divenne molto popolare ovunque in città. Ancor oggi, la scuola offre vari corsi tra cui la rilegatura di libri, la riparazione di orologi e di gioelleria, ed un corso di ebanisteria fine. (Per cortese concessione della BPL)

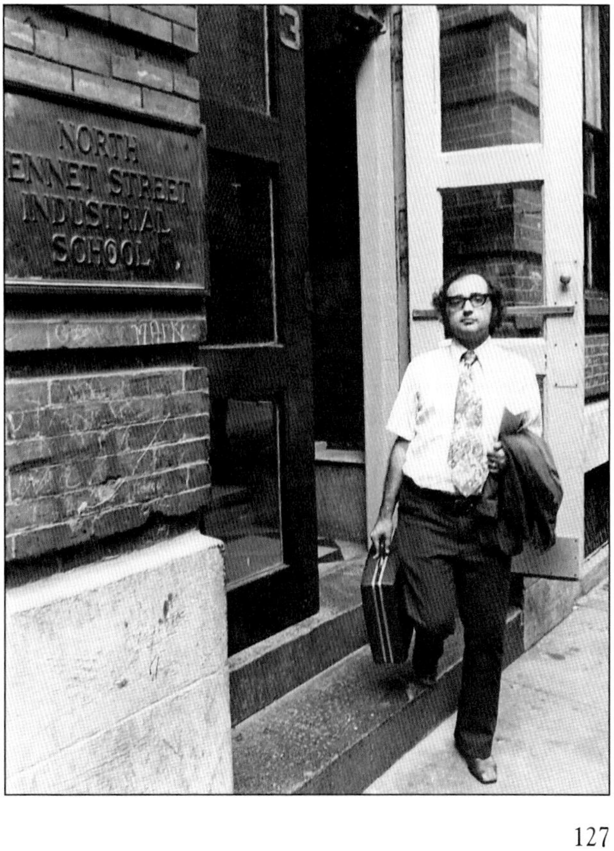

Walter Bacigalupo, assistente del direttore della North Bennet Street Industrial School in una foto del 1971 mentre esce dal portone della scuola dopo una lunga giornata di lavoro. (Per cortese concessione della BPL)

Ringraziamenti

Vorrei ringraziare Janet Buda, Bibliotecaria della North End Branch of the Boston Public Library, per avermi incoraggiato a scrivere questa storia fotografica del North End di Boston. La sua generosità nel mettere a disposizione tanto il suo tempo quanto il materiale fotografico dell'archivio della biblioteca, ha contribuito a fare di questo libro un affascinante ritratto del più antico quartiere di Boston.

Vorrei anche ringraziare le seguenti persone per il loro continuo sopporto ed incoraggiamento: Daniel J. Ahlin, Vito Aluia (per avermi generosamente prestato le fotografie della sua collezione personale), Anthony Bognanno, Paul e Helen Graham Buchanan, Gerard Cronin (The Boston Globe), Dexter, Joseph e Mildred Carvotta Giannelli, Edward W. Gordon, James Z. Kyprianos, Jonathan T. Melick, Stephen e Susan Paine, Fran Ross della Pizzeria Regina North End, Dennis Ryan, Anthony e Mary Mitchell Sammarco, Gilda Sammarco, Rosemary Sammarco, Sylvia Sandeen, Robert Bayard Severy, William Varrell, i defunti Luigi e Rose Giannelli Sammarco, ed il mio sempre paziente redattore letterario Jamie Carter.